AF297249

TRAITÉ D'ÉLÉGANCE

ET

DE VERSIFICATION LATINE

TRAITÉ

D'ÉLÉGANCE

ET

DE VERSIFICATION LATINE

TROISIÈME ÉDITION

Plus complète et plus méthodique que la précédente

PAR M. A. VIRET

ANCIEN PROFESSEUR DE GRAMMAIRE, ET DE LITTÉRATURE LATINE
AUTEUR DE PLUSIEURS OUVRAGES

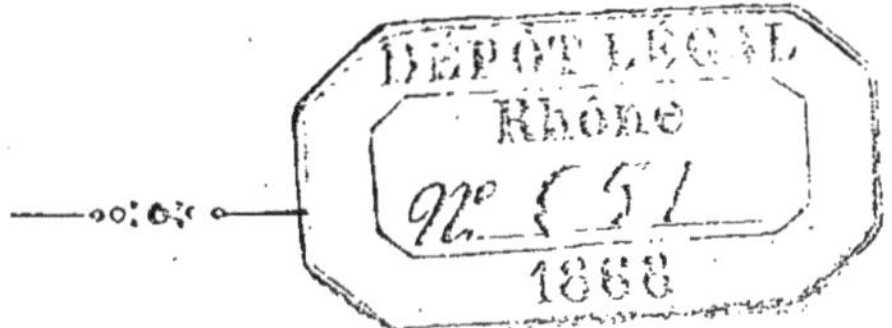

PARIS	LYON
DELAGRAVE Rue des Écoles, 78	LECOFFRE Rue Mercière, 49
VICTOR SARLIT Rue St-Sulpice, 25	BRIDAY Avenue de l'Archevêché, 3

1868

PRÉAMBULE.

Ce n'est pas assez que le langage soit vrai et qu'il exprime d'une manière précise nos pensées et nos sentiments ; ce n'est pas même assez qu'il soit correct et suive en tous points les règles de la grammaire. S'il en était ainsi, la langue latine ne saurait offrir de sérieuses difficultés ; car enfin, ces règles de grammaire, que l'on a beaucoup trop multipliées, peuvent se réduire à un petit nombre ; et, si on les étudie avec méthode, il sera facile de les apprendre en peu de temps ; puis, avec un peu d'attention et de discernement, on viendra facilement à bout de les appliquer d'une manière convenable. Il faut aussi que le langage soit beau, et que, par le choix des mots, la délicatesse des expressions, la structure de la phrase, il revête ces formes gracieuses, ces tournures élégantes qui donnent de la noblesse au style et caractérisent le véritable écrivain.

A l'étude des règles grammaticales, il faut donc ajouter une autre étude plus sérieuse et plus attrayante, celle du génie de la langue que l'on veut apprendre. Or, le moyen le plus simple, le plus naturel, nous disons même le moyen unique pour atteindre ce but, est de se familiariser avec les auteurs qui ont le mieux écrit en cette langue, de bien saisir le caractère propre et les formes diverses de leur style, de concevoir une idée exacte de la propriété des mots, de leur élégance, de leur disposition dans la phrase, de l'harmonie des périodes... Nous conseillons aux jeunes élèves de porter principalement leur attention sur les passages les plus saillants des modèles qu'ils auront sous les yeux, et d'en faire l'objet d'une étude toute spéciale. En suivant cette méthode, qui nous est spécialement recommandée par un grand poëte (1), ils enrichiront leur esprit d'une foule de pensées nobles et fécondes, leurs cœurs s'épanouiront sous l'influence de sentiments élevés, et il se formera en eux comme un riche trésor de termes choisis et de tournures élégantes, où ils n'auront qu'à puiser quand il sera besoin d'écrire et de composer en latin.

Un maître habile et jaloux du progrès de ses élèves ne manquera pas de mettre à profit cette partie si intéressante des études latines. Mais, pour obtenir à cet égard des résultats satisfaisants, il faudra, avant tout, qu'il s'assujettisse lui-même à un travail sérieux, et que, dans la préparation des auteurs, il se rende un compte exact de tout ce qu'il y a de richesse, d'élégance, d'harmonie dans le style, et, en un mot, de toutes les beautés littéraires comprises dans le texte qu'il doit analyser. Dès lors, il lui sera facile, dans le cours de ses leçons, de dire des choses claires, précises, intéressantes, et de donner à son sujet tout le développement dont il est susceptible.

(1)   . . . . *Vos exemplaria græca*
Nocturnâ versate manu, versate diurnâ. Hor.

Feuilletez jour et nuit les modèles de la Grèce.

Nous lui conseillons aussi, comme une chose bien importante, de procurer à ses élèves des modèles d'a-nalyse littéraire, et, dans la correction des thèmes ou des compositions latines, de leur communiquer de vive voix ou par écrit un texte corrigé qu'il aura préparé avec le plus grand soin, en s'aidant de son expérience, de ses études approfondies sur la langue latine; en s'aidant surtout du texte original d'où ces thèmes ou ces compositions ont dû être tirés.

Nous lui conseillons également de réduire en questions les parties les plus intéressantes d'un sujet déjà expliqué, et d'habituer ses jeunes disciples à formuler eux-mêmes des réponses dans lesquelles ils reproduiront, autant qu'il leur sera possible, les termes choisis et les tournures élégantes de leurs auteurs.

Ce serait aussi une méthode bien profitable, de composer des thèmes d'imitation sur le texte d'une version déjà expliquée et apprise de mémoire, et d'obliger les élèves à se servir des mêmes expressions et à suivre le même ordre, le même enchaînement dans la structure de la phrase. De cette manière, ils auraient sous les yeux, et mieux encore dans leurs souvenirs, un texte modèle où ils puiseraient, pour faire leurs thèmes, des expressions justes, des tournures élégantes, des inversions conformes au génie de la langue latine.

OBSERVATIONS DE L'AUTEUR.

La dernière édition de ce *Traité d'élégance et de versification latine*, malgré l'accueil favorable qu'a daigné lui faire un public judicieux et impartial, dont nous honorons beaucoup le savoir et
l'expérience, renfermait encore des imperfections qu'il nous importait de faire disparaître. C'était, dans l'ensemble de l'ouvrage,
une logique parfois un peu diffuse, une méthode qui laissait à désirer plus de clarté et de précision, plus d'intérêt dans ses développements. C'étaient, dans les détails, quelques définitions un peu
abstraites qu'il fallait simplifier et éclaircir, certaines règles trop
peu intéressantes qu'il convenait d'éliminer, des lacunes assez
nombreuses qui devaient être comblées. C'étaient, dans la forme,
quelques négligences de style, et aussi certaines dispositions ty-
pographiques qu'il importait de modifier.

Mettant donc à profit notre expérience de trente années et les
études toutes spéciales que nous avons faites sur la langue latine,
nous avons revu avec le plus grand soin cette nouvelle édition,
nous l'avons remaniée presque en entier, et, suivant le conseil du
vieux poëte, nous sommes devenu à notre égard un *Aristarque*
sévère, tantôt effaçant ce qu'il y avait de trop, tantôt ajoutant ce
qui faisait défaut, tantôt éclaircissant ou modifiant ce qui nous semblait obscur ou défectueux.

Nous soumettons donc, avec le sentiment que nous inspire un
travail sérieux, cette troisième édition de notre *Traité d'élégance
et de versification* à la critique des hommes spéciaux, espérant
que leur jugement, s'il est le résultat d'un examen consciencieux,
lui sera entièrement favorable.

PREMIÈRE PARTIE.

DE L'ÉLÉGANCE LATINE.

L'élégance latine résulte principalement de la propriété des mots, du choix et de la délicatesse des expressions, de leur disposition dans la phrase, de l'harmonie du style, des figures. D'où cinq chapitres.

CHAPITRE I.

De la propriété des mots.

Il importe avant tout, pour bien entendre la langue latine, pour parler et écrire d'une manière pure et élégante, de connaître à fond la propriété des mots, leur sens propre et figuré, leurs synonymes. Or, le moyen le plus sûr pour atteindre ce but est de remonter à la première origine des mots, de les suivre dans leurs formations successives, de bien saisir l'analogie qui existe entre eux, et de voir l'usage qu'en ont fait les meilleurs écrivains.

I

De l'origine et de la formation des mots.

On distingue trois sortes de mots, au point de vue étymologique : les mots *simples* ou *primitifs*, les *dérivés* et les *composés*.

Les mots *simples* ou *primitifs* sont, si l'on peut dire ainsi, les premiers nés d'une langue ; ce sont des mots formés de racines primitives (1), appartenant à une langue plus ancienne, et servant à former d'autres mots par l'addition de nouvelles lettres ou de nouvelles syllabes. Ainsi le mot *fons*, fontaine, source, est un mot simple d'origine celtique, *von* ou *fon*, source, fontaine. — *Animus* (du grec ανεμοσ, vent, souffle) est un mot simple formé de la racine primitive *an* ou *han*, qui désigne le souffle, ou le son produit par une respiration pénible. Dans son premier sens, qui n'est guère usité, il signifie souffle, air, et, par analogie, respiration, vie. Au figuré, où il est d'un usage si fréquent, il signifie esprit, courage, intention, désir, etc. — *Acus*, aiguille, est un mot simple formé de la racine primitive *ac* qui sert à désigner tout ce qui est aigu, d'où l'on a formé *acutus*, aigu ; *aculeus*, aiguillon ; *acumen*, pointe ; *acies*, pointe d'un instrument tranchant ; et, au figuré, troupe armée d'instruments aigus, et, par extension, armée en bataille. — *Vir*, homme, tiré de la racine primitive *vi*, force, désigne un homme fort, courageux ; et, par analogie, un homme de cœur, un homme de mérite.

Les mots *dérivés* sont ceux qui ont été formés des mots simples par l'addition de nouvelles lettres ou de nouvelles syllabes que l'on nomme désinences ou terminaisons (2).

(1) Les racines primitives sont des mots d'une seule syllabe appartenant à une langue primitive et servant de base à tous les mots de formation plus récente. Ainsi *am* est une racine primitive qui signifie *lien*, *union* ; d'où sont formés les mots *am-are*, *am-or*, *am-abilis*, *am-ator*, *am-abiliter*, etc.

(2) Les terminaisons sont des lettres ou des syllabes ajoutées, dans chaque langue, à la fin des mots radicaux, pour en exprimer les différentes modifications. Elles se divisent en deux classes : les unes *déclinatives* et *conjugatives*, qui servent à désigner les genres, les nombres, les cas, dans les mots déclinables, et les temps, les nombres, les personnes, les modes dans les verbes ; les autres *spécificatives*, servant à spécifier le sens général du mot racine, et à former des dérivés de toute espèce : des noms, des adjectifs, des verbes, des adverbes, etc. Ainsi, pour revenir aux dérivés de *am*, racine primitive, on a désigné par la terminaison *antes* ceux qui aiment actuellement, *am-antes* ; par la terminaison *ati*

Ainsi, du mot *fors*, fortune, hasard, sont dérivés *fortuna*, fortune, sort, destin; *fortunatus*, fortuné; *fortuitus*, fortuit; *fortuitò*, fortuitement; *forsan, forsitan, fortassè, fortè*, peut-être, par hasard. — Du mot *animus*, esprit, sont dérivés *animosus*, courageux; *animositas*, animosité; *animare*, souffler, animer, etc. — Du mot *pars*, partie, sont dérivés *partiri*, partager; *partitio*, partition, action de partager; *partitor*, qui partage; *partim*, en partie; *particula*, petite partie, parcelle; *particularis*, particulier; *particulatim*, par parties. — De l'oriental *hur*, feu, s'est formé le mot grec πυρ; d'où, par le changement de *p* en *f*, cette famille de mots latins : *furor*, fureur; *furiosus*, furieux; *furens*, violent, impétueux; *furibundus*, furibond, transporté de fureur, etc.

Les terminaisons ne sont point non plus le résultat d'une formation arbitraire; elles dérivent aussi de mots primitifs dont elles ont conservé une ou plusieurs lettres qui en caractérisent le sens. Ainsi la lettre *l* désigne principalement les qualités des objets : *facilis*, facile; *amabilis*, aimable. — La lettre *r* est surtout relative à l'action : *actor*, celui qui agit, acteur; *pictor*, peintre; *salvator*, sauveur, etc. — La lettre *c* désigne la fixité d'un objet, sa ténacité, sa constance. Tels sont les mots en *ax* mis pour *acs :*

ceux qui ont été aimés, *am-ati;* par la terminaison *andi* ceux qui doivent être aimés, *am-andi;* par les terminaisons *icus, iculus, ator,* les nuances diverses de ceux qui aiment. Cette même racine *am* sert aussi à former des adverbes, en s'unissant aux terminaisons *anter, atorié, icè,* et elle devient un adjectif qualificatif, en s'unissant à la terminaison *abilis, am-abilis*, aimable.

Il faut aussi remarquer que de ces premiers dérivés de la racine primitive ont été formés d'autres dérivés. Ainsi, du mot *amicus* sont dérivés *amicitia*, amitié; *amicè*, amicalement; *amiculus*, petit ami. De *amabilis* sont dérivés *amabilitas, amabiliter*.

Toutefois, parmi cette nombreuse variété de terminaisons, il n'y a réellement que les deux dernières qui soient à remarquer. Ainsi, quand de la racine *am* on forme *amabilis*, il n'y a à considérer que la désinence spécificative *abil* et la déclinative *is*. Et, lorsque d'*amabilis* on forme *amabilitatis*, il n'y a à remarquer que la spécificative *itat* et la déclinative *is*, puisque *amabil* est déjà connu.

audax, audacieux ; *tenax*, tenace ; *pertinax*, opiniâtre, etc.
— Les terminaisons *men*, *mon*, *mentum*, désignent générale-
-lement la cause, ce qui fait qu'une chose est ce qu'elle est.
Tels sont *flumen* (*id est : quod fluit*), ce qui coule, fleuve ;
levamen (*quod levat*), ce qui élève, ce qui soulage ; *monumentum* (*quod monet*), ce qui avertit, monument ; *ornamentum* (*quod ornat*), ce qui orne, ornement.

Dans les verbes, la désinence *llo* marque un diminutif de
l'action : *cantillo*, je chante tout bas, je fredonne ; *sorbillo*,
je bois à petits coups, je buvotte. — La désinence *sso* désigne un augmentatif : *lacesso*, je provoque, je harcèle ;
incesso (de *incedo*), je marche avec instance, j'assaille, je
poursuis ; *capesso* (de *capio*), je m'efforce de prendre ; *fa-
cesso* (de *facio*), je fais avec empressement, etc. — La désinence *sco* indique le commencement, et quelquefois la con-
tinuité de l'action : *albesco*, je commence à blanchir ; *ar-
desco*, je m'enflamme ; *dehisco*, je m'entr'ouvre, etc. — Les
désinences *to*, *so*, *co* ou *xo* indiquent la fréquence de l'action : *clamitare* (de *clamare*), crier souvent, criailler ; *canti-
tare* (de *cantare*), chanter souvent ; *pulsare* (de *pellere*),
pousser avec instance ; *nexere* (de *nectere*), lier étroitement,
entrelacer ; *fodicare* (de *fodere*), percer en creusant, etc.

Les mots *composés* sont ceux dans la formation desquels
il entre deux ou plusieurs mots d'espèce différente. Ainsi,
de la racine primitive *re*, chose, objet que l'on voit, on a
formé le mot latin *res*, chose, qui, joint à l'adjectif *pu-
blic-us, a, um*, public, a formé le mot composé *respublica*,
la chose publique ou la république. — De même le mot
judicium, jugement, se compose de *jus, juris*, droit, et *dicere* ; dire le droit ou juger. — L'adjectif *sincer-us, a, um*,
comprend les deux mots *sine*, sans, et *cera*, cire ; c'est-à-
dire sans cire, sans mélange, pur, sincère. — Le mot *prin-
ceps* est composé de l'adjectif *prim-us, a, um*, et du mot
caput, première tête, ou le premier, le chef, le prince.
— Le verbe *fero*, je porte, a formé plusieurs composés en
se joignant à divers substantifs. Tels sont : *frugifer, a,
um* (de *ferre fruges*), qui porte des fruits ; c'est-à-dire fé-

cond, fertile, abondant en fruits. *Mortifer* ou *mortife-
rus* (de *ferre mortem*), qui porte la mort, mortel. *Le-
gislator* (du supin *latum* et de *lex, legis*), qui porte la loi,
législateur. De même *laniger*, porte-laine, brebis, est composé de *gerere*, porter, et *lanam*, laine.

Le verbe *eo*, je vais, est un mot simple ; joignez-y différentes prépositions, et vous aurez autant de mots composés.
Tels sont : *adire* (de *ire ad*), aller vers, s'approcher de,
aborder. *Adiit oraculum Jovis*, il alla trouver l'oracle de Jupiter. — *Inire* (de *ire in*), aller dans, entrer, pénétrer.
Inire convivium, Cic., aller à un festin. *Inire prælium*, Cic.,
engager un combat. — *Exire* (de *ire ex*), sortir de, se retirer. *Exire domo*, sortir de la maison. — *Abire* (de *ire ab*),
s'en aller, s'éloigner. *Abire domo*, s'éloigner de la maison.
— *Anteire* (de *ire ante*), aller devant, devancer, surpasser.
Anteit omnes ætate, il les devance tous par son âge. — *Circumire* (de *ire circum*), aller autour, entourer. *Circumire
tentoria*, aller autour des tentes. *Præterire* (de *ire præter*),
aller au delà, passer outre. *Præterire urbem*, aller au delà
de la ville.

Animadvertere, remarquer, est composé de trois mots :
vertere animum ad, tourner son esprit vers ; d'où : faire
attention, remarquer.

De même *recordari* (de *rursum cordi dare*, donner de
nouveau à son cœur), signifie se souvenir, se rappeler.

Cette petite digression sur les origines latines doit suffire pour nous faire comprendre toute l'importance qu'il
faut attacher à l'étude des étymologies (1). Ce sont elles en
effet qui réduisent les mots au plus petit nombre possible, en les classant par familles, et en les rattachant aux
mêmes radicaux. Ce sont elles aussi qui répandent le plus
d'intérêt dans l'étude des langues, en nous faisant remonter
à l'origine des mots, et en établissant entre chacun d'eux

----

(1) L'*étymologie* est l'art de remonter à l'origine des mots, d'en dé-
brouiller la dérivation, la composition, les altérations qu'on leur a fait
subir, de les dépouiller de tout ce qui leur est étranger, de les ramener
ainsi à la simplicité de leur origine, et d'en fixer le véritable sens.

les rapports les plus intimes. Le langage ainsi analysé devient la peinture vivante de nos idées ; notre esprit se plaît à en saisir les rapports, notre imagination les voit comme sur un tableau, et notre mémoire vient facilement à bout de s'en souvenir.

II

Des mots considérés dans leur sens propre et dans leur sens figuré.

Le sens *propre* d'un mot est celui qu'il a eu dès son origine, celui qui désigne la chose même pour laquelle il a été créé. Ainsi le mot *feu* est employé dans le sens propre, quand il désigne réellement du feu. *Ignis ardet*, le feu brûle. Le mot *fruit* est pris dans le sens propre, quand il désigne le produit d'un arbre ou d'une plante. *Fructus terræ*, les fruits de la terre. *Pendent in arbore poma*, les fruits pendent à à leur arbre. Le mot *aile* est pris dans le sens propre, quand il désigne cette partie du corps dont les oiseaux font usage pour voler.

Le sens *figuré* d'un mot est celui qu'il n'avait pas à son origine, mais qui lui a été donné par *analogie* (1), pour exprimer sous une forme sensible des objets spirituels avec lesquels il a des rapports de ressemblance. Ainsi, quand on dit *ignis amoris*, le feu de l'amour ; *ignis iræ*, le feu de la colère ; le mot *ignis* n'offre plus à l'esprit l'idée d'un feu matériel ; mais il peint sous une forme sensible l'ardeur

(1) L'*analogie* (de ἀνα, par, entre, parmi, et λογος, raison, rapport) est le rapport, la ressemblance que deux ou plusieurs choses ont les unes avec les autres, quoiqu'elles diffèrent par des qualités qui leur sont propres. Ainsi, dans l'ordre physique, il y a quelque analogie entre le pied d'une montagne et le pied d'un animal, quoique ce soient deux choses bien différentes. Il y a de l'analogie entre les ailes d'un oiseau et les colonnes d'une armée en bataille. Dans l'ordre moral, il y a de l'analogie entre un vaisseau que l'on fait voguer sur les ondes et une république qui est gouvernée par des hommes, entre le calme ou l'agitation de la mer et l'état paisible ou les troubles de l'âme, etc.

d'une âme qui éprouve de vifs sentiments d'amour ou de colère. Dans ce cas, on dit que le mot *ignis*, feu, est pris dans un sens figuré. Quand Stace a dit, en parlant de la paresse : *Demisso torpens vultu*, la paresse engourdie sous un visage baissé, il a fait une figure. La paresse, terme abstrait, ne peut avoir de visage, elle ne saurait être engourdie. Les mots *torpens* et *vultu demisso* sont donc pris dans un sens figuré. Quand Virgile a dit : *Pedibus timor addidit alas*, la frayeur a donné des ailes à ses pieds, il a fait une figure ; car les pieds ne sauraient avoir des ailes. Il en est ainsi dans ce beau vers de La Fontaine :

> Sur les ailes du temps la tristesse s'envole.

Il importe donc beaucoup, pour connaître exactement les diverses significations d'un même mot, de bien saisir les rapports qui existent entre le sens primitif de ce mot et celui que l'analogie des idées est venue établir. Il faut pour cela remonter à sa première origine, le suivre par degrés dans ses développements successifs, et remarquer avec soin, tant dans les dictionnaires, que dans les bons auteurs, les variétés de sens que l'usage et la progression des idées lui ont fait subir.

III

Des mots synonymes.

Les *synonymes* sont des mots qui expriment tous la même idée, mais avec certaines nuances, certaines modifications qui les distinguent, certaines idées particulières qui conviennent à chacun d'eux et qu'il importe de bien remarquer. Ainsi les verbes *amare* et *diligere* expriment tous deux l'action d'aimer ; mais ils diffèrent en ce sens que *amare* signifie aimer d'un amour naturel, de cet amour que Dieu a mis dans le cœur des hommes en les unissant par les liens du sang et de la parenté. Ainsi l'on dit bien : *Pater amat suos liberos*, un père aime ses enfants. Au lieu que *diligere* (de *legere*, choisir, *dis* pour *diversim*, de divers côtés), signifie choisir, faire un choix, et, par extension, aimer par choix, par estime, par préférence. *Amicos diligere debemus*.

Les mots *acies*, *exercitus*, *agmen*, qui sont devenus synonymes par suite de l'extension de leur premier sens, expriment tous trois l'idée du mot *armée*. — *Acies* (du grec αχη, pointe) désigne, dans son premier sens, la partie aiguë ou tranchante d'un instrument. *Acies ferri*, le tranchant du fer; *acies mucronis*, la pointe d'une épée. Au figuré, il signifie partie fine, délicate, pénétrante. *Acies oculorum*, la pénétration des regards; *acies ingenii*, la vivacité de l'esprit. Il s'emploie plus spécialement pour désigner le front d'une armée, et, par extension, une armée rangée en bataille. *Exiguo intervallo utraque acies stetit*, les deux armées s'arrêtèrent à une petite distance. — *Exercitus* (de *exercere*, exercer) désigne un corps de troupes formées par l'exercice. *Consul exercitui præerat*, le consul avait le commandement de l'armée. — *Agmen* (de *agere*, conduire) signifie proprement une troupe quelconque en marche. *Agmen muliebre*, une troupe de femmes; *agmen aligerum*, une troupe d'oiseaux. — Il désigne plus spécialement une armée en marche. *Primum agmen ducere*, conduire l'avant-garde.

Il est facile de juger, d'après ces exemples, que les mots synonymes, outre les idées qui leur sont communes, présentent aussi à l'esprit des idées particulières qui les distinguent et donnent à chacun d'eux le caractère qui lui est propre. Il importe donc, si l'on veut parler et écrire avec justesse, de bien saisir cette différence, et de choisir avec discernement les mots qui doivent être l'expression la plus exacte de nos pensées.

CHAPITRE II.

Du choix et de la délicatesse des expressions.

« C'est une chose merveilleuse, dit Rollin, comment des mots qui sont à la disposition de tout le monde, et qui par eux-mêmes n'ont aucune beauté particulière, étant choisis avec goût, maniés avec art et appliqués avec discernement, acquièrent tout d'un coup une beauté, un éclat qui les rend méconnaissables. »

Il n'y a rien de remarquable dans les mots suivants : « C'est à Cadmus que la Grèce est redevable de l'invention des caractères ; c'est de lui qu'elle a appris l'art de l'écriture. » Mais on est charmé, lorsqu'on entend la même chose exprimée de cette manière si noble et si gracieuse :

> « C'est de lui que nous vient cet art ingénieux
> De peindre la parole et de parler aux yeux,
> Et, par des traits divers de figures tracées,
> Donner de la couleur et du corps aux pensées. »

En latin, le mot *œdificare*, employé dans le sens propre, est un terme fort simple. *Ædificare domum*, bâtir une maison. Dans le sens figuré, il a une grâce toute particulière. Juvénal, pour exprimer ces parures à différents étages dont les dames romaines ornaient leurs têtes, s'exprime ainsi :

> *Tot premit ordinibus, tot adhuc compagibus altum*
> *Ædificat caput...*

Boileau a rendu ainsi la pensée et les expressions de Juvénal :

> « Et qu'une main savante, avec tant d'artifice,
> Bâtit de ses cheveux l'élégant édifice. »

Uti, se servir. Ce verbe, dans le sens ordinaire, n'a rien de remarquable. *Utor libris*, je me sers de livres. Mais il a un agrément particulier dans les phrases suivantes et autres semblables : *Adversis ventis usi sumus*. Nous avons eu les vents contraires. *Aristotele magistro usus est Alexander*. Alexandre a eu pour maître Aristote. *Aulo Trebonio multos annos utor valdè familiariter*. Cic. Depuis plusieurs années, j'ai des liaisons très-intimes avec Aulus Trébonius.

Le mot *fatigare* est aussi un terme fort simple. *Corpus suum fatigare*, fatiguer son corps. Salluste, décrivant l'acharnement des soldats romains contre les vaincus, s'exprime ainsi : *Igitur hi milites, postquam victoriam adepti sunt, nihil reliqui victis fecère; quippè secundæ res sapientium animos fatigant*. De pareils soldats, après la victoire, ne laissèrent rien aux vaincus ; car la prospérité ébranle même les plus sages. Ne nous arrêtons qu'à ce mot *fatigant*. « Est-il possible, dit Rollin, de peindre d'une manière plus courte et plus vive les rudes épreuves que les gens de bien ont à essuyer dans la prospérité ? Elle les attaque, elle les poursuit sans relâche, elle leur livre une guerre continuelle ; et si elle ne peut venir à bout de les vaincre par la force, elle espère au moins qu'ils rendront les armes de fatigue et de lassitude. C'est ce qu'exprime si bien le mot *fatigant*. »

Satietas, dans le sens propre, est un terme très-commun. *Cibi satietas et fastidium*, la satiété et le dégoût pour la nourriture. Dans le sens figuré, il a une grâce toute particulière. *Mirum in modum me desiderium tenet urbis, satietas autem provinciæ*. Cic.

Nubere (dérivé de *nubes*, nuage) veut dire, dans son premier sens, *se voiler le visage*; ce que faisait anciennement la fiancée le jour de ses noces. De là cette expression si délicate : *nubere alicui viro*, se voiler pour un homme, c'est-à-dire l'épouser.

L'importance de cette matière nous oblige de lui donner plus de développement, et de mettre sous les yeux, en suivant un ordre logique, les expressions les mieux choisies,

les tournures les plus élégantes qui ont été employées par
les bons auteurs.

ARTICLE I.

DU CHOIX ET DE L'ÉLÉGANCE DES SUBSTANTIFS.

I

En français, on emploie généralement le terme *abstrait*
pour désigner l'époque relative à une charge, à une dignité.
Ainsi l'on dit : après le consulat de Brutus, avant la préture de Métellus, sous le règne d'Auguste. Mais il est plus
conforme au génie de la langue latine d'employer le terme
concret et de dire : *Post Brutum consulem, ante Metellum
prætorem, Augusto regnante.*

Il en est de même, quand on veut indiquer à quelle époque de la vie telle chose a été faite. Ainsi l'on dira mieux :
Philosophiæ adolescens multum temporis tribui. Cic. Dans
ma jeunesse j'ai consacré beaucoup de temps à la philoso-
phie. *Cato senex historias scribere instituit.* C. Nep. Caton,
dans sa vieillesse, se mit à écrire des histoires.

Toutefois, si l'on voulait énoncer une idée générale, une
maxime, une sentence, il serait mieux d'employer le terme
abstrait, comme dans cet exemple : *Studia adolescentiam
alunt, senectutem oblectant.* Cic. Les lettres sont l'aliment
de la jeunesse et l'amusement de la vieillesse.

II

Il y a beaucoup de substantifs français qui se traduisent
élégamment par des adjectifs latins. Tels sont : 1° les noms
qui marquent la dimension des objets, comme le haut, le
milieu, le bas, l'extrémité, etc. Ex. : Le haut d'un arbre,
summa arbor; le milieu d'un rocher, *media rupes;* le fond
de la mer, *imum mare;* le bout des doigts, *extremi
digiti,* etc.

2° Les noms qui désignent la matière dont une chose est

faite : un vase d'or, *vas aureum ;* une statue d'airain, *signum æneum ;* une coupe d'argile, *poculum fictile.* De même : la chair de bœuf. *caro bubula ;* de cheval, *equina ;* de mouton, *vervecina ;* de bête sauvage, *ferina,* etc.

3° Les noms de lieux, de villes, de provinces : le parlement de Paris, *senatus parisiensis ;* Caton d'Utique, *Cato uticensis ;* Thrasybule d'Athènes, *Thrasybulus atheniensis,* etc.

4° Les noms de temps, ceux surtout qui désignent les diverses parties du jour, du mois, de l'année, ou qui sont relatifs à quelque dignité : le jour d'hier, *dies hesternus ;* de demain, *crastinus ;* le travail du matin, *labor matutinus ;* de la nuit, *nocturnus ;* de longue durée, *diuturnus ;* à sept heures, *septima hora ;* au commencement du printemps, *ineunte vere* ou *vere primo ;* au lever de l'aurore, *aurora surgente ;* au milieu de l'été, *media æstate ;* sous le règne d'Auguste, *Augusto regnante ;* avant la fondation de Rome, *ante Romam conditam,* etc.

5° Il en est ainsi de beaucoup d'autres noms précédés en français de la préposition *de* ou *des,* comme : la guerre des esclaves, *bellum servile ;* le pouvoir des tribuns, *potestas tribunitia ;* le droit des consuls, *jus consulare ;* la bataille de Cannes, *prælium Cannense ;* la plupart des hommes, *plerique homines ;* à force de travail, *multo labore ;* il prit le reste des écus, *reliquos nummos abstulit.*

6° On fait aussi usage d'un adjectif pour éviter la rencontre de deux génitifs. Ainsi l'on dit : *clades Jugurthini exercitûs,* au lieu de *clades Jugurthæ exercitûs,* la défaite de l'armée de Jugurtha ; *exitium Pompeianarum partium,* la ruine du parti de Pompée.

III

Au lieu d'un adjectif, on se sert quelquefois d'un substantif, pour donner plus d'intérêt à l'idée que l'on veut exprimer. Ainsi, au lieu de dire : *In his variis studiis,* on dit mieux : *In hâc varietate studiorum.* Cic. Au lieu de dire : *Quùm floreret Isocrates nobilibus discipulis,* on dit mieux : *quùm floreret Isocrates nobilitate discipulorum,* Cic.

IV

Les *diminutifs* employés à propos ont une grâce particulière ; on peut en juger par les exemples suivants : *Homines mercedulâ adducti,* des hommes gagnés par une faible récompense. *Narrationem mendaciunculis aspergere,* semer de petits mensonges dans une narration. *En ipse capellas protenus æger ago.* Virg. Je conduis mes chèvres loin de ces lieux. *Nos homunculi indignamur, si quis nostrûm interiit ; quum uno in loco tot oppidorum cadavera jaceant.* Cic. Nous, faibles mortels, nous nous indignons si l'un de nous vient à mourir, quand nous voyons les ruines de tant de villes accumulées en un seul lieu.

V

Le singulier s'emploie élégamment pour le pluriel, afin de donner plus d'unité à la pensée. Ex. : *Fugientes Volscos eques romanus libero campo adeptus, parte victoriæ fruitur.* T. L. (*Eques* pour *equites.*) Les cavaliers romains ayant atteint en rase campagne les Volsques qui fuyaient, jouissent déjà d'une partie de la victoire. *Multa senem circumveniunt incommoda.* Hor. Beaucoup d'incommodités assaillent les vieillards.

VI

En latin, comme en français, les noms propres sont quelquefois plus élégants au pluriel, surtout quand on veut faire un dénombrement. Ex. : *Tecum video omnes Gracchos et Lucilios ; verè ut dicam, Crassos quoque et Lælios videre videor.* Cic. Je vois en vous tous les Gracchus et les Lucilius ; et, à dire vrai, il me semble même voir les Crassus et les Lélius.

VII

Le nom du lieu se met élégamment pour celui de la nation. Ex. : *Ut omittam Græciam, quæ semper eloquentiæ prin-*

ceps esse voluit, atque illas omnium doctrinarum inventrices Athenas. Cic. (*Græciam* pour *Græcos*; *Athenas* pour *Athenienses.*) Pour ne point parler de la Grèce, qui a toujours eu la palme de l'éloquence ; ni d'Athènes, cette mère de toutes les sciences.

Si cependant le nom de pays était peu usité, ou s'il n'existait pas, il faudrait employer le nom de la nation. Ex. : *In Sabinis natus,* né dans le pays des Sabins. *In Persas proficisci,* partir pour la Perse. (*Persas* pour *Persidem,* qui est peu usité.) *In Colchos abiit,* il se retira dans la Colchide.

VIII

Le *nominatif* s'emploie communément après le verbe *esse* et d'autres de signification analogue, comme *existere, fieri, apparere,* ainsi qu'après les infinitifs passifs de certains verbes, comme *dici, appellari, haberi, existimari, videri,* etc., surtout si ces infinitifs dépendent des verbes *volo, nolo, malo, possum, debeo, cupio, soleo, studeo.* Ex. : *Cato esse quam videri bonus malebat.* Cic. Caton aimait mieux être homme de bien que de le paraître. *Volo is esse quem tu me esse voluisti.* Cic. Je veux être tel que vous avez voulu que je sois.

Cependant, si le sujet des deux verbes n'était pas le même, ou s'il y avait dans la seconde proposition un pronom qui se rapportât au sujet énoncé dans la première, l'attribut devrait se mettre à l'accusatif. Ainsi il faudrait dire avec un pronom : *volo me eruditum fieri,* ou, sans pronom, *volo eruditus fieri.*

IX

Quand deux substantifs désignent le même objet, et que l'un marque le genre et l'autre l'espèce, le second doit se mettre au génitif. Ex. : *flos violæ,* la fleur de la violette ; *arbor fici,* l'arbre du figuier.

Il en est de même après *causa, genus,* et quelques autres mots que l'usage apprendra. Ex. : *Duæ sunt hujus obscuritatis causæ : una pudoris, altera sceleris.* Cic. Il y a deux

causes à cette obscurité : la première est la honte, la seconde
le crime.

X

Le génitif est d'un usage plus fréquent pour désigner les
qualités de l'esprit, et l'ablatif pour désigner celles du corps.
Ex. : *Lucilius, vir præstantis ingenii, fuit staturâ humili et
corpore exiguo.* Lucilius, homme d'un grand esprit, avait
un corps effilé et de petite taille.

XI

Le génitif s'emploie élégamment pour désigner certaines propriétés accidentelles des objets, comme la mesure, le poids, la quantité, la valeur, etc. Ex. : *Navis inusi-
tatæ magnitudinis*, un vaisseau d'une grandeur extraordinaire. *Classis septuaginta navium*, une flotte de soixante-dix
vaisseaux.

XII

Le génitif est d'un usage habituel après les verbes qui
expriment le souvenir ou l'oubli, quand le régime est un
nom de personne. Ex. : *Scias velim nos meminisse tui.* Cic.
Venillez croire que je ne vous ai point oublié.

Mais quand le régime est un nom de chose, l'accusatif est
plus fréquemment employé ; il est même de rigueur, quand
c'est un adjectif du genre neutre. Ex. : *Oblivisci nihil solet,
præter injurias.* Cic. Il n'a coutume d'oublier que les injures. *Externa libentius quam domestica recordor.* Cic. Je
me souviens plus volontiers des faits étrangers que des faits
domestiques.

XIII

Le génitif s'emploie mieux que l'ablatif après les verbes
qui signifient *accuser, condamner, absoudre, convaincre.* Ex. :
Miltiades proditionis accusatus est. C. N. Miltiade fut accusé
de trahison. *Piso sceleris insimulat generum suum.* Cic.
Pison accuse son gendre de crime. (Ce génitif est régi par
les ablatifs *crimine, nomine, judicio,* sous-entendus, quelquefois même exprimés.)

XIV

Le datif employé pour désigner l'objet à l'avantage ou au désavantage duquel on fait telle chose (ou *datif intentionnel*) est communément plus conforme au génie de la langue latine que l'accusatif joint à quelque préposition. Ex. : *Tibi soli amas*, vous n'aimez que pour vous seul. *Sol omnibus collucet*, le soleil brille pour tout le monde. *Homo non sibi soli natum esse meminerit, sed patriæ, sed suis.* Cic. L'homme doit se souvenir qu'il n'est pas né pour lui seul, mais aussi pour la patrie et pour les siens.

XV

L'accusatif servant à désigner un espace de lieu ou de temps s'emploie mieux que l'ablatif. Ex. : *Lex jubebat ut ab urbe abesset millia passuum ducenta* (sous-ent. *ad*). La loi voulait qu'il fût éloigné de la ville à la distance de deux cents pas. *Quædam bestiolæ unum modò diem vivunt.* (Sous-ent. *per.*) Cic. Certains animalcules ne vivent qu'un jour.

XVI

L'accusatif se met élégamment après les interjections *o*, *heu*, *eheu*, comme complément d'un verbe sous-entendu. Ex. : *Heu me miserum !* (sous-ent. *sentio*) hélas ! que je suis malheureux ! *O fallacem hominum spem !* (sous-ent. *dico*) ô trompeuse espérance des hommes !

XVII

L'accusatif a une grâce particulière après certains verbes neutres employés dans un sens actif. Tels sont : *dolere*, s'affliger ; *lugere*, porter le deuil, être dans l'affliction ; *flere*, pleurer ; *gemere*, gémir ; et d'autres que l'usage apprendra. Ex. : *Meum casum luctumque doluerunt amici.* Cic. Mes amis ont pris part à mon malheur et à mon affliction. *Fratrem lugebant ademptum.* Virg. Ils pleuraient la mort de leur frère. *Lacrymat sua gaudia palmes.* Plin. Le sarment distille des pleurs de joie.

REMARQUE. Les bons auteurs ont donné quelquefois pour complément à certains verbes intransitifs le substantif formé de la même racine que le verbe, ou quelque autre de signification analogue, par ex. : *Jucundam vivere vitam*, mener une vie agréable. *Duram servire servitutem*, être réduit à un dur esclavage. *Sanguinem nostrum sitiebat*, il avait soif de notre sang.

XVIII

Les accusatifs neutres *hoc, id, illud, unum, quid, pauca, multa*, etc., se construisent élégamment avec un bon nombre de verbes intransitifs (on sous-entend *ad* ou *secundum*). Ex. : *Unum omnes student*, tous n'ont qu'un seul désir. *Utrumque lætor*, je me réjouis de l'une et de l'autre chose. *Vellem idem gloriari, quod Cyrus*. Cic. Je voudrais me glorifier du même avantage que Cyrus.

XIX

Les poètes et même les prosateurs mettent quelquefois à l'accusatif le nom qui désigne la partie à laquelle se rapporte l'action du verbe. Ainsi ils disent : *Fractus membra labore*, ayant les membres épuisés de fatigue. *Redimitus tempora lauro* (sous-ent. *ad* ou *secundum*), le front ceint de lauriers. *Os humerosque deo similis*, ayant le visage et la taille d'un dieu. *Magnam partem ex iambis nostra constat oratio*. Cic. Notre langue est en grande partie composée d'iambes.

XX

Nous avons vu dans la grammaire que beaucoup de verbes intransitifs deviennent transitifs en composition et régissent l'accusatif en vertu de la préposition qu'ils renferment, par ex. : *Adiit oraculum Jovis*, il alla trouver l'oracle de Jupiter. Toutefois il faut admettre généralement que l'accusatif ne s'emploie guère qu'avec les verbes composés des cinq prépositions *circum, per, præter, trans* et *super*, ou par ceux qui, étant composés d'autres prépositions, sont devenus tout à fait transitifs, comme *adire, sub-*

2

ire, aggredi, convenire, etc. Quant aux autres verbes, ils se construisent communément avec le datif ou avec une préposition suivie de son complément (le plus souvent c'est la préposition comprise dans le verbe). Ex. : *Succurritis urbi incensæ*, vous secourez une ville dévorée par les flammes. *Hostis citato gradu ad urbem accedit*, l'ennemi s'approche de la ville à marche forcée. *Helvetii Cæsaris ad pedes sese projecerunt*, les Helvétiens se jetèrent aux pieds de César. (Voir notre grammaire, page 227.)

Remarque. Après les verbes qui expriment une idée de séparation, d'éloignement, on sous-entend ordinairement les prépositions *a* ou *ab, e* ou *ex* et *de*, quand elles sont déjà énoncées dans le verbe. Ainsi l'on dit : *abire oppido*, s'éloigner de la ville ; *exire senatu*, sortir du sénat ; *amicitia nullo loco excluditur*, l'amitié n'est exclue d'aucun lieu.

Il faut excepter cependant les verbes *avertere, alienare, deterrere*, éloigner, détourner ; *decedere*, se retirer ; *abhorrere*, s'éloigner de, et quelques autres que l'usage apprendra.

XXI

Au lieu de l'ablatif de cause, on se sert avec élégance des prépositions *per* et *propter* avec l'accusatif. Ex. : *Propter metum legibus paret*, il obéit aux lois à cause de la crainte.

L'emploi de ces prépositions est même de rigueur, quand il s'agit des personnes. Ex. : *Propter te, fili mi, tantos suscepi labores*. C'est à cause de vous, mon cher fils, que j'ai entrepris de si grands travaux.

XXII

Au lieu de *ob* ou *propter* avec l'accusatif, on se sert élégamment des ablatifs *causâ, gratiâ*, avec le génitif. Ex. : *Hæc scripsi amicitiæ causâ*, c'est par amitié que je vous ai écrit cela.

Ces locutions : à cause de moi, de toi..., se rendent dans ce cas par *meâ, tuâ, nostrâ, vestrâ causâ*.

XXIII

Quand les hommes sont le moyen ou l'instrument par lequel une chose se fait, au lieu de l'ablatif seul, il est mieux de mettre *operâ* avec le génitif ou avec les adjectifs possessifs *meâ, tuâ, nostrâ, vestrâ.* Ex. : *Meâ unius operâ respublica servata est.* Cic. C'est par moi seul que la république a été sauvée.

On emploie aussi élégamment la préposition *per* avec l'accusatif, surtout quand le complément est un pronom personnel. Ex. : *Per me, per te, per hunc unum stat quominus id fiat,* il ne tient qu'à moi, qu'à vous, qu'à lui seul que cela ne se fasse. *Per me non stat quin sis beatus,* il ne tient pas à moi que vous ne soyez heureux.

XXIV

L'ablatif absolu (1), si usité en latin, est plus élégant que tout autre cas, et s'emploie généralement mieux que toute périphrase, quand il répond exactement à l'idée que l'on veut exprimer. Ainsi, au lieu de dire : *Quum libertas patriæ opprimitur,* on dira mieux : *Oppressâ libertate patriæ, nihil est quod amplius speremus.* Cic. Quand la liberté de la patrie est opprimée, nous n'avons plus rien à espérer. Au lieu de dire : *Postquàm Cæsar rem intellexisset,* on dira mieux : *Re intellectâ, Cæsar continuò milites suos jussit esse in armis.* Cæs. César ayant compris cela, fit aussitôt mettre ses soldats sous les armes.

Cette construction élégante a lieu surtout quand il s'agit du temps, de la cause, de la manière, de l'instrument. Ex. : *Reluctante naturâ, irritus est labor.* Quand la nature résiste, le travail est inutile. Elle s'emploie surtout pour traduire en latin nos participes passés actifs, comme ayant aimé, ayant reçu, ayant rendu. Ex. : *Gladio correpto, seipsum occidit.* Ayant saisi son épée, il se tua.

(1) Ce qu'on nomme ablatif absolu n'est autre chose qu'un complément circonstanciel régi par la préposition *sub* ou *cum* avec le participe présent, et *a* ou *ab* avec le participe passé (Sub) *Cicerone consule.* (A) *partibus factis,* après les parts faites.

XXV

Il est quelquefois plus élégant de sous-entendre le substantif. Ex. : *Paucis ad te volo* (sous-ent. *verbis*). Je veux vous écrire en peu de mots. *Asia populi romani facta est* (sous-ent. *possessio*). L'Asie est devenue la possession du peuple romain.

ARTICLE II.

DU CHOIX ET DE L'ÉLÉGANCE DES ADJECTIFS.

I

Les adjectifs qui expriment une disposition de l'esprit, un mouvement du cœur relativement à tel acte, comme *lœtus*, joyeux ; *tristis*, triste ; *prudens*, prudent ; *sciens*, sachant ; *ignarus*, ignorant ; *liber*, libre ; *coactus*, forcé, etc., sont beaucoup plus élégants que les adverbes *lœtè*, avec joie ; *tristè*, tristement ; *prudenter*, prudemment ; *liberè*, librement, etc. Ex. : *Socrates venenum lœtus hausit.* Socrate avala le poison avec joie. *Id sciens prudensque feci.* J'ai fait cela sciemment et avec prudence. *Redit acrior ad pugnam.* Il retourne avec plus d'ardeur au combat. Cette construction est très-fréquente chez les poètes.

II

Certains adjectifs, employés substantivement et suivis d'un génitif, ont une grâce particulière surtout en poésie. Ex. : *Non temerè incerta casuum reputat, quem fortuna nunquam decepit.* Liv. (*Incerta casuum* pour *incertos casus.*) Rarement il réfléchit à l'incertitude des évènements, celui que la fortune n'a jamais trompé. *Ferimur per opaca locorum.* Virg. (Pour *opaca loca.*) Nous nous précipitons dans des lieux sombres. *Obsedere alii telis angusta viarum.* D'autres armés de traits ont occupé les passages les plus étroits.

III

L'adjectif attribut se met quelquefois avec élégance au genre neutre, quand même il se rapporte à un nom masculin ou féminin, ou à deux noms du même genre. Ex. : *Quàm omnium rerum mors sit extremum.* Cic. Puisque la mort est la fin de toutes choses. *Ira et avaritia potentiora erant.* T. Liv. La colère et l'avarice étaient trop puissantes.

IV

L'adjectif s'accorde quelquefois, par syllepse, non point avec le substantif sujet, mais avec le mot dont ce substantif rappelle l'idée. Ex. : *Capita conjurationis virgis cæsi sunt.* T. Liv. Les chefs de la conjuration furent battus de verges. *Pars in crucem acti, pars bestiis objecti.* Les uns furent mis en croix, les autres exposés aux bêtes.

V

Quand un participe construit avec *esse* ou *videri* fait les fonctions d'attribut, il s'accorde élégamment avec le substantif le plus proche. Ex. : *Pauperlas mihi onus visum est grave.* Ter. La pauvreté m'a semblé un lourd fardeau. On pourrait aussi rapprocher le participe du substantif sujet, et dire : *Visa est mihi paupertas grave onus. Non omnis error stultitia dicenda est.* Cic. Toute erreur ne doit pas être traitée de folie.

VI

Bien qu'il soit difficile de dire quelque chose de précis sur le grand nombre d'adjectifs qui se construisent avec le génitif, toutefois on peut établir comme principe que les adjectifs qui viennent des verbes et qui expriment une disposition habituelle de l'esprit relativement à telle chose, comme *avidus* (de *avere*, désirer vivement), avide de; *cupidus* (de *cupere*, désirer), désireux de ; *studiosus* (de *studere*), etc., veulent leur complément au génitif. Ex. : *Avidus gloriæ*, avide de gloire ; *cupidus rerum novarum*, désireux de nouvelles choses ; *patiens injuriarum*, qui a la patience des injures, qui les souffre habituellement (*patiens injurias* se dirait de celui qui les souffre actuellement); *amans virtutis*, ami de la vertu (*amans virtutem* désignerait celui qui aime actuellement la vertu).

Il en est ainsi de beaucoup d'autres adjectifs qui expriment de même une disposition de l'esprit, une idée de jouissance habituelle, de possession, relativement à telle chose, comme : *peritus*, qui a l'expérience de, qui est habile dans; *memor*, qui a le souvenir de, qui se souvient; *conscius*, qui a la conscience de, qui connaît; *compos*, qui a la jouissance de, qui jouit, etc.

Il faut aussi remarquer que les poëtes et ceux des prosateurs qui se servent d'expressions poétiques, Tacite principalement, mettent le génitif après un grand nombre d'adjectifs. Ainsi ils disent : *segnis occasionum*, lent à profiter des occasions; *modicus voluptatum*, modéré dans ses passions; *certus sceleris*, assuré du crime; *anxius futuri*, inquiet de l'avenir; *timidus procellæ*, qui craint la tempête. Ils disent : *cuncta terrarum* (sous-ent. *loca*), toutes les terres; *angusta viarum*, des passages étroits; *opaca locorum*, des lieux ombragés; *incerta casuum*, l'incertitude des évènements, etc.

VII

Le génitif se met élégamment comme complément des adjectifs neutres *hoc, id, illud, quid, aliquid, quidquam, nihil*, etc. Ex. : *Id ætatis jam sumus ut omnia fortiter ferre debeamus* (c'est-à-dire *ad id spatium ætatis*). Nous sommes dans un âge où l'on doit tout souffrir courageusement. *Ignari quid in poematibus, in picturis vitii sit, nequeunt judicare*, Cic. Les ignorants ne peuvent juger ce qu'il y a de vicieux dans un poème ou dans une peinture.

VIII

Les adjectifs *similis*, semblable, *par*, égal, se construisent mieux avec le génitif, quand ils marquent une ressemblance de mœurs, de caractère. Ex. : *Plures Romuli quam Numæ reges similes reperiuntur.* T. Liv. On trouve plus de rois semblables à Romulus qu'à Numa. *Metelli paucos quidem pares hæc civitas tulit.* Cic. Notre cité a produit peu d'hommes semblables à Métellus.

IX

Avec les adjectifs *utilis*, utile à ; *aptus, idoneus,* propre à ; *natus,* né pour, on met généralement le nom de la personne au datif et le nom de la chose à l'accusatif avec *ad.* Ex. : *Patientia omnibus utilis est.* La patience est utile à tous. *Liberis civibus nata est eloquentia.* L'éloquence est née pour les citoyens libres. *Aptum ad insidias hostis locum cepit.* L'ennemi a choisi un lieu propre à des embûches. (La raison de cette différence de cas, c'est que, avec le nom de personne, il y a plutôt un rapport d'attribution, et avec le nom de chose, un rapport de tendance.)

X

Après les adjectifs ou les participes qui expriment une bonne ou une mauvaise disposition relativement à telle chose, on met bien l'accusatif avec *in* ou *ergà* au lieu du datif, surtout quand ces adjectifs et les mots auxquels ils sont joints indiquent plutôt une inclination de la volonté, une tendance morale, qu'un rapport d'attribution. Ainsi, au lieu de dire : *Æquus omnibus,* juste pour tout le monde ; on dira bien : *Æquus in omnes.* Au lieu de dire : *Amicis tuis ostende te beneficum,* on dira mieux : *In amicos tuos te beneficum ostende,* montrez-vous généreux à l'égard de vos amis.

XI

Cette expression, *âgé de,* se rend élégamment par *natus* avec l'accusatif. Ex. : *Decessit Alexander tres et triginta annos natus.* Just. (Sous-ent. *antè.*) Alexandre mourut à l'âge de trente-trois ans. On dirait moins élégamment : *tertio et tricesimo ætatis anno,* ou *tertium et tricesimum agens annum.*

XII

L'ablatif de cause, de manière, se met élégamment après les adjectifs suivis en français de la préposition *de*. Ex. : Malade d'inquiétudes, *æger curis* ; fatigué de la guerre, *fessus militiâ*, etc.

XIII

Après les adjectifs qui expriment une idée de privation, de séparation, comme *vacuus*, vide de ; *liber* ou *liberatus*, délivré de ; *immunis*, exempt ; *orbus*, privé, etc., on omet ordinairement les prépositions *à* ou *ab*, *e* ou *ex*, quand le rapport de séparation est peu sensible ; ce qui a lieu surtout quand il est purement moral. Ex. : *Vacuus curis* (sous-ent. *ex*), libre d'inquiétudes ; *immunis militiâ*, exempt du service militaire.

XIV

Le comparatif s'emploie élégamment au lieu de *multùm*, *valdè*, *nimis*, avec le positif. Ex. *Senectus est naturâ loquacior* (sous-ent. *quàm alia ætas*), la vieillesse est naturellement très-causeuse. *Vespasianus pecuniæ avidior fuit* (sous-ent. *quàm decebat*), Vespasien fut trop avide d'argent.

XV

Le comparatif a beaucoup de grâce dans les phrases suivantes et autres semblables : *Litteris quàm moribus instructior*, meilleur littérateur que moraliste. *Similior antiquis quàm recentibus viris fuit Cato*, Caton ressemblait plus aux anciens qu'aux modernes.

XVI

Les ablatifs *opinione, spe, æquo, justo, solito, dicto*, etc., s'emploient élégamment au lieu de *quàm* après un comparatif. Ex. : *Opinione majorem animo cepi dolorem. Cic.* (Pour *quàm opinio omnium erat*.) J'ai ressenti une douleur plus grande qu'on ne peut se l'imaginer. *Plus æquo liber*, plus libre qu'il ne convient. *Tardius solito*, plus tard que de coutume. *Citius dicto*, plus vite que la parole.

XVII

Quàm pro, après un comparatif, s'emploie élégamment dans le sens de *eu égard à...*, *à proportion de...*. Ex. : *Atrocior quàm pro numero pugnantium editur pugna*, il s'engage un combat plus terrible que ne le faisait pressentir le nombre des combattants. *Latiùs quàm pro copiis suis Appius castra metatus est.* T. L. Appius mesura son camp sur un trop grand espace, eu égard au nombre de ses troupes.

XVIII

Le superlatif précédé de la conjonction *quàm* se met très-élégamment pour énoncer une qualité portée au plus haut degré possible. Ex. : *Cæsar quàm maximis itineribus in galliam ulteriorem contendit*, César se rend le plus vite qu'il peut dans la Gaule transalpine. *Gallinæ aliæque aves subita sibi pullisque nidos construunt, eosque quàm mollissimè substernunt, ut quàm facillimè ova serventur.* Cic. Les poules et les autres oiseaux font des nids pour eux et leurs petits, et ils les garnissent des matières les plus molles, afin que leurs œufs s'y conservent le plus facilement.

XIX

Le superlatif énonçant la qualité à un degré très-élevé peut s'augmenter encore au moyen des adverbes *multò*, *longè*. Ex. : *Multò mihi jucundissima fuit præsentia tua.* Cic. Votre présence m'a été tout à fait agréable. *Apud Helvetios longè nobilissimus et doctissimus fuit Orgetorix.* Cæs. Orgetorix fut de beaucoup le plus noble et le plus érudit des Helvétiens.

XX

Au lieu de l'adjectif *omnis*, qui éveille dans l'esprit quelque chose de vague, il est plus élégant de se servir de *quisque*, de la manière suivante. Ex. : Tous doivent remplir leur devoir. *Suo quisque debet officio fungi.* Cic. De même *chaque*, suivi de *son, sa, ses*; *ce qui, ce que*, suivis d'un superlatif; *on*, suivi d'un pronom réfléchi, se rendent élégamment par *quisque*. Ex. : Chaque animal a son instinct. *Sua cujusque animalis natura est*. On s'aime toujours soi-même plus que tout autre. *Se quisque magis amat, quàm quemvis alium*. Cic.

XXI

L'adjectif *solus* est plus élégant que les adverbes *solùm, tantùm, tantummodò*. Ex. : *Nec verò corpori soli subveniendum est, sed etiam menti, atque animo multò magis*. Cic. Il ne faut pas seulement pourvoir aux besoins du corps, mais plus encore à ceux de l'esprit et du cœur.

XXII

L'adjectif *alienus* vaut mieux que le génitif *aliorum*. Ex. : *Cùm sit æmulantis angi alieno bono*, puisque c'est le propre d'un envieux de s'affliger du bonheur des autres.

XXIII

Gravis et *levis*, en matière de mal et de crime, conviennent mieux que *magnus* et *parvus*; de même *graviter* et *leviter*, au lieu de *multùm* et *parùm*. Ex. : *Medici leviter ægrotantes leviter curant; gravioribus autem morbis periculosas curationes adhibere coguntur*. Cic. Les médecins traitent avec douceur les maladies légères; mais, quand elles sont graves, ils emploient des remèdes violents et périlleux.

XXIV

Dans une interrogation, quand on ne parle que de deux, on se sert de *uter, utra, utrum*, et, dans la réponse, de *neuter, ra, rum*, quand elle est négative. Ex. : *Uter est diligentior, tune, an frater?* R. *Neuter*, ni l'un ni l'autre.

Mais si l'on parle de plus de deux, on se sert de *quis, quæ, quid* pour l'interrogation, et de *nullus, a, um* pour la réponse. Ex. : *Quis inter vos præmio dignus erit? Nullus certe*.

XXV

Il est plus élégant d'exprimer en premier lieu les corrélatifs de *talis, tot, tantus*, etc., quand on veut mieux faire sentir le rapport de similitude. Ex. : *Quantum in bello fortis animus, tantum in pace valet eloquentia.* Cic. L'éloquence est aussi puissante en temps de paix, que le courage en temps de guerre.

La phrase a une grâce particulière quand il y a un rapport de supériorité entre les deux membres. Ex. : *Quantò ille plura miscebat, tantò hic magis convalescebat.* Plus Clodius répandait de troubles, plus les forces de Milon se multipliaient.

XXVI

On se sert de *quidam* pour désigner une personne ou une chose déterminée, et de *quispiam* ou *aliquis* quand la chose est incertaine ou indéterminée. Ex. : *Misit ad me quemdam è suis.* Il m'a envoyé l'un des siens. *Quæret fortassè quispiam.* Quelqu'un demandera peut-être.

XXVII

Au lieu de répéter un substantif dans la même proposition, il est plus élégant de dire : *et is, atque is, idemque* ; et avec une négation *nec is.* Ex. : *Non libet mihi deplorare vitam, quod multi viri, et ii docti, sæpe fecerunt.* Cic. Il ne me plaît pas de déplorer la vie ; ce que beaucoup de personnes et même de gens instruits ont fait souvent. *Erant in Torquato plurimæ litteræ, nec eæ vulgares.* Cic. Torquatus avait beaucoup de littérature, et une littérature peu commune.

XXVIII

Idem et *ipse* se mettent élégamment pour *etiam.* Ex. : *Quidquid honestum est, idem est utile.* Cic. Tout ce qui est honnête est aussi utile. *Darius, cùm vinci suos videret, mori voluit et ipse.* Just. Darius, voyant ses soldats vaincus, voulut aussi mourir.

XXIX

Ipse, ipsa, ipsum, construit avec un pronom complément du verbe, s'accorde avec le sujet, quand c'est l'idée exprimée par le sujet qui offre le plus d'intérêt. Ex. : *Non egeo medicina, me ipse consolor.* Cic. Je n'ai pas besoin de remède, je me console moi-même. *Avarus sibi ipse nocet,* l'avare se nuit à lui-même.

Ipse s'accorde au contraire avec le pronom complément, quand on veut appeler l'attention sur ce pronom et l'opposer à d'autres objets. Ex. *Pompeium omnibus aliis, Lentulum vero mihi ipsi antepono.* Cic. Je préfère Pompée à tous les hommes, et Lentulus à moi-même.

XXX

Ille s'emploie souvent pour exprimer l'éloge, la célébrité, comme dans cette phrase : *Ex suo regno sic Mithridates profugit, ut ex eodem Ponto Medea illa quondam profugisse dicitur.* Cic. Mithridate s'enfuit de son royaume comme autrefois la fameuse Médée. *Iste,* au contraire, exprime le mépris, l'aversion. *Ubi sunt isti qui iracundiam utilem dicant?* Cic. Où sont ces gens qui peuvent dire que la colère est utile ?

XXXI

Si quis se met élégamment pour *quicumque, quisquis, omnis,* etc. Ex. : *Araneolæ retia texunt, ut, si quid inhæserit, conficiant.* Cic. Les araignées construisent des filets, afin de saisir tous les insectes qui s'y attachent.

XXXII

Les adjectifs *alius, alter,* répétés à différents cas dans la même proposition, ont une grâce particulière. Ex. : *Alii aliis rebus delectantur.* Les uns aiment une chose, les autres une autre. *Alius alium, ut prælium incipiant, circumspectant.* L. Ils se regardent les uns les autres pour commencer le combat. *Alter in alterius mactatos sanguine cernam?* Les verrai-je immolés dans le sang les uns des autres ?

XXXIII

Dans les phrases négatives ou interrogatives, au lieu de

aliquis, on se sert mieux de *quisquam, quispiam.* Ex. :
Quæret fortasse quispiam. Quelqu'un demandera peut-être.
Ego nunquam ad te quemquam sine tuis litteris ire patiar.
Cic. Je ne laisserai aller personne chez vous, sans lui donner
une lettre.

XXXIV

Au lieu de *et nemo, et nullus,* il est mieux de dire *nec ul-
lus, nec quisquam ;* au lieu de dire *et nunquam,* on dira
mieux *nec unquàm.* Ex. : *Nec quisquam dubitabit.* Et personne ne doutera. *Nec ulla res difficilior in senatu versata
est.* Aucune affaire plus difficile n'a été discutée dans le
sénat.

XXXV

Le relatif *qui, quæ, quod* s'emploie élégamment au lieu
de *is, ille, ipse.* Ex. : *Advenit nondùm Lepidus ; quem si
forte videro, eum statim ad te mittam.* Cic. Lépidus n'est
pas encore arrivé ; si je le vois, je vous l'enverrai aussitôt.

XXXVI

Le relatif *qui, quæ, quod,* employé sans son antécédent *is,
ille, ipse,* a une grâce particulière. Ex. : *Cœlum, non animum mutant, qui trans mare currunt* (sous-entendu *ii* ou
illi). Ceux qui vont au-delà des mers ne font que changer
de climat ; leur esprit est toujours le même.

Si toutefois l'antécédent devait être à un autre cas que le
relatif, il faudrait l'exprimer. Ex. : *Sapientes magni faciunt
eos qui colunt justitiam et pietatem.*

XXXVII

Le relatif *qui, quæ, quod* s'emploie très-élégamment
comme complément d'un comparatif, de la manière suivante : *Mediam, quâ nulla opulentior regio est, Parmenio-
nis imperio Alexander subjecit.* Alexandre mit en la puissance de Parménion la Média, qui est la plus riche de toutes les provinces. *Phidiæ simulacris quibus nihil in illo
genere perfectius videmus, cogitare tamen possumus pul-*

chriora. Cic. Quoique nous ne voyions rien de plus parfait dans leur genre que les statues de Phidias, cependant nous pouvons en concevoir encore de plus belles.

XXXVIII

Le relatif *qui, quæ, quod* remplace très-bien les prépositions *pro* ou *secundùm*, de la manière suivante : *Rem totam facilè, quæ tua est prudentia, et brevi conficies.* Cic. Eu égard à votre prudence, vous terminerez bientôt et facilement toute cette affaire.

XXXIX

Le relatif *qui, quæ, quod* se met aussi élégamment pour *ut ego, ut tu, ut ille,* comme nous l'avons déjà vu dans la grammaire. Ex. : *Meum tibi filium trado, quem litteris erudias.* Cic. Je vous envoie mon fils, afin que vous l'instruisiez sur les belles lettres. (*Quem* pour *ut eum.*)

Il s'emploie aussi très-bien dans le sens de *vu que, parce que, de ce que;* et, dans ce cas, il se construit ordinairement avec le subjonctif. Ex. : *Vituperandus est Marius, qui complures occiderit cives.* Cic. Marius est fort blâmable d'avoir fait mourir un grand nombre de citoyens.

Dans ce dernier sens, on ajoute élégamment le conjonctif *quippè,* et quelquefois *scilicet.* Ex. : *Non est huic habenda fides, quippè qui pejeravit.* Cet homme ne mérite plus notre confiance, puisqu'il s'est parjuré.

XL

Le relatif *qui, quæ, quod* se construit élégamment avec le subjonctif, quand il a un antécédent négatif ou interrogatif. Ex. : *Nemo est quem non magni faciam, si disertus sit ac sapiens.* Cic. Il n'est personne que je n'estime beaucoup, s'il est sage et éloquent.

XLI

Le relatif *qui, quæ, quod,* suivi d'un substantif et du verbe *esse,* ou des verbes qui signifient *nommer, appeler, tenir pour,* s'accorde mieux avec le second substantif. Ex. :

Bonis inter bonos benevolentia necessaria est, qui est amici-
tiæ fons à naturâ constitutus. La bienveillance est nécessaire
entre les gens de bien ; c'est une source d'amitié établie par
la nature.

Il faut excepter le cas où la proposition incidente est nécessaire pour compléter le sens de l'antécédent. Ex. : *Genus*
est hominum quod Ilotæ vocatur. Cic. Il est une classe
d'hommes appelés Ilotes.

XLII

Au lieu de *talis* et *qualis*, il vaut mieux exprimer *tel* par
is, ea, id, ou *hic, hæc, hoc,* et *que* par *qui, quæ, quod.* Ex. :
Monstra te eum, qui mihi cognitus es à teneris unguiculis.
Cic. Montrez-vous tel que je vous ai connu dès vos plus
tendres années.

Quelquefois même le corrélatif de *is, ea, id,* pris dans ce
dernier sens, se traduit élégamment par *ut.* Ex. : *Neque*
enim is es, Catilina, ut te aut pudor à turpitudine, aut me-
tus à periculo, aut ratio à furore revocaverit. Cic. Non, Catilina, vous n'êtes point un homme que la pudeur puisse
soustraire à l'infamie, la crainte au péril, la raison à la fureur.

XLIII

Les adjectifs neutres *id, hoc, quid* et ses composés *ecquid,*
aliquid, aliud et *nihil,* se mettent élégamment comme complément d'une préposition sous-entendue, *ad, propter, se-*
cundùm. Ex. : *Quid frustra laboras ?* Pourquoi travaillez-
vous en vain ? (Sous-ent. *ad.*) *Nihil de fratre meo sollicitus*
sum. Je n'ai aucune inquiétude au sujet de mon frère.

XLIV

Qui, pris adverbialement, se met quelquefois avec élégance au lieu de *quomodo.* Ex. : *Qui fit, Mæcenas, ut nemo*
quàm sibi sortem seu ratio dederit, seu fors objecerit, illa
contentus vivat ? Hor. Comment se fait-il, ô Mécène, que personne ne vive content du sort qu'il a choisi, ou que le hasard
lui a offert ?

XLV

Dans une énumération, il est plus élégant d'employer *unus* et *alter*, pour exprimer *le premier* et *le second*. Ex. : *Quatuor causas reperio cur senectus misera esse videatur : unam quòd avocet à rebus gerendis, alteram quòd corpus faciat infirmum ; tertiam, etc.* Je trouve quatre raisons pour lesquelles la vieillesse semble être malheureusé : la première, c'est qu'elle éloigne des affaires ; la seconde, c'est qu'elle rend le corps infirme ; la troisième, etc.

XLVI

Idem se met élégamment dans le sens de *aussi, à la fois, en même temps.* Ex. : *Quidquid honestum est, idem est utile.* Tout ce qui est honnête est aussi utile.

XLVII

L'adjectif numéral *un, une* se rend le plus souvent en latin par *quidam*, quand il ne sert pas à compter. Ex. : *Incredibili quâdam magnitudine ingenii fuisse fertur Themistocles.* On dit que Thémistocle avait une élévation incroyable de génie.

XLVIII

Il importe, au point de vue de la grammaire et de l'élégance, de bien saisir la différence qu'il y a entre les nombres cardinaux ou ordinaux et les nombres distributifs. Ceux-ci servent à unir ou à distribuer, et répondent aux questions *combien à la fois, combien à chacun ;* ils se traduisent par *un à un, deux à deux,* etc., ou *chacun un, chacun deux,* et ne s'emploient qu'au pluriel.

EXEMPLES :

Septena jugera plebi dividuntur. Chaque plébéien reçoit sept arpents.

Veteranis quingenos denarios dedit. Il donna cinq cents deniers à chaque vétéran.

Dùm singuli pugnant, universi vincuntur. Tac. En combattant l'un après l'autre, tous à la fin sont vaincus.

Quæ si singula vos forté non movent, universa tamen inter se conjuncta vos movere debent. Cic. Si chacun de ces motifs ne peut vous toucher, tous étant réunis doivent cependant vous émouvoir.

XLVIII

Les génitifs *tanti, quanti, pluris, minoris* se construisent élégamment avec le verbe *esse* pris dans le sens de *valoir.* Ex. : *Mea conscientia pluris est mihi quàm omnium sermones.* Cic. Ma conscience est pour moi d'un plus grand prix que tous les discours des hommes.

ARTICLE III.

DU CHOIX ET DE L'ÉLÉGANCE DES VERBES.

I

Le verbe *sum* se construit très-élégamment au lieu du verbe *habere,* avoir, et des impersonnels *il y a, il y avait,* etc. Ex : *Sunt nobis mitia poma.* Virg. Nous avons des fruits mûrs. *Est in conspectu Tenedos notissima fama insula.* Virg. Il y a, en face de Ténédos, une île très-célèbre.

De là ces locutions si élégantes : *Est mihi nomen, est mihi consilium, mihi est in animo, nihil mihi longiùs est, fuit eâ mente, eâ sapientiâ,* etc.

II

Le verbe *sum* construit avec deux datifs a une grâce particulière. Ex. :

> *Vitis ut arboribus decori est, ut vitibus uvæ,*
> *Tu decus omne tuis.* Virg.

Comme la vigne sert de parure aux arbres, les raisins à la vigne ; ainsi tu fais toute la gloire des tiens.

Cette tournure élégante est aussi d'un usage fréquent avec les verbes *dare, vertere, tribuere, habere, ducere,* etc. Ex. : *Tu in me reprehendis, quod Metello laudi datum est, hodiéque est ei maximæ gloriæ.* Cic. Vous blâmez en moi ce qui a procuré des louanges à Métellus et ce qui fait aujourd'hui sa plus grande gloire.

III

Le verbe *sum* construit avec le participe futur en *dus, da, dum,* est beaucoup plus élégant et plus conforme au génie de la langue latine que les verbes *debere, oportere* ; à moins toutefois que ces verbes ne soient employés impersonnellement et suivis d'une proposition infinitive. Ex. : *Nihil magis cavendum est senectuti, quàm ne languori desidiæque se tradat.* Cic. La vieillesse n'a rien tant à craindre que de se laisser aller à la langueur et à l'oisiveté. *Ad mortem te, Catilina, duci jussu consulis jampridem oportebat.* Cic. Il y a longtemps, Catilina, que le consul aurait dû te livrer au supplice.

IV

Le verbe *soleo* suivi d'un infinitif se construit élégamment dans le sens de *sæpè* ou de *semper.* Ex. : *Ut enim cupiditatibus vitiisque principum infici solet tota civitas, sic emendari et corrigi continentiâ.* Cic. Comme les passions et les vices des princes corrompent souvent toute une cité, de même leur continence la corrige et la rend meilleure.

V

Haud scio est plus élégant que *nescio,* et *haud scio an* se met bien dans le sens de *forsitan, fortassè,* quand on est porté à regarder comme vraie une chose que l'on présente comme douteuse. Ex. : *Vir sapientissimus atque haud scio an omnium præstantissimus.* Homme très-sage et peut-être le plus recommandable de tous.

VI

Nego se met élégamment au lieu de *dico* suivi d'une négation. Ex. : *Negat Tullius jucundè vivi posse, nisi cum virtute vivatur.* Cic. Cicéron dit que l'on ne peut vivre heureux, si l'on ne vit vertueux.

VII

Le verbe *aimer* ayant pour complément le nom d'une chose qui fait plaisir, qui réjouit, se traduit élégamment en latin par *juvare, delectare.* Ex. : *Quosdam castra juvant et lituo tubæ permixtus sonitus.* Hor. Il en est qui aiment la vie des camps et le son de la trompette mêlé à celui du clairon. *Me status hic reipublicæ minime delectat.* Cic. Je n'aime pas du tout l'état actuel de notre république.

De même, les verbes *fugere,* fuir; *fallere,* tromper; *præterire,* passer; *latere,* cacher; se construisent élégamment dans le sens de *ignorer, ne pas savoir.* Ex. : *Multa me fugiunt.* J'ignore beaucoup de choses. *Non me latent artes vestræ.* Je connais tous vos artifices.

VIII

Quand on cite les paroles de quelqu'un, ou qu'on le fait interroger et répondre, on se sert de *ait* et plus souvent de *inquit,* que l'on met après quelques mots. Ex. : *Quæ quùm audivit Cicero : Malo, inquit, nunc mori, quàm diutius vivere.* Cicéron ayant appris cela : J'aime mieux mourir, s'écria-t-il, que de vivre plus longtemps.

IX

Le verbe *pouvoir* et d'autres de signification analogue se suppriment bien en latin dans les phrases suivantes et autres semblables. Vous aurez beaucoup de mérite, si vous pouvez mettre des bornes à votre colère. *Magna quidem virtus, iracundiæ tuæ si modum imposueris.* Vous serez heureux si vous pouvez réussir dans cette affaire. *Felicem te dicam, si ea res prosperè tibi successerit.*

X

Ces locutions françaises : *il est question de, il s'agit de,* se rendent bien en latin de la manière suivante. Il s'agit du salut de vos alliés. *Agitur sociorum salus.* Il y va de votre intérêt, quand la maison de votre voisin est en feu. *Res tua agitur, paries quùm proximus ardet.* Virg.

XI

Dans le choix des verbes, il faut préférer ceux qui font image, surtout quand il s'agit de peindre l'action. Ex. : *Silent leges inter arma.* Cic. Les lois se taisent au milieu des armes. *Clodii præturam solutam fore videbatis, nisi esset is consul, qui eam auderet possetque constringere.* Cic. Vous voyiez que la préture de Clodius n'aurait pas de frein, si l'on n'avait pour consul un homme qui pût et qui osât l'enchaîner. *Apud eum vigebant studia rei militaris.* Il était passionné pour l'art militaire. *Stabat turris præalta.* Il y avait une tour très-élevée.

XII

En français, on emploie de préférence la voix active, quand le sens et l'harmonie de la phrase ne s'y opposent pas; mais en latin la voix passive est plus usitée et plus conforme au génie de cette langue, surtout après les verbes qui expriment une idée de volonté, de commandement, de nécessité, comme *volo, nolo, malo, jubeo, impero, oportet, necesse est,* etc. Ex. : *Nimis multa audire coguntur ii quibus tota commissa est respublica.* Cic. Ceux à qui l'on a confié l'administration de toutes les affaires sont forcés de prêter l'oreille à de trop nombreux discours. *Nonne hunc in vincula duci, nonne summo supplicio mactari imperabis?* Ne le ferez-vous pas jeter dans les fers et condamner au dernier supplice ?

XIII

Au lieu du verbe impersonnel *videtur,* il semble, il paraît, suivi d'une proposition infinitive, il est mieux d'employer le mode personnel *videor, videris*, etc. Ex. : *Tu mihi videris ægrotare.* Il me semble que vous êtes malade. *Amens mihi quidem fuisse videor, qui de te talia locutus sum.* Il me semble que j'ai agi comme un insensé en tenant sur vous un pareil langage.

Il en est ainsi généralement des autres verbes transitifs qui se traduisent en français par le pronom indéfini *on*, *l'on*, surtout quand ils se trouvent à un temps simple. Ex. : *Lycurgi temporibus Homerus fuisse traditur.* Cic. On rapporte qu'Homère fut contemporain de Lycurgue.

Aux temps composés, le mode unipersonnel est d'un usage plus fréquent. Ex. : *Memoriæ proditum est Platonem philosophum tenui admodùm pecuniâ fuisse.* On dit que le philosophe Platon vécut dans une très-grande médiocrité.

XIV

Plusieurs verbes intransitifs s'emploient élégamment à la voix passive, sous une forme impersonnelle, comme *itur, vivitur, ventum est, favetur, invidetur*, etc. Ex. : *Itur in antiquam sylvam.* Virg. On va dans une antique forêt. *Vivitur parvo benè.* Hor. On vit bien de peu. *Satis per tot annos ignaviâ peccatum.* Tac. Votre lâcheté nous a fait commettre assez de fautes depuis tant d'années.

XV

En latin comme en français on fait souvent usage du temps présent au lieu du temps passé pour rendre la narration plus animée, en présentant l'évènement comme se passant sous les yeux. Ex. : *Pisidios resistentes Datames invadit, primo impetu eos pellit, fugientes persequitur, multos interficit.* C. Nep. Datame fond sur les Pisidiens qui lui résistent, il les repousse au premier choc, se met à la poursuite des fuyards et en tue un grand nombre.

De même, quand on veut peindre une situation, un évènement, on met le présent de l'infinitif au lieu du présent de l'indicatif, pour donner plus de rapidité au récit. (C'est ce qu'on nomme l'*infinitif de narration*.) Ex. : *Tum Cati-*

lina hortari milites, prœlium accendere, aciem instruere, magna polliceri prœmia. Sall. Alors Catilina se met à exhorter ses soldats, à enflammer leur courage, à ranger son armée en bataille, et à promettre de grandes récompenses.

XVI

Les historiens mettent fréquemment à l'imparfait, au parfait et au plus-que-parfait de l'indicatif le verbe qui devrait se mettre au conditionnel en français. Cette construction, qui donne plus d'énergie à la pensée, a lieu surtout avec les verbes *debeo, oportet, necesse est, fas est, œquum est, melius, optabilius est.* Ex. : *Non suscipi bellum oportuit.* T. L. On n'aurait pas dû entreprendre la guerre. *Longè utilius fuit angustias occupare.* Q. C. Il eût été beaucoup plus utile d'occuper les défilés. *Optimum fuerat eam patribus nostris mentem a diis immortalibus datam esse.* T. L. Il eût beaucoup mieux valu que les dieux immortels eussent inspiré à nos pères une telle pensée.

Cette construction a lieu aussi avec le verbe *esse* suivi du participe futur actif ou passif. Ex. : *Hæc tibi via erat ingredienda.* Vous auriez dû suivre cette voie. Elle a lieu surtout dans une phrase où il y a une proposition conditionnelle. Ex. : *Jam fames quàm pestilentia tristior erat, ni annonœ foret subventum.* T. L. Déjà la famine eût été plus funeste que la peste, si l'on n'eût subvenu au manque de nourriture.

XVII

Il importe, au point de vue de l'élégance, de bien remarquer la différence qu'il y a entre les temps du subjonctif, dans les phrases conditionnelles. Si le verbe énonce une idée qui puisse ou qui doive se réaliser, on met ce verbe au présent ou au parfait du subjonctif. Ainsi, quand je dis : *Si velit, si voluerit,* je suis porté à croire qu'il veut ou qu'il peut vouloir. Mais si le fait ne pouvait se réaliser, s'il n'était pas possible, on mettrait le verbe à l'imparfait ou au plus-que-parfait. Si donc je disais : *Si vellet, si voluisset,* je supposerais qu'il ne veut pas ou qu'il ne peut pas vouloir. Ex. : *Dies deficiat, si velim enumerare quibus bonis male evenerit.* Cic. Je ne finirais point si je voulais énumérer tous les gens de bien qui ont été malheureux. *Quid ego his testibus utor, quasi res dubia vel obscura sit?* Cic. Pourquoi me servir de ces témoins, comme si la chose était douteuse ou obscure ? *Si universa provincia loqui posset, hâc voce uteretur.* Cic. Si la province tout entière pouvait parler, elle vous tiendrait ce langage (1).

XVIII

Les propositions incidentes qui servent de complément à d'autres propositions se mettent généralement au mode subjonctif, quand elles énoncent le sentiment, l'opinion d'un autre que de celui qui parle ou qui écrit, ou quand elles dépendent d'une proposition subordonnée (2). Ex. : *Socrates dicere solebat omnes in eo quod scirent satis esse eloquentes.* Cic. Socrate avait coutume de dire que chacun est assez éloquent pour dire ce qu'il sait. (On met le subjonctif *scirent,* parce qu'il s'agit du sentiment de Socrate et non de celui qui écrit) (3). *Poetæ etiam quæstionem attulerunt, quidnam esset illud, quo ipsi differrent ab oratoribus.* Cic. de Orat.

(1) La possibilité de l'action énoncée par le présent et le parfait du subjonctif, et l'impossibilité, par l'imparfait et le plus-que-parfait, dépendent de la manière dont cette action est conçue. Ainsi, quand Cicéron a dit : *Si universa provincia loqui posset, hâc voce uteretur,* il se figure qu'il est impossible que la province puisse parler. Mais dans cette autre phrase : *Hæc si tecum patria loquatur, nonne impetrare debeat?* la patrie est personnifiée ; on se la figure comme animée et capable de parler au cœur d'un citoyen. (Gantrelle, *Gram. lat.*)

(2) La proposition incidente exprime alors, ou par elle-même ou de concert avec la proposition subordonnée, l'intention, le but, le motif de la première proposition. Il y a donc rapport de dépendance ou de subordination.

(3) Si la proposition incidente était simplement ajoutée pour exprimer le sentiment de l'écrivain, le verbe se mettrait alors au mode indicatif. Ainsi l'on dirait : *Cave tibi amicos esse credas quos vicisti,* gardez-vous de considérer comme vos amis ceux que vous avez vaincus ; si c'était l'écrivain lui-même qui donnât ce conseil. Si au contraire son intention était de contredire l'opinion d'un autre qui regarde comme ami celui qu'on a vaincu, il devrait dire : *quos viceris,* avec le subjonctif.

Les poètes aussi ont donné lieu d'examiner ce en quoi ils diffèrent des orateurs. *Eo simus animo, ut non in malis ducamus, quod sit à Deo constitutum.* Cic. Ayons un esprit tel que nous ne jugions pas mauvais ce que Dieu a établi. (Ici la proposition incidente *quod sit...* concourt avec la proposition subordonnée *ut non...* à énoncer la chose voulue par la première, *eo simus animo*,) *O fortunate adolescens, qui tuæ virtutis Homerum præconem inveneris!* Cic. (Ici la proposition incidente désigne par elle-même la cause, le motif de ce qui précède.)

XIX

Une proposition infinitive est quelquefois employée seule, avec ellipse de la proposition principale, pour exprimer l'étonnement, la surprise, l'indignation. Ex. : *Mene incœpto desistere victam?* (Sous-ent. *oportet.*) Faut-il que, moi vaincue, je renonce à mon entreprise? *Tene hoc dicere, tali prudentia præditum!* Cic. Toi, doué de tant de lumières, tenir un pareil langage!

XX

Quand, dans une proposition incidente, on doit répéter le verbe qui est à l'infinitif, il est quelquefois plus élégant de le sous-entendre et de mettre le sujet à l'accusatif. Ex. : *Te suspicor iisdem rebus quibus me ipsum commoveri.* Cic. (Pour *quibus ipse commoveor.*) Je soupçonne que ces mêmes choses qui troublent mon esprit vous agitent vous-même.

Il en est de même après une proposition infinitive renfermant un comparatif suivi de *quàm.* Ex. : *Decet cariorem esse patriam nobis, quàm nosmetipsos.* Cic. Il convient que la patrie nous soit plus chère que nous-mêmes.

XXI

Dans le style indirect, au lieu du subjonctif, il est quelquefois plus élégant de mettre la proposition infinitive. Ex. : *Quòd si veteris contumeliæ oblivisci vellet, num etiam recentium injuriarum memoriam deponere posse?* Cic. S'il voulait oublier les anciennes injures, pourrait-il ne pas se souvenir des injures récentes?

XXII

Au lieu du futur de l'infinitif actif ou passif, on se sert de *fore ut, futurum esse ut, futurum fuisse ut,* avec le subjonctif; on doit même suivre cette construction quand le verbe latin n'a pas de supin, ou qu'il est peu usité à l'infinitif futur. Ex. : *Video te velle in cœlum migrare, et spero fore ut contingat id nobis.* Cic. Je vois que vous voulez aller au ciel, et j'espère que nous aurons tous deux ce bonheur.

A la voix passive, cette construction est plus usitée et plus élégante que le supin avec *iri,* pour exprimer un temps futur (1). Ainsi, l'on dira mieux : *Spero fore ut oppidum capiatur,* que : *Spero oppidum captum iri.* De même : *Valdè suspicor fore ut infringatur improbitas istius viri.* Je soupçonne fort que la méchanceté de cet homme sera déjouée.

ARTICLE IV.

DU CHOIX ET DE L'ÉLÉGANCE DES PARTICIPES.

Les participes sont d'un usage si fréquent dans la langue latine, ils donnent lieu à des formes si élégantes et si variées, qu'il importe d'en indiquer ici les principaux usages.

I

Les participes présents s'emploient élégamment :
1° Au lieu de l'infinitif français, après les verbes *videre, audire, sentire,* et autres de signification analogue. Ex. :

____

(1) Le supin avec *iri* s'emploie seulement pour désigner un temps futur, au lieu que le participe en *dus, da, dum,* avec *esse* ou *fuisse,* s'emploie quand il y a obligation de faire la chose. Ex. : Je sais que la ville sera prise. *Scio oppidum captum iri.* Je sais que la ville doit être prise. *Scio oppidum esse capiendum.*

Quocumque te flexeris, videbis Deum occurrentem tibi. Sen. De quelque côté que vous vous tourniez, vous verrez Dieu s'offrir à vos regards.

2° Au lieu d'une proposition incidente. Ex. : *Assistentem concionem, quia permixta videbatur, discedere in manipulos jubet.* Tac. Il ordonne à la foule qui était présente, et qui paraissait confuse, de se former en compagnies. *Intereâ Germanico per Gallias census accipienti excessisse Augustum affertur.* Tac. Sur ces entrefaites, on annonce à Germanicus, qui était occupé à percevoir l'impôt dans les Gaules, qu'Auguste venait de mourir.

REMARQUE. Si cependant on voulait énoncer la cause, le motif de l'action, et non pas seulement une circonstance accessoire ou explicative, il vaudrait mieux employer le pronom relatif, ou faire usage d'une conjonction. Ex. : *Dimidium facti, qui cœpit, habet.* Hor. (*Qui cœpit* et non *incipiens*.) Celui qui commence a déjà fait la moitié de sa tâche. *Dionysius, quùm in communibus suggestis consistere non auderet, concionari ex turri solebat.* Cic. Denys, n'osant pas monter à la tribune, avait coutume de haranguer le peuple du haut d'une tour.

3° Au lieu de *quia, quòd, quùm.* Ex. : *Mendaci homini, ne verum quidem dicenti, credere solemus.* Cic. Nous ne croyons pas un menteur, même quand il dit la vérité. *Lentulum digredientem et castra repetentem circumsistunt (milites), rogitantes quò pergeret.* Tac. Comme Lentulus s'éloignait et regagnait le camp, les soldats l'entourent, lui demandant où il va.

4° Au lieu de *ubi, si,* pour exprimer une supposition. Ex. : *Tua maturè venientis laudabitur diligentia.* Cic. Si vous venez de bonne heure, on louera votre diligence.

5° Au lieu de *etsi, quanquàm, licet.* Ex. : *Risus interdùm itâ repentè erumpit, ut eum cupientes tenere nequeamus.* Cic. Le rire éclate quelquefois si promptement, que nous ne pouvons le retenir, quand même nous le voulons.

6° Pour rendre en latin notre préposition *sans* suivie d'un infinitif. Ex. : *Soli animantium non sitientes bibimus.* Plin. Seuls d'entre les animaux, nous buvons sans avoir soif.

Remarque. Dans les diverses constructions que nous venons d'exposer et dans d'autres que l'usage apprendra, le participe présent a une grâce particulière, quand il est mis au génitif, au datif ou à l'accusatif, comme il a été facile de le remarquer. Il est moins élégant et plus rarement employé au nominatif.

II

On doit faire usage du participe présent et non du gérondif en *do*, quand même il y aurait la particule *en* dans le français, à moins toutefois qu'on ne veuille désigner la cause, le motif, l'intention. Ex. : *Mihi domum tuam petenti fuit obviam pater tuus.* J'ai rencontré votre père en allant chez vous. *Injurias ferendo majorem laudem, quàm ulciscendo, merebere.* Cic. En supportant les injures, vous acquerrez plus de gloire qu'en vous vengeant.

III

Le participe passé se construit élégamment avec les verbes *volo, nolo, malo, cupio, oportet,* etc., pour traduire en latin un infinitif français. Ex. : *Unum te monitum volo.* Je veux vous avertir d'une chose. *Ea te cura liberatum cupio.* Je désire vous délivrer de ce soin.

IV

Après les verbes *habeo, teneo, possideo,* et d'autres que l'usage apprendra, on emploie élégamment le participe passé pour marquer la durée, la permanence d'une action. Ex. : *Siculi ad meam fidem, quam habent spectatam et diù cognitam, confugiunt.* Cic. Les Siciliens ont recours à ma loyauté qu'ils ont déjà éprouvée et qu'ils connaissent depuis longtemps. *Habes fortassè jam statutum quid tibi agendum putes.* Cic. Vous avez déjà peut-être déterminé ce que vous croyez avoir à faire.

V

Le participe passé s'emploie aussi avec beaucoup de grâce au lieu du parfait de l'infinitif. Ex. : *Lentulo gloriæ fuit benè tolerata paupertas.* Tac. Ce fut une gloire pour Lentulus d'avoir bien supporté la pauvreté. *Hannonem pœnitebat belli suscepti adversùs Romanos.* T. L. Hannon se repentait d'avoir entrepris la guerre contre les Romains.

VI

Au lieu d'un substantif, il est plus élégant d'employer un participe passé pour exprimer un fait accompli. Ex. : *Hœ litterœ recitatœ, magnum mihi luctum fecerunt.* T. L. La lecture de cette lettre m'a causé une grande affliction. *Angebant Amilcarem Sicilia Sardiniaque amissœ.* T. L. La perte de la Sicile et de la Sardaigne tourmentait Amilcar. *Sexcentesimo anno urbis conditœ.* L'an six cent de la fondation de Rome.

VII

Cette construction du participe passé a lieu surtout après les prépositions *antè*, avant; *post*, après ; *à* ou *ab*, depuis ; *ad*, jusqu'à ; *ob* ou *propter*, à cause de ; *pro*, pour ; *de*, sur ; *è* ou *de*, par suite de. Ex. : *Antè Epaminondam natum.* avant la naissance d'Epaminondas. *Post reges exactos.* Après l'expulsion des rois. *Ab incenso Capitolio.* Depuis l'incendie du Capitole. *Scipio propter Africam domitam Africanus appellabatur.* Eutr. Scipion fut surnommé l'Africain, à cause de la conquête de l'Afrique. *Conon plus tristitiœ ex incensâ et dirutâ patriâ, quàm lœtitiœ ex recuperatâ percepit.* Just. Conon ressentit plus de douleur de l'incendie et de la ruine de sa patrie, qu'il n'éprouva de joie de son rétablissement (1).

VIII

Certains participes passés du genre neutre pris substantivement, tels que *dictum, factum, responsum, acta,* etc., se construisent mieux avec un adverbe qu'avec un adjectif. Ex. : *Rectè facta,* de bonnes actions ; *prœclarè dicta,* de belles paroles. *Multa Catonis vel acta constanter, vel responsa acutè feruntur.* Cic. On cite de Caton beaucoup d'actions fermes ou de reparties ingénieuses.

(1) Dutrey, *Gram. latine.*

Ainsi construits, ces participes peuvent avoir un complément à l'ablatif au lieu d'un génitif. Ex. : *Multa facetè dicta a sene Catone collecta sunt*. Cic. On a recueilli beaucoup de mots plaisants de Caton l'ancien.

IX

Le participe passé s'emploie fréquemment et avec une élégance particulière pour réunir deux propositions en une seule; ou le participe passé français avec le régime du verbe. Ex. : *Intereà legati (Germanicum) regressum jam apud aram Ubiorum adeunt*. Tac. Cependant les députés vont trouver Germanicus, qui était déjà revenu à l'autel des Ubiens. *Tum convulsos laniatosque et partim exanimes ante vallum, aut in flumen Rhenum projiciunt*. Tac. Alors les ayant renversés et déchirés de coups, ils les jettent, morts la plupart, devant les retranchements ou dans le fleuve du Rhin.

X

Le participe futur actif s'emploie élégamment pour exprimer une action qui va bientôt s'accomplir. Ex. : *Noctem minacem et in scelus erupturam fors lenivit*. Tac. Un hasard rendit le calme à cette nuit menaçante où allaient se commettre les plus grands crimes.

Il s'emploie aussi avec les verbes de mouvement pour exprimer le but, l'intention, le motif. Ex. : *Dilabuntur in oppida, mœnibus se defensuri*. T. L. Ils se réfugient dans les villes pour se défendre à l'abri des remparts.

XI

Le participe futur passif s'emploie généralement pour exprimer une action qui doit s'accomplir. Ex. : *Magna diis immortalibus habenda est gratia*. Cic. Il faut rendre de grandes actions de grâces aux dieux immortels. *Ex factis, non ex dictis amici sunt pensandi*. T. L. Il faut apprécier les amis d'après leurs actions et non d'après leurs paroles.

XII

Si le verbe français n'avait pas de régime dont on pût faire le sujet du verbe latin, il faudrait se servir du mode impersonnel et mettre le participe futur au genre neutre. Ex. : *Etiam post malam segetem serendum est.* Sen. Il faut semer, même après une mauvaise récolte.

Ce participe futur, au genre neutre, est fort élégant, même dans les verbes intransitifs. Ex. : *Utendum est exercitationibus modicis.* Il faut se livrer à des exercices modérés. *Obviam eundum est audaciæ et temeritati.* T. L. Il faut prévenir l'audace et la témérité.

XIII

L'infinitif français précédé des prépositions *à* et *pour*, et servant à exprimer le but, l'intention, se rend très-élégamment en latin par le participe en *dus, da, dum.* Ex. : Le bois sec est une matière propre à faire jaillir des étincelles. *Lignum aridum materia est idonea eliciendis ignibus.* Sen. Pourquoi Drusus n'était-il venu ni pour augmenter la solde, ni pour alléger les travaux, enfin sans aucun pouvoir de faire le bien ? *Cur venisset (Drusus) neque augendis militum stipendiis, neque allevandis laboribus, denique nullâ benefaciendi licentiâ?* Tac.

La même construction a lieu après les verbes *curare*, avoir soin, *dare*, donner, et d'autres que l'usage apprendra. Ex. : *Conon muros reficiendos curavit.* Conon eut soin de faire reconstruire les murs.

XIV

Le gérondif en *di* se construit élégamment avec les ablatifs *causâ* ou *gratiâ*, que l'on traduit ordinairement en français par la préposition *pour.* Ex. : *Catilina dissimulandi causâ in senatum venit.* Sall. Catilina vint au sénat pour user de dissimulation. *Rex urbis ejus experiendi gratiâ.* Phæd. Le roi de la ville, pour mettre sa science à l'épreuve...

XV

Le gérondif en *do* figure dans une phrase tantôt comme datif, tantôt comme ablatif. Il figure comme datif :

1° Après les adjectifs qui se construisent avec le datif, comme *utilis, commodus, assuetus, aptus, idoneus,* etc. Ex. : *Membra apta natando,* membres propres à nager. *Crassus disserendo par non erat.* Cic. Crassus n'était point habile à discuter.

Remarque. Cette construction du gérondif en *do* est fort rare ; on y supplée par le participe en *dus, da, dum,* quand le verbe a un complément. Ex. : *Sunt nonnulli acuendis puerorum ingeniis non inutiles lusus.* Quint. Il y a des jeux propres à exercer l'esprit des enfants.

2° Après les verbes, pour exprimer l'intention (c'est alors un datif intentionnel). Ex. : *Tiberius quasi firmandæ valetudini in Campaniam concessit.* Tac. Tibère se retira en Campanie sous prétexte d'y rétablir sa santé.

Le gérondif en *do* figure comme ablatif :

1° A la question *undè,* avec les prépositions *à* ou *ab, è* ou *ex.* Ex. : *Aristotelem à scribendo non deterruit Platonis amplitudo.* Cic. La magnificence de Platon n'empêcha point Aristote d'écrire. *A rebus gerendis senectus abstrahit.* Cic. La vieillesse empêche l'homme de vaquer à ses affaires.

2° A la question *ubi,* le gérondif en *do* se met à l'ablatif sans préposition, pour exprimer la cause, la manière, l'instrument. Ex. : *Nihil agendo homines malè agere discunt.* Col. En ne faisant rien, les hommes apprennent à mal faire. *Injurias ferendo, majorem laudem, quàm ulciscendo, merebere.* Cic. Vous acquerrez plus de gloire en souffrant les injures qu'en employant la vengeance.

3° Le gérondif en *do* se met avec la préposition *in,* quand il exprime un rapport d'union et répond à la question *en quoi.* Ex. : *Is fuit mediocris in dicendo, doctissimus in disputando.* Cic. Tubéron fut un orateur médiocre, mais un dialecticien très-habile. *In augendo, in ornando, in refellendo*

magis existimator metuendus, quàm admirandus orator. Cic.
Dans l'amplification, dans les ornements, dans la réfutation,
il y a plus lieu de craindre la critique que d'admirer l'o-
rateur.

XVI

Le gérondif en *dum* se construit toujours avec une préposition (*ad* ou *inter*). Ex. : *Homo ad intelligendum et ad
agendum natus est.* Cic. L'homme est né pour comprendre
et pour agir. *Mores puerorum se inter ludendum simpliciùs
detegunt.* Quint. Le caractère des enfants se dévoile plus
simplement pendant le jeu.

Remarque. La préposition *inter* se construit surtout avec les verbes neutres : *inter eundum, inter bibendum.*

XVII

Au lieu des gérondifs, il est ordinairement plus élégant et
plus conforme au génie de la langue latine de faire usage
du participe futur passif, quand il y a un nom avec lequel
on puisse le faire accorder. Ex. : *Ulciscendæ injuriæ facilior
ratio est, quàm beneficii remunerandi.* Cic. Il est plus facile
de venger une injure que de récompenser un bienfait. *Sunt
nonnulli acuendis puerorum ingeniis non inutiles lusus.* Quint.
Il y a des jeux propres à exercer l'esprit des enfants. *In voluptate spernendâ virtus vel maximè cernitur.* Cic. La vertu
se fait remarquer surtout dans le mépris de la volupté.

XVIII

Au lieu du supin en *um*, il est souvent plus élégant d'employer ou le gérondif en *dum* avec *ad*, ou le gérondif en *di*
avec *causâ*, ou le participe futur actif, ou même le subjonctif
avec *ut*, ou un pronom relatif, surtout quand le verbe qui devrait se mettre au supin ne suit pas immédiatement le premier verbe. Ainsi, au lieu de dire : *Scipio et Lælius ex urbe
rus evolabant agros suos invisum,* on dira beaucoup mieux :
ad agros suos invisendos, ou *agros suos visendi causâ,* ou *ut
agros suos inviserent.*

XIX

Il n'y a qu'un petit nombre de supins en *u* qui soient d'un usage un peu fréquent ; ce sont surtout *dictu, factu, auditu, cognitu, inventu, memoratu,* que l'on met bien après les mots *fas, nefas, opus,* le verbe *pudet* et les adjectifs qui signifient *bon* ou *mauvais, agréable* ou *désagréable, facile* ou *difficile, digne* ou *indigne, honteux, incroyable,* et d'autres que l'usage apprendra (1). Ex. : *Pleraque dictu quàm factu sunt faciliora.* T. L. La plupart des choses sont plus faciles à dire qu'à faire. *Quid est tam jucundum cognitu atque auditu, quàm sapientibus sententiis gravibusque verbis ornata oratio?* Cic. Quoi de si agréable à connaître et à entendre qu'un discours orné de sages pensées et de graves paroles? *Videtis nefas esse dictu miseram fuisse Fabii senectutem.* Cic. Vous voyez qu'il n'est pas permis de dire que la vieillesse de Fabius ait été malheureuse.

REMARQUE. Le supin en *u,* qui se rend en français par la préposition *à,* peut être remplacé élégamment par d'autres tournures. Ex. : Une bonne cause est facile à défendre. *Justæ quidem causæ facilis est defensio.* Cic. Le véritable attachement n'est pas facile à distinguer de la fausse amitié. *Non facilè dijudicatur amor verus et fictus.* Cic.

ARTICLE V.

DU CHOIX ET DE L'ÉLÉGANCE DES ADVERBES.

I

Il y a des adverbes de lieu qui se mettent élégamment pour désigner une circonstance de temps, comme *hic, indè, hinc,* etc. Ex. : *Indè foco tepidum cinerem dimovit.* Ov. Ensuite elle écarte la cendre encore chaude. *Hinc mihi*

______

(1) Gantrelle, *Gram. lat.*

4

prima mali labes; hinc semper Ulysses criminibus terrere novis, hinc spargere voces in vulgum ambiguas. Virg. De là l'origine de mes malheurs; depuis ce moment Ulysse n'a cessé de me poursuivre d'atroces calomnies et de semer parmi le peuple d'odieux soupçons.

II

Plusieurs adverbes de lieu, tels que *ubi, ubinam, ubicumque, quò, aliquò, nusquàm, hùc, eò,* se construisent élégamment avec le génitif. Ex. : *Ubi terrarum sumus?* Cic. En quel lieu sommes-nous? *Hoc nusquàm gentium reperitur.* Cela ne se trouve dans aucun pays. *Hùc arrogantiæ venerat.* Tac. Il en était venu à ce point d'arrogance. *Eò consuetudinis adducta res est.* Cic. La chose en est venue à une telle coutume.

III

L'adverbe *undè* s'emploie élégamment pour signifier *de quoi, par quoi, avec quoi.* Ex. : *Nihil mihi reliqui est undè tibi solvam.* Il ne me reste pas de quoi vous payer. *Nullam artem, undè viveret, Cleanthes videbatur profiteri.* Diog. Cléanthe ne semblait exercer aucun art qui pût lui fournir de quoi vivre.

IV

L'adverbe de négation se met élégamment devant un mot qui renferme lui-même une négation ou qui désigne un sens contraire à celui que l'on veut exprimer. Ex. : *Vir erat non indoctus, neque imperitus litterarum.* Cic. C'était un homme savant, un littérateur distingué. *Dolor non mediocris me afficit.* Je ressens une vive douleur.

V

Les adverbes *fortè* et *fortassè* ne s'emploient pas indifféremment l'un pour l'autre : *fortassè* se met quand il y a du doute, et *fortè* quand il y a seulement du hasard. Celui-ci se place élégamment après les conjonctions *si, nisi, ne.* Ex. : *Scripsi tibi epistolam verbosiorem fortassè quàm velles.*

Je vous ai écrit une lettre plus longue peut-être que vous ne voudriez. *Si fortè tuas pervenit ad aures Belidæ nomen Palamedis.* Virg. Si par hasard le nom de Palamède, fils de Bélus, est venu jusqu'à vos oreilles.

Il en est de même de *forsan* et *forsitàn*, qui s'emploient plus fréquemment en poésie. Ex. : *Forsan et hæc olim meminisse juvabit.* Virg.

VI

Après les adverbes *aliter, contrà, secùs, æquè, perindè,* les conjonctions *ac, atque* sont plus élégantes que *quàm.* Ex. : *Longe aliter ac prævidebam belli fuit eventus.* L'issue de la guerre a été tout autre que je ne le prévoyais. *Felici amicorum successu æquè delectamur ac nostro.* Les heureux succès de nos amis nous réjouissent autant que les nôtres.

VII

Pour désigner un espace de temps, on se sert de *parumper, paulisper, tantisper,* au lieu de *parùm, paulùm, tantulùm.* Ex. : *Paulisper conticuit, et à cæteris silentium fuit.* Cic. Il s'arrêta un instant, et tous les autres firent silence. *Paulisper dùm se uxor comparat, moratus est.* Cic. Il attendit un peu pendant que sa femme faisait ses préparatifs. *Tu velim à me animum parumper avertas.* Cic. Veuillez, je vous prie, m'oublier un instant.

VIII

Après les verbes *dicere, scribere, memorare,* etc., il faut se servir de *antè, suprà, infrà,* au lieu de *superiùs, inferiùs.* Ex. : *Nescio quid mihi sentiendum sit de iis quæ suprà scripsisti.* Je ne sais que penser des choses que vous avez écrites plus haut. *Earum litterarum exemplum infrà scriptum est.* Cic. Vous trouverez plus bas une copie de cette lettre.

IX

Sic se met bien au commencement d'une phrase, quand il est suivi de *ut* ou d'une proposition infinitive. Ex. : *Sic est factum, ut amici tui dictitant.* Il a été fait ainsi que vos amis se plaisent à le répéter. *Ego sic existimo, oratoribus perfectis nihil rarius esse, nihil inventu difficilius.* Cic. Je pense qu'il n'y a rien de plus rare ni de plus difficile à trouver que des orateurs parfaits.

X

Equidem (pour *ego quidem*) se met bien au commencement d'une phrase, surtout devant un verbe à la première personne. Ex. : *Equidem doleo te his litteris non fuisse recreatum.* Cic. Je suis fâché que cette lettre ne vous ait point été agréable.

Quidem se met après un mot, et il est ordinairement suivi des conjonctions *sed, verùm, tamen.* Ex. : *Mira quidem pollicetur, nihil verò præstat.* Il promet des merveilles, mais il n'exécute rien.

Remarque. Ces deux adverbes *quidem* et *equidem* s'emploient fréquemment comme particules explétives ; il en est de même de *fortè, verò, autem, tamen, enim, adeò, etiam, quoque, tandem,* etc. Ainsi l'on dit : *ego quidem, si quidem, at enim, tu quoque, nihil adeò, nisi forte, nisi verò,* etc. Les Latins se plaisent à employer ces sortes de particules, qui, n'étant point nécessaires au sens, servent à affirmer avec plus d'énergie, et donnent à la phrase un début plus accentué et par là même plus élégant.

XI

Dans une énumération, au lieu de *primò, secundò,* etc., il est mieux de dire *primùm, deindè, tùm, denique* ou *postremò.* Ex. : *Videndum est primùm ne obsit benignitas, deindè ne major sit quàm facultas, tùm ut pro dignitate tribuatur, denique ut fiat quàm benignissimè.* Nous devons prendre garde d'abord que nos bienfaits ne soient nuisibles ; puis, qu'ils n'excèdent nos facultés ; en troisième lieu, qu'ils soient proportionnés au mérite, et enfin qu'ils soient accordés avec la plus grande bienveillance.

XII

Dans une interrogation, *quî* pris adverbialement se met élégamment au lieu de *quomodò*, et *quid ità* au lieu de *cur ità*. Ex. : *Primùm quæro qui scire potuerit*. Cic. D'abord je demande comment il a pu le savoir. *Quî fit, Mœcenas?* Hor. Comment se fait-il, ô Mécène? *Accusatis Sextum Roscium : quid ità? quòd de manibus vestris effugit*. Vous accusez Sextus Roscius : pourquoi cela? parce qu'il s'est échappé de vos mains.

XIII

Tandem se met bien dans une phrase interrogative ou exclamative. Ex. : *Quousque tandem, Catilina, abutere patientiâ nostrâ?* Jusques à quand, Catilina, abuseras-tu de notre patience? *Quò tandem consilio probata est sententia tam vehemens?* Dans quel dessein a-t-on approuvé un avis aussi violent?

XIV

Ita, ainsi, de telle sorte, s'emploie souvent dans un sens restrictif; il est alors suivi de *ut* ou de *ut tamen*. Ex. : *Vestri imperatores ita triumphârunt, ut ille pulsus superatusque regnaret*. Cic. Vos généraux ont, à la vérité, remporté des victoires; mais Mithridate vaincu et chassé n'a pas moins continué de régner.

XV

Vel s'emploie élégamment dans le sens de *etiam*. Ex. : *Per me vel stertas licet*. Cic. Je vous permets même de ronfler. *Hoc ascensu vel tres armati quamlibet multitudinem arcerent*. Par ce chemin montant trois hommes armés suffiraient pour arrêter une multitude.

XVI

Au lieu des adverbes *sæpè, semper, continuò, perpetuò*, etc., il est souvent plus élégant de se servir des verbes *soleo, non cesso, non desino*. Ex. : *Aut nugari, aut dormire solet*. Il s'amuse ou il dort presque toujours. *Nunquàm in te studio suo, nunquàm amore cessavit.* Il a toujours eu beaucoup de zèle et d'amour pour vous.

ARTICLE VI.

DU CHOIX ET DE L'ÉLÉGANCE DES PRÉPOSITIONS.

Les prépositions les plus usitées sont celles qui répondent directement aux questions de lieu. Il importe donc de bien saisir le sens de chacune d'elles, afin de les employer d'une manière convenable.

I

La préposition *è* ou *ex*, qui répond à la question *undè*, exprime un rapport d'*extraction*, de *séparation*, et désigne la sortie, le point de départ, tant au physique qu'au moral. Ex. : *Darius, quùm ex Europâ in Asiam rediisset, classem quingentarum navium comparavit.* Nep. Darius étant venu d'Europe en Asie, équipa une flotte de cinq cents vaisseaux. *Magnam ex litteris tuis lætitiam percepi.* J'ai ressenti une grande joie de votre lettre. (La joie provient de la lettre même, c'est son point de départ.)

II

È ou *ex* s'emploie élégamment dans les locutions suivantes et autres semblables : *Ex equo pugnare*, combattre à cheval ; *ex mœnibus pacem petere*, demander la paix du haut des remparts ; *ex equis colloqui*, s'entretenir à cheval ; *ex itinere scribere*, écrire en route ; *ex propinquo*, de près ; *è longinquo*, de loin ; *ex adverso*, en face, vis-à-vis ; *ex omni parte*, de toute part, etc.

III

È ou *ex* désigne aussi le temps depuis lequel une chose a été faite. Ainsi l'on dit : *ex quo tempore*, depuis quel temps ; *ex eo tempore,* depuis ce moment ; *longum tempus effluxit ex quo te vidi,* il y a longtemps que je ne vous ai vu.

IV

È ou *ex* s'emploie élégamment pour désigner la cause, le motif, la manière. Ex. : *Ex lassitudine arctiùs dormivi.* J'ai dormi d'un profond sommeil à cause de la fatigue. *Parentis ex nobilitate nobilis ipse factus est.* Il est devenu noble lui-même par suite de la noblesse de son père. *Cæsaris legati ex animo dixerunt.* Les députés de César ont parlé sincèrement. *Ex improviso multa eveniunt.* Beaucoup de choses arrivent à l'improviste.

V

La préposition *à* ou *ab,* qui répond aussi à la question *undè,* exprime un rapport d'éloignement, et se dit également des personnes et des choses, du temps et de l'espace. Ex. : *Cæsar maturat ab urbe proficisci.* César se hâte de s'éloigner de la ville. *Undè venis, mi puer, ex scholâ, an ab avunculo tuo?* D'où venez-vous, mon enfant? est-ce de l'école ou de chez votre oncle?

VI

La préposition *à* ou *ab* se construit élégamment :
1° Pour désigner le temps. *A juvenili ætate,* dès le jeune âge ; *à pueritiâ,* dès l'enfance ; *à primâ adolescentiâ,* dès la première jeunesse ; *ab initio hujus defensionis,* au commencement de ce plaidoyer.
2° Pour désigner le lieu. *Alexander à fronte atque à tergo hostem habebat.* Q. C. Alexandre avait l'ennemi par devant et par derrière. — De là ces locutions si élégantes : *A reo dicere.* Cic. Parler en faveur de l'accusé. *Stare a senatu.* Etre du côté du sénat. *Antonius ab equitatu firmus esse dicebatur.* On disait qu'Antoine avait une puissante cavalerie. *Quùm à militibus, tùm à pecuniâ imparati sumus.* Nous ne sommes prêts ni quant aux troupes, ni quant à l'argent. — De là aussi l'emploi de cette préposition pour désigner la fonction que l'on remplit ou le lieu de la naissance, comme

à pedibus, un valet de pied ; *ab epistolis*, un secrétaire ; *à rationibus*, un intendant ; *Franciscus à Castro novo*, François de Châteauneuf ; *Petrus à Turre*, Pierre de la Tour.

VII

La préposition *de*, qui désigne dans le sens propre un mouvement de haut en bas, ou le lieu d'où l'on descend, comme *descendit de cœlis*, se construit élégamment :

1° Pour signifier *sur, touchant, à l'égard de*, Ex. : *Sed jam satis multa de causâ*. Cic. J'en ai dit assez sur la cause de Milon. *Is orditur de missione à sexdecim annis ; de præmiis finitæ militiæ*. Tac. Le centurion demande d'abord le congé au bout de seize ans et des récompenses à la fin du service. *De fratre meo, confido itâ esse, ut semper volui*. Cic. Quant à mon frère, j'espère que la chose arrivera comme je l'ai toujours voulu.

2° Dans le sens de *è* ou *ex*, *à* ou *ab*. Ex. : *Summis de parentibus orti*. Issus des parents les plus célèbres. *Passer, deliciæ meæ puellæ, effugit de manibus*. Un moineau, les délices de ma petite fille, s'est échappé de mes mains. *Templum de marmore ponam*. J'élèverai un temple de marbre.

3° *De*, marquant le temps, s'emploie élégamment dans un sens partitif. Ex. : *De nocte per agros ambulare*. Passer la nuit à travers les champs. *Alexander de die inibat convivia*. Alexandre donnait des festins pendant une partie du jour.

VIII

La préposition *in* se construit tantôt avec l'accusatif, tantôt avec l'ablatif.

In avec l'accusatif répond à la question *quò*, et désigne *physiquement* le lieu où l'on va, et *moralement* le but où l'on tend. Ex. : *Itur in antiquam sylvam*. On va dans une antique forêt. *Imago veteris amici mihi venit in mentem*. L'image de mon ancien ami s'est présentée à mon esprit.

IX

In avec l'accusatif se construit élégamment :

1° Pour marquer la dimension des objets. Ex. : *Muri Ba-*

bylonis in immensam longitudinem patebant. Les murs de Babylone avaient une immense longueur. *Gallia est omnis divisa in tres partes.* La Gaule est divisée en trois parties. *In quatuor partes honestum dividi solet : in prudentiam, in justitiam, in fortitudinem, in temperantiam.*

2° Pour désigner l'objet sur lequel se portent nos affections, nos désirs, nos aversions. *In,* dans ce sens, signifie *pour, contre, envers, à l'égard de.* Ex. : *Erat in eo summa probitas summaque in hospites liberalitas.* Cic. Il avait une très-grande probité et était très-généreux envers ses hôtes. *Amor tuus in patriam in spem bonam me inducit.* Votre amour pour la patrie me fait concevoir de bonnes espérances. *Quid me in te incensum, Sexte, putas?* Pourquoi donc, Sextus, me croyez-vous irrité contre vous ?

3° Pour marquer le but, l'intention. (*In,* dans ce cas, a le sens de *pour.*) Ex. : *Pecunia erogata est in rem militarem.* L'argent a été distribué pour le service militaire. *Drusi magna apud populum memoria, undè idem in Germanicum favor.* Tac. La mémoire de Drusus était grande auprès des Romains ; de là leur affection pour Germanicus. *Sensit miles in tempus conficta.* Tac. Le soldat comprit que ce n'était qu'un prétexte pour gagner du temps.

4° Pour désigner un temps futur relativement à telle intention, à tel acte. Ex. : *Nos invitavit in posterum diem.* Il nous a invités pour le lendemain. *In multos annos subsidia vitæ habere.* Avoir des moyens de subsistance pour plusieurs années.

De là ces locutions élégantes : *in diem vivere,* vivre au jour le jour ; *in dies senescere,* vieillir de jour en jour ; *in horas exspectare,* attendre d'heure en heure, etc.

X

In avec l'ablatif répond à la question *ubi,* et sert à désigner le lieu où l'on est, l'état, la situation où l'on se trouve. Ex. : *In agris plerumque vivebant senatores.* Cic. Les sénateurs vivaient la plupart du temps dans la campagne. *In rebus prosperis, superbiam fastidiumque magnoperè fugiamus.*

Dans la prospérité, fuyons avec le plus grand soin l'orgueil et le dédain.

XI

In avec l'ablatif se construit élégamment :

1° Dans le sens de *sur, parmi*. Ex. : *Teucri se in littore condunt*. Virg. Les Troyens se cachent sur le rivage. *Curius iste in magnis viris non est habendus*. Cic. Il ne faut pas ranger ce Curius parmi les grands hommes.

2° Pour désigner, non pas simplement un temps, une époque mais pour en marquer le caractère, la physionomie, quelque circonstance accessoire. Ainsi l'on dira bien : *in tali tempore*, dans une telle circonstance (*eo tempore* signifierait *à cette époque*) ; *in consulatu meo, in prœturâ ; in bello quod gessimus*, dans la guerre que nous avons faite, etc.

3° *In* avec l'ablatif a une grâce particulière, étant construit avec le gérondif en *do* ou le participe en *dus, da, dum*. Ex. : *Is fuit mediocris in dicendo, doctissimus in disputando*. Cic. Ce fut un orateur médiocre et un dialecticien très-habile. *In eligendis amicis negligentes ne simus*. Ne soyons pas négligents dans le choix de nos amis.

4° Il faut aussi remarquer cette locution si usitée et si élégante : *in eo esse ut ;* en français, *être sur le point de*. Ex. : *In eo erat, ut oppido potiretur*. Il était sur le point de prendre la ville.

XII

La préposition *ad*, qui répond à la question *quò*, exprime un mouvement, une tendance vers, qu'il s'agisse du temps ou de l'espace, des personnes ou des choses. Ex. : *Ad te confugio et supplex tua numina posco*. Virg. Je me réfugie auprès de vous, et j'implore votre puissance. *A decimâ horâ, ad tertiam post meridiem*. Depuis dix heures du matin jusqu'à trois heures du soir.

La préposition *ad* s'emploie élégamment :

1° Pour exprimer une circonstance à laquelle se rapporte le fait principal. *Ad singulos nuntios, consilia mutat*. Cic. A chaque nouvelle, il change de résolution. *Ad hunc felicem nuntium lœtitia ingens per totam civitatem diffusa est.* A cette heureuse nouvelle, toute la cité fut transportée de joie.

2° Pour signifier *en comparaison de, au prix de.* Ex. : *Decimum cognovimus virum bonum, non illiteratum ; sed nihil ad Persium.* Cic. Nous avons connu Décimus, homme de bien et assez bon littérateur ; mais il n'était rien au prix de Persius.

3° Pour signifier *jusqu'à.* Ex. : *Sophocles ad summam senectutem tragœdias fecit.* Cic. Sophocle fit des tragédies jusqu'à une extrême vieillesse. *Ad centesimum annum vixit.* Il vécut jusqu'à cent ans.

4° Il faut remarquer aussi les locutions suivantes : *ad tempus,* pour un temps ; *ad extremum,* vers la fin ; *ad prima signa veris,* aux premiers signes du printemps ; *ad similitudinem,* à la ressemblance ; *ad nutum,* au moindre signe de tête ; *nihil ad rem,* cela n'a aucun rapport avec la chose ; *nihil ad vos,* cela ne vous regarde pas.

XIII

La préposition *per* signifie proprement *parmi, à travers.* Ex. : *Per medias acies sibi viam patefecit.* Il s'est ouvert un chemin à travers les rangs ennemis.

Per se construit élégamment :

1° Dans le sens de *par, au moyen de ;* il désigne alors l'agent, le moyen, l'instrument. Ex. : *Per te unum tam nefando scelere liberati sumus.* C'est par vous seul que nous avons été délivrés d'une accusation aussi atroce. *Statuerunt injurias per vos ulcisci.* Cic. Ils ont voulu se venger par vos mains.

2° Dans le sens de *par, au nom de.* Ex. : *Oro te, per deos immortales.* Je vous en conjure au nom des dieux immortels. *Per caput hoc juro, per quod pater antè solebat.* Virg. Je le jure par cette tête par laquelle mon père avait coutume de jurer.

3° Dans le sens de *il dépend de moi, je permets.* Ex. : *Per me licet ut abeas.* Je vous permets de partir. *Per te* *unum stat quominùs sis beatus.* Il ne tient qu'à vous d'être heureux.

4° *Per* s'emploie aussi quelquefois pour exprimer la manière dont une chose se fait. *Per ludum et jocum fortunis omnibus eum nudavit.* Cic. C'est en jouant et en plaisantant qu'il l'a dépouillé de tous ses biens. *Per fas et nefas.* Par de bons et de mauvais moyens.

XIV

La préposition *apud*, chez, auprès de, s'emploie élégamment :

1° Quand elle est prise dans le sens figuré. Ex. : *Plus apud me antiquorum auctoritas valet.* Cic. L'autorité des anciens a plus de valeur à mes yeux.

2° Dans le sens de *antè, coràm*, devant, en présence de. Ex. : *Apud prætorem causam dicere*, plaider une cause devant le préteur. *Apud judicem*, devant le juge.

3° Dans le sens de *in*, dans, avec les noms d'auteurs. Ex. : *Apud Ciceronem, apud Xenophontem legitur.* On lit dans Cicéron, dans Xénophon. (On ne dirait pas *in Cicerone, in Xenophonte.*)

XV

La préposition *præ*, dans le sens propre, signifie *devant*, et se construit ordinairement avec un pronom et un verbe de mouvement. Ex. : *Singulos præ se inermes mittebat.* Sall. Il les faisait défiler devant lui un à un et sans armes.

Dans le sens figuré, *præ* se construit élégamment :

1° Pour manifester au dehors les sentiments de l'âme. Ex. : *Fiduciam orator præ se ferat.* Quint. Que l'orateur inspire de la confiance. *Præ se declarant gaudia vultu.* Cat. Leur joie se manifeste sur leurs visages.

2° Dans le sens de *en comparaison de, au prix de, à cause de*. Ex. : *Non tu quidem molestiis es vacuus, sed præ nobis beatus.* Vous n'êtes point exempt d'ennuis, mais vous êtes heureux en comparaison de nous. *Præ gaudio ubi sim nescio.* Cic. Je ne sais où je suis à cause de la joie. *Cuncta præ campo tiberino mihi sordent.* Hor. Tout est vil pour moi, comparé au Champ-de-Mars.

XVI

La préposition *pro*, dans le sens propre, signifie *devant* (sans changement de lieu). Ex. : *Cæsar legiones pro castris constituerat.* César avait placé ses légions devant le camp.

Au figuré, *pro* s'emploie élégamment :

1° Dans le sens de *au lieu de, en faveur de.* Ex. : *Liberum pro vino appellant.* Cic. On dit Bacchus pour le vin. *Cicero pro Murenâ orationem habuit.* Cicéron plaida pour Muréna.

2° Dans le sens de *pour, en considération de, eu égard à, selon, en proportion de.* Ex. : *Hæc tibi pro amore tuo scripsi.* Cic. Je vous ai écrit cela en considération de votre amitié. *Non dubito, pro tuâ singulari prudentiâ, quin illud brevi perficias.* Cic. Je ne doute pas, vu votre rare prudence, que vous ne veniez bientôt à bout de cette affaire. *Quisque pro virili parte reipublicæ consulere debet.* Chacun doit veiller, selon ses forces, aux intérêts de la république.

3° Il faut remarquer aussi cette locution *quàm pro*, qui est si élégante après les comparatifs. Ex. : *Major quàm pro hominum numero pugna editur.* T. L. Il se livre un combat plus acharné que ne le faisait pressentir le nombre des combattants.

XVII

La préposition *prœter* signifie *devant, à côté de, le long de*, et s'emploie ordinairement avec un verbe de mouvement. Ex. : *Amnis prœter ipsa urbis mœnia defluebat.* T. L. Un fleuve coulait devant les murs mêmes de la ville.

A cette idée de *passer devant* se rattache celle d'*aller au delà*, qui, désignée par *prœter*, est si élégante dans le sens figuré. Ex. : *Lacus Albanus prœter modum creverat.* Le lac d'Albe avait cru outre mesure. *Ille terrarum mihi prœter omnes angulus arridet.* Hor. Ce petit coin de terre me sourit plus que tous les autres.

Præter se construit bien aussi dans le sens de *outre*, *excepté*. Ex. : *Præter auctoritatem, vires quoque habet ad coercendum*. Cic. Outre l'autorité, il a encore des forces pour punir. *Amicum tibi neminem video præter teipsum*. Je ne vous vois d'autre ami que vous-même.

XVIII

La préposition *sub* s'emploie élégamment avec l'accusatif de mouvement pour signifier *à l'approche de, aux environs de*, et par suite *un peu avant*, ou plus rarement *un peu après*. Ex. : *Sub noctem cura recurrit*. Virg. L'inquiétude revient à l'approche de la nuit. *Leves sub noctem susurri*. Hor. De légers entretiens au commencement de la nuit. *Sub eas litteras recitatæ sunt etiam tuæ*. Après cette lettre on lut la vôtre.

Sub avec l'ablatif se prend dans le sens de *dans* ou *très-près de*. Ainsi *sub noctem* veut dire vers la nuit, à l'approche de la nuit tandis que *sub nocte* signifie dans la nuit. De même *sub lucem* veut dire à l'approche du jour, et *sub luce* au jour, à la lumière du jour. *Sub ipsâ profectione*, au moment précis du départ. *Sub eâ conditione*, à cette condition.

XIX

Suprà et quelquefois *super*, sur, au dessus de, s'emploient élégamment dans le sens figuré pour signifier *plus de, au delà de*. Ex. : *Suprà quàm credibile est*, au delà de toute croyance. *Suprà modum*, outre mesure. *Satis superque per tot annos ignaviâ peccatum est*. Tac. Notre lâcheté nous a fait commettre assez et même trop de fautes pendant tant d'années.

ARTICLE VII.

Comme il y a deux sortes de propositions, les unes principales et coordonnées, les autres complétives et subordonnées, il y a de même deux sortes de conjonctions : celles qui unissent les propositions principales et coordonnées, ou conjonctions de coordination ; celles qui unissent les propositions complétives et subordonnées, ou conjonctions de subordination.

1° Conjonctions exprimant des rapports de coordination.

Les conjonctions latines exprimant des rapports de coordination répondent généralement aux conjonctions françaises *et, ou, ni, mais, or, donc, car, cependant, c'est pourquoi, non seulement, mais encore, soit…, soit.* Nous en avons parlé dans notre grammaire latine ; nous n'ajouterons ici que ce qui concerne leur emploi au point de vue de l'élégance.

I

La conjonction *et* se répète élégamment pour attirer plus vivement l'attention sur les idées que l'on veut exprimer. Ex. : *Virtus, virtus inquam, et conciliat amicitias et conservat.* Cic. C'est la vertu, oui, c'est la vertu qui forme les amitiés et qui les conserve. *Cimon atheniensis et pietate in patrem, et in cives benevolentiâ insignis fuit.* C. N. Cimon d'Athènes fut remarquable et par sa tendresse envers son père, et par sa bienveillance à l'égard de ses concitoyens.

La conjonction *que,* synonyme de *et,* se répète surtout en poésie. Ex. : *O terque quaterque beati!* O trois fois et quatre fois heureux !

II

La conjonction *et* se met avec grâce pour *etiam* après un ou plusieurs mots. Ex. : *Non is solùm malus est qui injuriam facit ; sed et qui facere in animo habuit.* Æl. Le méchant n'est pas celui-là seul qui a fait une injure, c'est aussi celui qui a eu l'intention de la commettre. *Non errasti, mater ; nam et hic Alexander est.* Q. C. Ma mère, vous ne vous êtes pas trompée, car celui-ci est aussi Alexandre. *Forsan et hæc olim meminisse juvabit.* Virg. Un jour peut-être ce souvenir aura pour vous des charmes.

III

La conjonction *que* s'emploie élégamment pour unir les mots qui ont entre eux quelque analogie, ou qui jouent le même rôle dans une phrase, comme les sujets, les verbes et les attributs multiples. Ex. : *Vir bonus honesto justoque adhærescit.* L'homme de bien s'attache à ce qui est juste et honnête. *Sapienter vivendo, omnem doloris mortisque timorem effugies.* En vivant sagement, vous n'aurez à craindre ni la douleur ni la mort.

IV

Quand il y a trois mots joints ensemble par deux conjonctions, *que* se met bien après le second mot, et *et* devant le troisième. Ex. : *Mens humana discendo alitur, vidéndique et audiendi delectatione ducitur.* Cic. L'esprit humain fait son aliment de l'étude, et se laisse entraîner par le plaisir de voir et d'entendre.

V

La conjonction *atque* a plus de force que *et* ou *ac* ; elle s'emploie donc mieux pour attirer l'attention sur le mot suivant. Ex. : *Omnia honesta atque inhonesta vendidit.* Sall. Il a vendu les honneurs aussi bien que les affronts.

De là l'usage fréquent de cette conjonction en tête d'une proposition pour servir de transition et faire mieux ressortir l'idée qui va suivre. Ex. : *Atque, ut omnes illud intelligant.* Cic. Et pour que tout le monde comprenne cela. *Atque hæc mea quidem sententia.* Et maintenant voici mon avis.

VI

Les conjonctions *ac*, *atque*, s'emploient avec élégance pour exprimer une comparaison après les adjectifs ou les adverbes qui désignent l'égalité ou la ressemblance, l'inégalité ou la différence, comme *similis*, *dissimilis*, *talis*, *alius*, *aliter*, *œquè*, *pariter*, *secùs*, *perindè*, etc. Ex. : *Longè alia nobis ac tu scripseras nuntiantur.* Cic. On nous annonce des

choses tout autres que celles que vous nous aviez écrites.
Cum totidem navibus rediit atque erat profectus. C. N. Il
revint avec le même nombre de vaisseaux qu'il avait à son
départ.

VII

La conjonction *aut*, ou, servant à établir une distinction
entre les termes qu'elle unit, s'emploie élégamment et se
répète même avec grâce, quand cette distinction est nécessaire
et repose sur la nature même des choses. Ex. : *Quædam
terræ partes aut frigore rigent, aut uruntur calore.* Cic.
Certaines parties de la terre sont ou glacées par le froid ou
brûlées par la chaleur.

Mais si la distinction ne repose que sur une opinion per-
sonnelle, il vaut mieux se servir de *vel.* Ex. : *Alexander
oraculi sortem vel elusit, vel implevit.* Q. C. Alexandre
éluda ou accomplit la décision de l'oracle. *Vel imperatore,
vel milite me utimini.* Sall. Servez-vous de moi ou comme
votre général, ou comme votre compagnon d'armes.

VIII

Vel s'emploie souvent aussi et avec élégance dans le sens
de *même.* Ex. : *Vel Priamo miseranda manus.* Virg. Troupe
digne de pitié même pour Priam. *Ingenii vel mediocris hæc
omnia sunt.* Tout cela est le produit d'un esprit même médiocre.

IX

Nec, neque se répètent avec beaucoup de grâce devant les
mots unis entre eux d'une manière négative. Ex. : *Virtus
nec eripi, nec surripi unquàm potest ; neque naufragio, neque
incendio amittitur.* Cic. La vertu ne peut jamais nous être
enlevée de force, ni dérobée en secret ; on ne la perd ni dans
un naufrage, ni dans un incendie.

Dans ce cas, *aut, vel, ve,* s'emploient élégamment pour continuer la négation. Ex. : *Nec recito (versus meos) cuiquam,
nisi amicis, non ubivis coramve quibuslibet.* Hor. Je ne lis
mes vers à d'autres personnes qu'à mes amis ; je ne les ré-
cite pas en tout lieu, ni en présence de qui que ce soit.

5

X

Neque se met élégamment pour *et non*. Ex. : *Multi omnia metiuntur emolumentis, neque ea volunt ponderari honestate.* Cic. Beaucoup de gens pèsent toutes choses au poids de l'intérêt et ne veulent point mettre l'honneur dans la balance.

Toutefois il faut se servir de *et non*, si dans une phrase affirmative la négation ne portait que sur un mot, sur une idée. Ex. : *Omnis æquitas perturbatur, si verbis legum ac non sententiis pareatur.* C'est confondre toute justice que d'obéir à la lettre et non à l'esprit de la loi.

XI

Nec, en tête d'une proposition et réuni surtout aux conjonctions *verò, enim, tamen, autem*, s'emploie élégamment pour servir de transition et indiquer le rapprochement de deux idées. Ex. : *Nec sepulchra legens vereor ne memoriam perdam.* Cic. Et en lisant les épitaphes je ne crains pas de perdre la mémoire. *Peccavit igitur Romulus; nec tamen nostræ nobis utilitates omittendæ sunt.* Cic. Romulus est donc coupable; et cependant nous ne devons pas négliger nos propres intérêts.

XII

Les conjonctions adversatives *verò, autem*, qui se mettent après un mot, s'emploient élégamment pour faire sentir l'opposition ou la différence qu'il y a entre deux idées. Dans ce cas, on doit en faire usage pour rendre en latin la conjonction *et*, qui se trouve en français dans le second membre de phrase. Ex. : *Frons, oculi, vultus persæpe mentiuntur; oratio verò sæpissimè.* Cic. Le front, les yeux, le visage mentent très-souvent, et le langage plus souvent encore. *Pater tuus omnibus doctrinis virtutibusque exornabatur; tu verò, omnium ignarus, otio turpi juveniles annos consumis.* Votre père était orné de toutes les vertus et de toutes les sciences, et vous, ignorant toutes choses, vous passez vos jeunes années dans une honteuse oisiveté.

Ces mêmes conjonctions, placées au commencement d'une phrase, attirent mieux l'attention sur les mots suivants. Ex. : *Ecce autem gemini a Tenedo, tranquilla per alta.* Virg. Mais voici que deux serpents partis de Ténédos par une mer tranquille.

XIII

La conjonction française *or* se rend en latin par *atqui*, quand il s'agit d'un simple raisonnement, et par *verò, autem*, dans les autres cas. *Donc*, qui est la conséquence de ce qui précède, se rend par *ergò, igitur*, que l'on place ordinairement après un ou plusieurs mots. Ex. : *Atqui, Milone interfecto, Claudius hoc assequebatur.* Or, Milon une fois tué, Clodius obtenait cet avantage. *Milo autem, quùm senatus dimissus est, domum venit.* Or Milon rentra chez lui aussitôt après la séance du sénat. *Quonam igitur pacto probari potest insidias Miloni fecisse Clodium?* Comment peut-on prouver que Clodius a dressé des embûches à Milon?

Donc se rend aussi par *itaque, ideò, idcircò, proptereà, proindè*, ou par *quarè, quamobrem, quocircà*.

XIV

La conjonction *car* se rend par *nam, namque, enim, etenim. Nam* se place au commencement d'une proposition, et il a une grâce particulière quand il est suivi de *et* mis pour *etiam*. Ex. : *Nam et ratione uti decet.* Car il faut aussi faire usage de sa raison.

Enim se met après un mot, le plus souvent après un monosyllabe, un mot indéclinable, ou d'autres mots avec lesquels il forme une agréable consonnance, comme *sed enim, quid enim, nullus enim, nihil enim*, etc. Ex. : *Quoties enim illa causa à nobis acta est in senatu?* Cic. Combien de fois, en effet, cette cause a-t-elle été discutée par nous dans le sénat?

Etenim est plus expressif que les deux autres; il se met le plus souvent au commencement d'une phrase. Ex. : *Etenim, quid est, Catilina, quod jam ampliùs exspectes?* Qu'y a-t-il donc, Catilina, que tu puisses attendre encore?

XV

Tamen, cependant, se met bien après un ou plusieurs mots. *Non tamen abstinuit*. Cependant il ne put se retenir. *Attamen, verumtamen*, qui affirment avec plus de force, se mettent au commencement de la phrase. Ex. : *Attamen, quid sibi isti miseri volunt ?* Cic. Cependant que prétendent ces misérables ?

XVI

Les adverbes *non modò, non solùm, non tantùm*, au premier membre de phrase, *sed etiam, verùm etiam*, au second, tiennent lieu de conjonctions et s'emploient pour exprimer une gradation ascendante. Ex. : *Tullus Hostilius non modò proximo regi dissimilis, sed ferocior etiam Romulo fuit.* T. L. Non seulement Tullus Hostilius ne ressembla pas à son prédécesseur, mais il fut encore plus cruel que Romulus.

Non modo — sed (sans exprimer *etiam*) s'emploient au contraire pour exprimer une gradation descendante. Ex. : *Quæ civitas est in Asiâ, quæ non modò imperatoris aut legati, sed unius tribuni militum animos capessere possit ?* Cic. Quelle est la cité de la Gaule qui puisse supporter l'orgueil, je ne dis pas d'un général ou d'un lieutenant, mais d'un seul tribun ?

Au lieu de *non modò — sed...*, on peut dire : *non dico — sed...*, ou *ne dicam* à la seconde proposition. Ex. : *Quæ civitas est in Asiâ, quæ unius tribuni, ne dicam imperatoris aut legati animos capessere possit ?*

XVII

Quand les deux propositions sont négatives, il faut mettre dans la première *non modò non*, et dans la seconde *sed ne... quidem*. Ex. : *Ego non modò tibi non irascor, sed ne reprehendo quidem factum tuum.* Cic. Non seulement je ne me fâche pas contre vous, mais je ne blâme même pas votre conduite.

XVIII

Quand deux propositions négatives n'ont qu'un seul verbe,
on supprime élégamment la seconde négation dans la première proposition. Ex. : *Assentatio non modò amico, sed ne
libero quidem digna est.* Cic. Non seulement la flatterie n'est
pas digne d'un ami, mais elle n'est pas même digne d'un
homme libre. (C'est comme s'il y avait : *Assentatio non
modò amico, sed etiam libero non est digna*) (1).

XIX

Il importe, au point de vue de l'élégance latine, de remarquer la différence qu'il y a entre *tùm* répété et *quùm...
tùm... Tùm* répété signifie en français *tant..., tant, soit...,
soit;* et *quùm... tùm* signifient *non seulement... mais encore... Tùm,* dans ce dernier cas, fait ressortir davantage ce
qui est exprimé dans la seconde proposition ; souvent même
on ajoute *verò, etiam, tamen, certè, maximè,* etc., pour affirmer avec plus de force. Ex. : *Fortuna quùm in reliquis
rebus, tùm præcipuè in bello plurimùm valet.* L'influence
de la fortune est très-grande en toutes choses, mais surtout
à la guerre.

REMARQUE. Si la conjonction *quùm,* au premier membre de
phrase, est suivie du subjonctif, on la traduit littéralement par
quoique. Ex. : *Itaque efficis ut, quùm gratiæ causa nihil facias,
omnia tamen sint grata, quæ facis.* Aussi, quoique vous ne fas-
siez rien pour plaire, vous avez le secret de plaire à tout le monde.
*Quùmque plurimas et maximas commoditates amicitia contineat,
tùm illa nimirum præstat omnibus.* Bien que l'amitié renferme
les plus grands et les plus nombreux avantages, celui-ci toutefois
l'emporte sur tous les autres.

(1) Gantrelle, *Gram. lat.*

Conjonctions de subordination.

I

La conjonction *ut* s'emploie élégamment :

1° Dans le sens de *dès que*. Ex. : *Ut ab urbe discessi.* Dès que je fus sorti de la ville. *Ut primùm te vidi.* Dès que je vous ai vu.

2° Dans le sens de *comme*. Ex. : *Ut nunc se res habet.* Comme la chose se passe maintenant. *Ut illi victores efferuntur superbiâ! ut pudet victos!* Quel orgueil pour les vainqueurs! quelle honte pour les vaincus!

Dans ce sens, *ut* suivi d'un corrélatif a une grâce particulière. Ex. : *Ut vixit, ita mortuus est.* Il est mort comme il a vécu. *Quin potiùs, ut novissimi ad culpam, itâ primi ad pœnitentiam sumus?* Tac. Que ne sommes-nous les premiers à nous repentir, comme nous avons été les derniers à commettre la faute?

3° *Ut* se met bien aussi dans le sens de *quàm* ou *quantùm.* Ex. : *Ut ille humilis! ut demissus erat!* Comme il était humble! comme il était soumis! *Noster autem testis ut se sustentat! ut omnia moderatur!* Comme notre témoin s'observe! comme il mesure toutes ses paroles!

II

La conjonction *ut*, signifiant *afin que*, admet élégamment pour antécédents les adjectifs démonstratifs *hoc, id, illud,* qui se placent avant le verbe principal. Ex. : *Hoc natura non patitur, ut aliorum spoliis nostras opes augeamus.* Cic. La nature ne nous permet pas d'accroître nos richesses des dépouilles d'autrui.

III

Au lieu de *ut* et d'un pronom, on se sert élégamment de *qui, quæ, quod,* mis pour *ut ego, ut tu, ut ille,* pour désigner l'intention, le motif, la conséquence de ce qui précède.

Ex. : *Trado tibi filium meum, quem litteris erudias.* Je vous envoie mon fils, afin que vous lui appreniez les belles-lettres. *O miserum senem, qui mortem exspectandam esse non viderit !* O malheureux vieillard, qui n'a pas vu qu'il fallait s'attendre à mourir !

IV

Au lieu de *ut*, on se sert de *quo* (pour *ut eo*) devant un comparatif. Ex. : *Socrates quo meliùs cœnaret, obsonabat famem ambulando.* Cic. Socrate, afin de mieux souper, aiguisait son appétit par la promenade. *Ager novatur et iteratur, quo meliores fructus edere possit.* Cic. On laboure un champ une première et une seconde fois, afin qu'il puisse produire de meilleurs fruits.

V

La conjonction *ut*, afin que, se sous-entend quelquefois d'une manière élégante après les verbes qui expriment un souhait, un désir. Ex. : *Sic velim existimes te nihil mihi gratius facere posse.* Veuillez croire que vous ne pouvez rien me faire de plus agréable.

VI

La conjonction *ne* se met pour *ut non* et s'emploie dans tous les cas où l'on mettrait *ut*, s'il n'y avait pas de négation. Ainsi, comme on dit : *Rogo te ut illius commodis inservias*, je vous prie de prendre ses intérêts, on dira dans un sens opposé : *Rogo te ne illius commodis adverseris*, je vous prie de ne pas vous opposer à ses intérêts.

Ne signifie donc afin que... ne pas, pour ne pas, de peur que ; et, quand il y a deux propositions négatives, *neque* (pour *ne et que*) se met élégamment devant la seconde. Ex. : *Gallinæ pennis fovent pullos, ne frigore lædantur.* Cic. Les poules réchauffent leurs petits sous leurs ailes, afin qu'ils ne soient pas incommodés par le froid. *Illud te primum rogo, ne dimittas animum, neque multitudine negotiorum te obrui sinas.* Cic. Je vous prie d'abord de ne pas perdre courage, et de ne pas vous laisser accabler par la multitude de vos affaires.

VII

Au lieu de *ut nunquàm, ut nusquàm,* il est mieux de dire *ne unquàm, ne usquàm.* Ex. : *Enitar pro viribus meis, ne unquàm obdormiam inter studendum.* Je ferai tous mes efforts pour ne jamais m'endormir en étudiant.

VIII

Quin (pour *qui non,* ou *ut non*) se construit élégamment avec *nemo, nullus, nihil, nunquàm,* et après ces locutions : *facere non possum, fieri non potest,* et d'autres que l'usage apprendra. Ex. : *Nunquàm tam malè est Siculis, quin aliquid facetè et commodè dicant.* Cic. Jamais les Siciliens ne sont si malheureux qu'ils n'aient, dans l'occasion, quelques bons mots à dire. *Nihil tam difficile est, quin quærendo investigari possit.* Ter. Il n'est rien de si difficile que l'on ne puisse découvrir par la science.

Quin s'emploie bien aussi dans le sens de *sans que.* Ex. : *Non temerè fama nasci solet, quin subsit aliquid.* Cic. Un bruit ne se répand guère sans qu'il ait quelque fondement.

IX

Quin au commencement d'une phrase se construit élégamment dans le sens de *que ne, pourquoi ne... pas.* Ex. : *Quin conscendimus equos?* T. L. Pourquoi ne montons-nous pas à cheval?

Dans ce sens, *quin* se joint bien aux adverbes *etiam, potiùs, imò.* Ex. : *Quin potiùs, ut novissimi in culpam, ità primi ad pœnitentiam sumus?* Tac. Que ne sommes-nous plutôt les premiers à nous repentir, comme nous avons été les derniers à commettre la faute?

X

Quin employé seul, avec ellipse du verbe, et signifiant *même, plutôt, bien plus,* a une grâce particulière. Ex. : *Credibile non est quantùm scribam singulis diebus, quin etiam noctibus.* C'est incroyable combien j'écris chaque jour, et même chaque nuit.

XI

Au lieu de *quin,* on se sert plus fréquemment de *quominùs* (pour *ut eo minùs*) après les verbes qui expriment une idée d'opposition, d'obstacle, d'empêchement. Ex. : *Cimon nunquàm in hortis suis custodiam imposuit, ne quis impediretur quominùs iis rebus, quibus quisque vellet, frueretur.* C. N. Cimon ne mit jamais de gardes dans ses jardins, afin que chacun pût en jouir comme il le désirait.

XII

Nous avons vu dans la grammaire que le *si* conditionnel se construit avec le futur, quand le verbe de la proposition principale est au futur.

A cet égard, deux choses sont à remarquer :

1° Si l'action du verbe construit avec *si* est antérieure à celle du verbe principal, on mettra ce verbe au futur antérieur. Ex. : *Id si feceris, gratissimus ero.* Si vous faites cela, je vous serai très-reconnaissant.

2° Si les deux actions doivent être simultanées, il sera plus élégant de mettre l'un et l'autre verbe au futur antérieur. Ex. : *Si mihi confestim rescripseris, maximè obtemperaveris voluntati meæ.* Cic. Si vous me répondez tout de suite, j'en éprouverai une entière satisfaction.

XIII

Quand il y a deux propositions conditionnelles dans une même phrase, et que la seconde exprime une condition opposée à la première, on met bien la conjonction *sin* devant la seconde. Ex. : *Si verus est timor, ne opprimar; sin falsus, ut tandem aliquando timere desinam.* Cic. Si ma crainte est fondée, que je ne sois pas livré à mes oppresseurs; si elle est vaine, que je sois enfin délivré de toute crainte.

Dans ce cas, *sin* est le plus souvent suivi de *autem, minùs, aliter.* Ex. : *Vix molem istius invidiæ, si in exilium ieris jussu consulis, sustinebo ; sin autem servire laudi meæ et gloriæ mavis, egredere.* Si tu vas en exil par ordre du consul, j'aurai de la peine à soutenir les clameurs de l'envie ; mais si tu aimes mieux t'intéresser à ma réputation et à ma propre gloire, pars volontairement.

XIV

Quand le *si* conditionnel est suivi de *ne* et qu'il peut se tourner par *à moins que, si ce n'est que,* on l'exprime en latin par *nisi.* Ex. : *Memoria minuitur, nisi eam exerceas.* La mémoire s'affaiblit si on ne l'exerce.

Mais si la seconde proposition avait un sens restrictif et commençait par ces mots *au moins, du moins, cependant, toutefois,* le *si* conditionnel se traduirait par *si non.* Ex. : *Si non homines, at certe Deum time.* Si vous ne craignez pas les hommes, au moins craignez Dieu.

XV

Les verbes de doute, comme *dubito, nescio, haud scio,* se construisent avec *an,* quand le doute penche plutôt vers l'affirmation que vers la négation. Ex. : *Vir sapientissimus, atque haud scio an omnium præstantissimus.* Cic. Homme très-sage et peut-être le plus remarquable de tous.

Dans le cas contraire, il vaut mieux se servir de *num* ou de *ne* placé après le premier mot. Ex. : *Dubitabam venturusne esset tabellarius.* Cic. Je ne savais si votre secrétaire viendrait (je présumais qu'il ne viendrait pas).

Remarque. Dans le premier cas, la conjonction *an* se traduit littéralement par *si... ne... pas,* ou par *peut-être.* Ex. : *Dubito an hunc primum omnium ponam.* C. N. Je ne sais si je ne le placerai pas le premier de tous ; c'est-à-dire, je suis porté à le placer le premier de tous. *Nescio an modum excesserint.* Je ne sais s'ils n'ont pas dépassé la mesure. Si on voulait indiquer que la chose n'est pas, il faudrait ajouter la négation dans la seconde proposition. Ex. : *Dubitat an turpe non sit.* Cic. Il ne sait si ce n'est pas honteux ; c'est-à-dire, il est porté à croire que ce n'est pas honteux.

XVI

Si dubitatif se traduit pas *num* ou *ne* dans l'interrogation indirecte, quand il n'y a pas de proposition corrélative. Ex.: *Quæritur idemne sit justitia et judicium.* On demande si la justice et le jugement sont la même chose.

Mais si l'interrogation porte sur deux propositions opposées l'une à l'autre, on met *utrum* ou *ne* devant la première, et *an* devant la seconde. Ex. : *Nunc quæro utrum injurias vestras, an reipublicæ persequamini?* Cic. Maintenant je vous demande si vous vengerez vos injures ou celles de la république ?

XVII

Dùm, tandis que, pendant que, se construit généralement avec l'indicatif, quand même il s'agit d'un évènement passé. Ex. : *Dùm ea Romani parabant, jam Saguntum summâ vi oppugnabatur.* T. L. Tandis que les Romains faisaient leurs préparatifs, Sagonte était déjà attaquée avec la plus grande vigueur.

XVIII

Dùm, donec, quoàd, signifiant *jusqu'à ce que,* se construisent avec l'indicatif, quand il s'agit d'un fait certain, positif, réel, et avec le subjonctif, quand le fait est incertain, qu'il n'existe que dans l'opinion, ou qu'il est lui-même l'intention, le motif de l'action principale. Ex. : *..... verunt, donec Aruntem filium regis Brutus occidit.* Flor. Les Tarquins combattirent jusqu'à ce que Aruns, fils du roi, eut été tué par Brutus. (Ici il s'agit d'un fait certain, et *donec* signifie *jusqu'au moment où.*) *Irati differant ultionem, donec defervescat ira.* Cic. Que les hommes irrités diffèrent la vengeance, jusqu'à ce que leur colère soit apaisée. (Ici il s'agit d'un fait douteux, il n'est pas sûr que la colère s'apaise; d'ailleurs ce fait douteux est aussi le motif de l'action principale.) *Donec,* dans ce cas, signifie *en attendant que.*

XIX

La conjonction *quòd*, qui désigne la cause, le motif du fait principal, doit se construire avec le subjonctif, quand l'écrivain présente ce motif non comme venant de lui-même, mais comme étant celui d'un autre. Ex. : *Socrates accusatus est quòd corrumperet juventutem.* Socrate fut accusé de corrompre la jeunesse. (Ici le motif de l'accusation vient des accusateurs, c'est le prétexte qu'ils ont imaginé. Si l'auteur avait dit : *quòd corrumpebat juventutem*, il aurait affirmé lui-même le fait comme certain.)

XX

Quòd s'emploie élégamment dans le sens de *quant à, pour ce qui est.* Ex. : *Quòd ad me attinet.* Pour ce qui me regarde. *Quòd ad me scripseras de re agrariâ.* Cic. Quant à ce que vous m'aviez écrit sur la loi agraire.

XXI

Il est très-élégant de construire la proposition principale avec l'un des adjectifs démonstratifs *hoc, id, illud*, et de mettre *quòd* dans la proposition subordonnée, pour expliquer cet adjectif. Ex. : *Socrates hoc Periclem cœteris præstitisse oratoribus dixit, quòd is Anaxagoræ fuerit auditor.* Cic. Socrate dit que Périclès ne l'emporta sur les autres orateurs que parce qu'il avait été le disciple d'Anaxagore.

XXII

Au lieu des conjonctions *quùm, quia, quoniam*, on se sert élégamment de *quippè, utpotè*, devant le relatif *qui, quæ, quod.* Ex. : *Non est huic habenda fides, quippè qui pejeravit.* Cic. Il ne faut pas avoir confiance en lui, puisqu'il s'est parjuré.

Ces deux conjonctions *quippè, utpotè*, se construisent même quelquefois sans le relatif *qui, quæ, quod.* Ex. : *Sol*

Democrito magnus videtur, quippè homini erudito. Démocrite, qui est un homme savant, pense que le soleil est un grand corps.

XXIII

Au lieu de faire usage des conjonctions, il est quelquefois plus élégant et beaucoup plus expressif de répéter le mot déjà exprimé, surtout si c'est un adjectif interrogatif, un adverbe de négation ou un adjectif démonstratif. Ex. : *Nihilne te nocturnum præsidium Palatii, nihil urbis vigiliæ, nihil timor populi, nihil horum ora vultusque moverunt.* Ni la garde qui veille la nuit sur le mont Palatin, ni les postes répandus dans la ville, ni la frayeur du peuple, ni les regards et le visage de ceux qui t'entourent n'ont pu t'émouvoir. *Hic locus est igitur unus quò perfugiant; hic portus, hæc arx, hæc ara sociorum.* C'est ici seulement que les alliés ont un asile, c'est ici leur port, leur boulevard, leur autel.

XXIV

Nous avons vu à l'article des adverbes que les Latins, à l'imitation des Grecs, aimaient à introduire dans le langage certains adverbes qui ne sont point nécessaires au sens de la phrase. Nous devons en dire autant de certaines conjonctions que l'on rencontre souvent comme pléonasmes. Tels sont *verò, autem, enim, etenim, et, atque, que,* et d'autres que l'usage apprendra. Ex. : *Nisi verò existimatis dementem Africanum fuisse.* Cic. A moins que vous ne pensiez que Scipion l'Africain fut un insensé. *At enim Pompeius, rogatione suâ, et de re, et de causâ judicavit.* Mais Pompée, par sa demande, a prononcé et sur le fait, et sur la cause.

CHAPITRE III.

De la disposition des mots qui composent le discours.

Les mots qui servent à former le discours sont du domaine de tout le monde ; c'est un bien commun dont chacun peut faire usage pour exprimer par la parole ou l'écriture ses idées et ses sentiments. Il n'y a donc que le choix et la disposition qui nous appartiennent ; et il est vrai de dire que notre langage sera plus ou moins distingué, selon que nous aurons été plus ou moins judicieux dans l'emploi des mots, et selon que nous aurons su, par d'heureuses combinaisons, donner une forme gracieuse aux expressions les plus simples, aux termes les plus vulgaires.

> *In verbis etiam tenuis cautusque serendis :*
> *Dixeris egregiè, notum si callida verbum*
> *Reddiderit junctura novum...* Hor., *Ars poet.*

Soyez délicat et réservé dans l'emploi des mots ; on vous admirera quand, par une heureuse alliance, vous aurez su donner une grâce nouvelle à des mots déjà connus.

La disposition des mots est relative : 1° à la disposition des idées que l'on veut exprimer ; 2° à l'harmonie du style. D'où deux articles.

ARTICLE I.

DE LA DISPOSITION DES MOTS CONSIDÉRÉS DANS LEURS RAPPORTS AVEC LES IDÉES.

Il y a deux ordres à suivre dans la disposition des mots : l'un *grammatical* (1), l'autre *oratoire* (2).

---

(1) Que l'on pourrait appeler aussi ordre analytique, parce qu'il suit en tout point l'analyse de la pensée.

(2) Appelé ainsi, parce qu'il est particulier à l'orateur, qui recherche le-

L'ordre grammatical consiste à disposer chaque terme d'une proposition, chaque partie d'une phrase, selon les règles établies au début de la syntaxe. Ainsi, le sujet doit se mettre avant le verbe, celui-ci avant l'attribut. Si le sujet et l'attribut sont complexes, les divers compléments doivent se succéder selon leurs rapports de dépendance.

Ainsi, dans cette phrase : *Cæsar incitus, accensus amore gloriæ et dominationis, subegit Romam imperio suo, post prælium Munda.* Le sujet est *Cæsar*, mis en tête de la phrase ; sujet simple, mais complexe. — Quels en sont les compléments ? Nous voyons d'abord *incitus* et *accensus*, deux adjectifs qui sont du même genre, au même nombre et au même cas que le sujet, et qui le suivent immédiatement. Ce sont donc deux compléments de même degré. — Voilà César excité, enflammé ; — mais par quoi ? — *amore*, par l'amour, complément de second degré ; — mais par l'amour de quoi ? — *gloriæ et dominationis*, par l'amour de la gloire et de la domination, complément de troisième degré. Vient ensuite le verbe *subegit*, soumit ; verbe transitif, et par conséquent ayant ou pouvant avoir un complément direct, un complément indirect et un complément circonstanciel. — Soumit quoi ? *Romam*, Rome, complément direct qui suit immédiatement le verbe. — A quoi ? — *imperio suo*, à son empire, complément indirect ; — quand ? — *post prælium Munda*, après la bataille de Munda, complément circonstanciel.

Voilà l'ordre tel qu'il doit être au point de vue de la grammaire et de la logique, ordre basé sur les lois générales du langage, et qui serait le même dans toutes les langues, si l'on suivait constamment dans la parole ou dans l'écriture le rapport analytique des idées dont les mots ne sont que les images ; ordre enfin qu'une traduction rigoureuse doit suivre pas à pas, avec la plus scrupuleuse exactitude.

Mais souvent il arrive que, pour donner du relief aux idées qui nous intéressent plus vivement, pour exprimer

grâces et les ornements du style, et qui figure, pour ainsi dire, dans son langage les idées, les images, les sentiments qu'il a conçus dans son esprit.

d'une manière plus sensible les images et les sentiments qui nous dominent, nous intervertissons l'ordre grammatical, et nous plaçons en premier lieu les mots qui servent à exprimer ces idées, ces images et ces sentiments, bien que l'analyse ne leur assigne qu'un rang secondaire.

« Lorsque nous agissons, dit le Batteux, nous nous proposons un seul objet qui est le centre de toutes les parties de l'action. C'est cet objet qui nous préoccupe par lui-même ; s'il y a d'autres objets qui nous occupent en même temps, ce n'est que relativement à celui-là. L'idée qui représente cet objet principal se nomme comme lui l'idée principale. Celles qui ne représentent que les objets secondaires, se nomment accessoires, et n'ont qu'une fonction subordonnée à cette idée principale à laquelle elles appartiennent. Or, nous disons que la force, l'intérêt, la naïveté du discours demandent que l'objet principal se montre à la tête, et qu'il mène à sa suite tous ceux qui lui sont subordonnés, et chacun selon le degré d'importance ou d'intérêt qu'il renferme. »

Les peintres ne manquent pas de placer le personnage principal dans le lieu le plus apparent de leur tableau ; ils groupent ensuite les figures accessoires de telle sorte, que l'attention du spectateur, partant de l'objet principal, se porte successivement sur tous les objets qui l'environnent.

Telle doit être aussi la règle de l'écrivain ; il doit mettre en évidence les pensées les plus frappantes, les images les plus sensibles. Les idées secondaires viendront d'elles-mêmes se ranger à la suite de l'idée principale, de manière à former un seul tout dont les diverses parties soient parfaitement coordonnées.

Quelques exemples rendront la chose plus sensible.

Cicéron, dans sa première Catilinaire, après avoir rejeté sur Catilina toute la violence de son indignation, l'apostrophe en ces termes : *Ad mortem te, Catilina, duci jussu consulis jampridem oportebat.* L'ordre grammatical serait : *Oportebat jampridem te, Catilina, duci ad mortem, jussu consulis.* Mais il y a une idée principale qui domine toutes les autres, et que Cicéron ne manque pas de placer en tête de la phrase :

c'est la mort, *ad mortem*. Après l'idée du supplice, l'objet le plus frappant est assurément celui qui doit le subir. C'est aussi celui que l'orateur fait paraître à la suite : *Ad mortem te, Catilina...*.

Une phrase oratoire peut renfermer cinq éléments principaux : un sujet qui fait ou qui souffre l'action, un verbe qui exprime cette action, un complément direct, un complément indirect et un complément circonstanciel.

Or, nous disons que ces cinq parties doivent se coordonner entre elles de telle sorte, que la plus importante, celle qui offre le plus d'intérêt, occupe le premier rang dans la phrase, et que les autres soient disposées selon le degré d'importance qu'elles renferment.

Prenons pour exemple la proposition suivante, qui n'est point oratoire, car elle énonce un simple fait historique; mais qui nous fera comprendre que la disposition des mots est relative à l'intérêt des idées qu'ils représentent : *Alexander vicit Darium ad Arbelam.* Cette phrase, dit le Batteux, peut offrir quatre points de vue différents. Ou l'on veut savoir quel est celui qui a vaincu Darius. Dans ce cas, l'idée principale sera *Alexander*, que l'on mettra en tête de la phrase. Ou l'on demande quel est le roi de Perse vaincu par Alexandre. Dans ce second cas, *Darius* sera l'idée principale, et l'on dira : *Darium vicit Alexander ad Arbelam.* Ou il s'agit principalement du lieu où Darius fut vaincu. Alors on dira : *Ad Arbelam Alexander vicit Darium.* Ou, enfin, on veut savoir quelle est la victoire qui a décidé du sort de la Perse, par opposition à quelque autre victoire où Darius n'aurait pas été complètement vaincu. Dans ce dernier cas, le mot *vicit* sera l'idée principale.

Telle doit être la disposition des mots considérés dans leurs rapports avec les idées. Si c'est le sujet qui renferme l'idée principale, on devra le placer en premier lieu, immédiatement après la conjonction.

Cicéron, voulant faire comprendre que la gloire du peuple romain repose sur celle de Lucullus, dont les victoires ont été chantées par le poète Archias, a soin de dire, en commençant par le sujet, qui est l'idée principale : *Populus enim romanus, Lucullo imperante, sibi Pontum aperuit.* C'est le peuple romain qui s'est ouvert le royaume du Pont, quand Lucullus y commandait nos armées.

De même, dans cette autre phrase : *Saxa et solitudines voci respondent; bestiæ sæpe immanes cantu flectuntur atque consistunt.* Cic., *pro Arch.* Les rochers et les solitudes répondent à la voix du poète; les animaux même les plus féroces se laissent fléchir par ses accords et suspendent leur fureur.

De même aussi, quand Tullus Hostilius, indigné de la trahison de M. Suffétius, s'écrie : *Metius ille ductor itineris hujus; Metius idem hujus machinator belli; Metius fœderis romani albanique ruptor.* Liv., il ne manque pas de mettre le sujet en premier lieu; il le répète même à chaque proposition, pour le faire sentir davantage.

Si l'objet principal est l'action exprimée par le verbe, il faudra que celui-ci occupe le premier rang. C'est ce qu'observe Cicéron dans cette phrase, où il veut faire ressortir toute l'horreur du complot formé par Catilina dans la maison de Léca, l'un des principaux conjurés : *Fuisti igitur apud Læcam, Catilina; distribuisti partes Italiæ; statuisti quò quemque proficisci placeret; delegisti quos Romæ relinqueres, quos tecum duceres; descripsisti urbis partes ad incendia; confirmasti te ipsum jam esse exiturum; dixisti paululum tibi esse etiam tùm moræ, quòd ego viverem.* Cic., *Catil.*

Si l'attention se porte principalement sur l'attribut de la proposition, c'est cet attribut que l'on exprimera en premier lieu. Ainsi, quand Scévola veut apprendre à Porsenna qu'il est Romain, il lui dit : *Romanus sum civis.* Liv. Et quand Gavius s'écrie du haut de la croix où il est attaché : *Civis romanus sum*, il énonce d'abord sa qualité de citoyen romain, celle qui peut lui être le plus utile dans le péril extrême où il se trouve.

Si c'est le complément direct qui offre le plus d'intérêt, ce qui arrive le plus souvent, car l'effet nous intéresse ordinairement plus que la cause, ce complément doit se placer avant le verbe, comme nous le voyons dans les exemples suivants : *Tantam mansuetudinem, tam inusitatam clementiam, nullo modo præterire possum.* Cic., *pro Marc.* Je ne puis nullement passer sous silence une telle mansuétude, une clémence si extraordinaire.

Cicéron, à la fin de son plaidoyer pour Milon, après avoir exhorté les juges à ne suivre que la voix de leur conscience en donnant leurs suffrages, fait aussi un appel à la faveur des soldats romains qui entourent le tribunal : *Vos, vos appello, fortissimi viri, qui multum pro republicâ sanguinem effudistis ; vos, centuriones, vosque, milites,* etc. Il est facile de voir, dans ces deux phrases, que tout l'intérêt se porte sur les compléments directs.

Dans le 9ᵉ livre de l'*Enéide*, Nisus, voyant son ami Euryale au pouvoir des Rutules qui vont l'immoler à leur vengeance, s'écrie aussitôt :

> *Me, me, adsum qui feci ; in me convertite ferrum,*
> *O Rutuli ! mea fraus omnis ; nihil iste nec ausus,*
> *Nec potuit ; cœlum hoc et conscia sidera testor.*

Moi, moi, c'est moi qui suis coupable, c'est moi qu'il faut percer, ô Rutules ! toute la faute est à moi. Celui-là n'a rien osé, il n'a rien pu ; j'en prends à témoin le ciel et les astres.

Ces vers, où tout est sublime au point de vue du sentiment, sont aussi un parfait modèle de construction oratoire. Il faut y remarquer surtout le pronom personnel *me*, répété deux fois et régi par *occidite* sous-entendu. Ce pronom figure merveilleusement au commencement du premier vers, pour peindre l'empressement de Nisus à se faire connaître des ennemis, et à arrêter le fer qui va frapper son ami Euryale. Il faut aussi remarquer les autres compléments *in me, mea, nihil, cœlum,* placés pour la même raison au commencement de chaque proposition.

Quelquefois c'est un complément indirect ou circonstanciel qui exprime la pensée la plus frappante, et qui, pour cette raison, doit occuper le premier rang dans la phrase. Ex. : *In vinculis, quoniam per scelus infandum mihi liber-*

tas erepta est, fortiter moriar. C'est dans les chaînes que je veux mourir, puisqu'on m'a ravi la liberté par un crime si abominable. *Tantæ molis erat romanam condere gentem.* Virg. Tant il était difficile de fonder l'empire romain.

Tout le monde connaît ce sublime début de la première Catilinaire : *Quousque tandem abutere, Catilina, patientiâ nostrâ?* Jusques à quand, Catilina, abuseras-tu de notre patience? Ici, l'âme de la période est un sentiment d'impatience et d'indignation; c'est donc la patience poussée à bout qui en est le premier et le principal objet; c'est aussi celui que l'orateur fait paraître en premier lieu : *Quousque tandem.* Le mot *abutere* ne vient qu'après, parce que, si l'on est profondément indigné, c'est surtout parce qu'il y a très-longtemps que Catilina abuse de notre patience.

Quamdiu etiam furor iste tuus nos eludet? Quem ad finem sese effrenata jactabit audacia? Combien de temps encore serons-nous les jouets de ta fureur? Où s'arrêteront les emportements de ton audace effrénée? C'est la même marche précisément, parce que c'est le même fonds de pensées et de sentiments. L'orateur ajoute : *Nihilne te nocturnum præsidium Palatii, nihil urbis vigiliæ, nihil timor populi romani, nihil concursus bonorum omnium... nihil horum ora vultusque moverunt?* Quoi! ni la garde qui veille la nuit sur le mont Palatin, ni les postes de soldats répandus dans la ville, ni l'effroi du peuple, ni le concours de tous les bons citoyens, ni les regards, ni les visages de ceux qui t'entourent, n'ont pu t'émouvoir! En lisant cette phrase, où l'orateur énumère avec tant de véhémence les principales choses qui auraient dû toucher le cœur de Catilina, il est facile de remarquer combien le mot *nihil* répété au commencement de chaque proposition donne d'énergie à la pensée.

Quand le terme qui exprime l'objet principal a été mis à la place qui lui convient, on range à sa suite les termes accessoires, chacun selon le degré d'intérêt qu'il renferme. Il faut avoir soin toutefois de ne point bouleverser l'ordre naturel des idées, ni d'obscurcir les rapports grammaticaux qui unissent les mots entre eux ; rapports sans lesquels il n'y aurait plus de liaison dans le discours, et la parole ne serait plus qu'un vain bruit. Ces rapports étant nécessaires à l'intelligence de la phrase, il importe que le lecteur puisse les saisir facilement. Les inversions, loin d'obscurcir le sens, doivent au contraire le rendre plus clair, en présentant les idées sous une forme plus sensible, plus animée, et en suivant, dans la disposition des mots, la marche que l'esprit lui-même a suivie dans la disposition des idées et des sentiments, dont les mots ne sont que les images.

Il faut donc éviter, dans la construction oratoire, toutes les inversions, toutes les transpositions de mots qui pourraient obscurcir le sens de la phrase. Ainsi, ce serait une faute de dire : *Neque potest imperator continere exercitum, qui se ipsum non continet*, parce que le conjonctif *qui* suivant immédiatement le mot *exercitum*, qui est du même genre et du même nombre, donnerait lieu à une équivoque ; on ne saurait si c'est le général ou l'armée qui ne peuvent se contenir. Il faut donc, pour la clarté du sens, rapprocher le conjonctif *qui* de son antécédent, et dire avec Cicéron : *Neque potest is exercitum continere imperator, qui se ipsum non continet.* Ce serait une faute de dire, en parlant de la modération d'Agricola à l'égard des soldats romains dont on lui avait confié le commandement : *Maluit videri bonos invenisse rarissimâ moderatione, quàm fecisse ;* parce que le complément circonstanciel *rarissimâ moderatione* modifie le verbe *invenisse*, tandis qu'il doit modifier le verbe *maluit*. Il faut dire avec Tacite, en commençant par l'idée principale : *Rarissimâ moderatione maluit videri bonos invenisse, quàm fecisse.*

Il y a un sens très-équivoque dans ce vers de l'oracle :

Aio te, Æacide, Romanos vincere posse.

Pyrrhus, à qui il s'adressait, l'entendait de cette manière : *Fils d'Éacide, je dis que tu pourras vaincre les Romains,* tandis que le sens réel était que les Romains remporteraient sur lui la victoire.

Il faut donc, dans l'arrangement des parties qui composent une phrase, éviter avec le plus grand soin d'embarrasser mal à-propos les mots les uns parmi les autres. Si l'on fait des inversions, qu'elles aient toujours leur raison d'être, et qu'elles ne se fassent jamais aux dépens de la liaison naturelle des idées ; qu'elles n'obscurcissent point la clarté du discours.

La construction oratoire, comme nous l'avons envisagée, est plus spécialement celle du poëte et de l'orateur, qui parlent habituellement le langage de la passion. Quand notre âme est livrée à de vives émotions, les images et les sentiments qui la dominent donnent à la pensée un degré d'animation telle, que tout se passe pour ainsi dire en scène dans le grand théâtre de l'intelligence. Dès lors, la parole, qui doit être l'expression fidèle de nos pensées, se produit avec des couleurs aussi vives, et en un style aussi animé. Mais quand tout est calme au dedans de nous, et que notre âme suit paisiblement le cours habituel de ses idées, le langage admet aussi une marche plus réglée, une voie plus uniforme ; il se rapproche davantage de l'ordre grammatical dont nous avons parlé.

Nous ferons remarquer, avant de finir cet article, que les Latins aimaient à concentrer dans le corps de la phrase les idées moins saillantes, les termes accessoires, les mots complétifs ou circonstanciels, et qu'ils réservaient pour la fin la partie du discours qui excite plus vivement l'attention et satisfait le plus les oreilles de ceux qui écoutent. C'était le plus souvent le verbe, ou d'autres mots agréables à entendre et nécessaires à l'intelligence de la phrase.

La raison de cet arrangement, c'est que l'auditeur étant frappé tout d'abord par la mise en scène de l'objet principal, si le verbe, ou d'autres mots essentiels sont renvoyés à la fin, il est obligé de soutenir son attention jusqu'au terme final, qui est comme la solution ou le dénouement de tout ce qui précède. Dès lors, les idées secondaires, les modificatifs, les circonstances accessoires excitent plus vivement son attention, et l'ensemble de la phrase se grave mieux dans sa mémoire. D'ailleurs, cette disposition ramasse, pour ainsi dire, toutes les parties de la proposition, tous les membres de la période, et les réunit d'une manière plus compacte et plus intime; elle donne à la phrase une plus grande unité, et la rend par là même plus intéressante pour le lecteur.

ARTICLE II.

DE LA DISPOSITION DES MOTS SOUS LE RAPPORT DE L'HARMONIE.

L'harmonie dans le discours résulte du choix et de la disposition ingénieuse des mots qui forment les propositions, de la liaison bien ordonnée des propositions qui composent la phrase ou la période, enfin de la variété dans la forme et l'étendue des périodes qui composent le discours.

Rien, au dire de Cicéron, le plus harmonieux des orateurs romains, ne contribue autant à la beauté du langage que cette harmonie du style, à laquelle les écrivains distingués ont donné les plus grands soins.

« Le charme qui résulte d'une phrase bien ordonnée, est étonnant; et je ne comprends pas quelles oreilles donna la nature à ceux qui n'y sont point sensibles. Il me semble qu'il doit faire impression sur tout homme bien organisé. J'avoue qu'une période pleine et nombreuse m'enchante; que mon oreille veut des phrases cadencées et parfaitement arrondies; qu'elle est choquée, s'il y manque quelque chose, ou s'il y a du superflu. J'ai vu souvent l'orateur charmer son auditoire par l'harmonie de son style, et le peuple assemblé témoigner son plaisir par des acclamations universelles. » Cic., *De Orat.*

« Les mots, dit Quintilien, sont dans les mains de l'orateur comme une cire molle et flexible qu'il anime, qu'il tourne comme il veut, et à laquelle il fait prendre toutes les formes qu'il lui plaît. Par la différente disposition qu'il leur donne, tantôt le discours marche avec une gravité majestueuse, ou coule avec une prompte et légère rapidité ; tantôt il charme l'auditeur par une douce harmonie, ou le pénètre d'horreur et de saisissement par une cadence dure et âpre, selon la différence des sujets qu'il traite. Il n'est guère possible qu'une chose aille au cœur, quand elle commence par choquer l'oreille, qui en est comme le vestibule et l'entrée. Au contraire, l'homme écoute avec plaisir ce qui lui plaît ; et c'est ce plaisir qui l'amène à croire ce qu'on lui dit. »

Il y a trois sortes d'harmonies dans le discours : l'harmonie des mots, l'harmonie des périodes, et l'harmonie imitative.

§ I.

De l'harmonie des mots.

L'harmonie des mots, qui donne de l'éclat à nos pensées par la beauté sonore des expressions, exige un choix, un ensemble de mots d'une prononciation facile, coulante, et qui flatte agréablement l'oreille. Boileau, dans son *Art poétique*, a su joindre le précepte à l'exemple, quand il a dit :

> « Il est un heureux choix de mots harmonieux ;
> « Fuyez des mauvais sons le concours odieux.
> « Le vers le mieux rempli, la plus noble pensée
> « Ne peut plaire à l'esprit quand l'oreille est blessée. »

L'harmonie des mots proscrit les sons durs, âpres et d'une prononciation difficile.

Cicéron blâme avec raison les expressions suivantes : *Habeo istam ego perterricrepam.* J'ai là une femme tracassière et criarde. *Versituloquas malitias.* Ce sont des malices pleines de fourberie.

On doit éviter comme contraires à l'harmonie :

1° La répétition trop fréquente de la même lettre, surtout celle des consonnes doubles, des consonnes fortes et aspirées, comme les lettres *p, q, r, f, k, s, t, x.*

Les phrases suivantes sont donc blâmables : *Rex Xerxes stabat anxius præ exercitu*, etc. *Major mihi moles, majus miscendum est malum. Cum loquitur, tanti fletus, tanti gemitus fiunt.*

2° La rencontre de plusieurs voyelles, d'où résulte dans la prononciation un bâillement de bouche nommé hiatus. Ex. : *Ipse ego omnia opera ago ardua... Frugifera ac fertilia arva Asiæ hostis tenet.*

3° Une suite de mots d'une ou de deux syllabes : *Hâc re nos hic non feret.* Il ne nous supportera pas en cela. *Multos ego vidi bonos viros nihil præter victum cultumque optantes.* J'ai vu plusieurs hommes de bien qui ne désiraient que la nourriture et l'entretien du corps.

4° Il faut éviter également de faire suivre les mots d'une grande longueur ; cela rendrait le discours lâche et traînant. Par exemple : *gravissimorum studiorum legatores constituerunt.*

Il faut un heureux mélange de voyelles et de consonnes, de mots longs et de mots courts, qui se prêtent une mutuelle assistance, afin de donner à la phrase une douce harmonie et de charmer les oreilles de ceux qui écoutent. Telle est cette phrase de Cicéron : *Mea lenitas, si cui solutior visa est, illud exspectabat ut ea quæ latebant, palam erumperent.* Si ma douceur a paru trop relâchée, c'est que j'attendais que les choses qui se passaient dans le silence, éclatassent au grand jour. Qu'on fasse subir le moindre changement à cette phrase, que l'on mette *si* au commencement, et *illud* après *exspectabat*, toute la beauté s'évanouira.

5° On doit éviter aussi une suite de mots ayant les mêmes consonnances, une suite de propositions se terminant par les mêmes finales, comme dans ces exemples : *Tales casus Cassandra canebat.* Cassandre prédisait de tels malheurs. *Ut primum Basileam venimus, priusquam judices adiremus, supplices omnes procubuimus, et Deum multis precibus invocavimus.* Dès que nous fûmes arrivés à Bâle, avant d'aller trouver les juges, nous nous mîmes tous à genoux, et nous adressâmes à Dieu beaucoup de prières.

A moins toutefois que l'on ne veuille frapper plus vivement l'attention de l'auditeur, en établissant entre les différents termes d'une proposition, entre les différents membres d'une période, une sorte de symétrie résultant des similitudes ou des antithèses, comme dans cette belle période de Cicéron, qu'il cite lui-même comme un modèle en ce genre : *Est igitur hæc, judices, non scripta, sed nata lex; quam non didicimus, accepimus, legimus; verùm ex naturâ arripuimus, hausimus, expressimus; ad quam non docti, sed facti, non instituti, sed imbuti sumus.* Cic., *pro Mil.* Il est une loi non écrite, mais innée; une loi que nous n'avons point apprise, que nous n'avons point reçue, que nous n'avons point lue : nous la tenons de la nature, nous l'avons puisée dans son sein, c'est elle qui nous l'a inspirée; ni les leçons, ni les préceptes ne nous ont instruits à la pratiquer; nous l'observons par sentiment, nos âmes en sont pénétrées.

6° Il ne faut point mettre à la fin d'une phrase la fin d'un vers hexamètre, comme dans cet exemple : *Ubi bonus deteriorem divitiis magis clarum videt, multa in pectore volvit.* Quand l'homme de bien voit le méchant considéré à cause de ses richesses, il est vivement impressionné.

Il ne faut pas non plus faire usage dans la prose de périphrases poétiques, comme si l'on disait, pour exprimer simplement l'action de respirer : *Vitales luminis auras ducere.* Ce serait une affectation ridicule.

7° Enfin, il faut savoir mélanger les mots harmonieux avec ceux qui le sont moins, tempérer la trop grande force des uns par la douceur des autres, faire en sorte que la prononciation des mots précédents dispose la voix à celle des mots suivants, et que la phrase se termine par une finale habilement ménagée pour le repos de l'oreille.

Toutefois, comme nous l'avons déjà dit, il faut bien se garder d'être obscur, et par conséquent de déplacer les mots sans aucun motif, de les embarrasser mal à propos les uns parmi les autres. Si l'on fait des inversions, des transpositions de mots ou de membres de phrase, que ce ne soit jamais aux dépens de la clarté; mais que l'esprit puisse suivre toujours et sans effort les rapports grammaticaux et l'ordre analytique des idées.

8° L'harmonie doit être répandue dans toute la suite du discours; mais c'est au commencement, et plus encore à la fin de la phrase qu'elle doit se faire sentir davantage. Au commencement, parce que l'auditeur, prêtant une attention toute nouvelle, remarque mieux les beautés et les défauts des premières expressions. A la fin de la phrase, parce que l'oreille, entraînée dans tout le reste par l'abondance des paroles et la rapidité de la déclamation, n'est en état de bien juger des beautés d'une période, qu'au moment où l'orateur est arrivé à son dernier terme, et suspend pour un instant le cours rapide de son discours. C'est alors que l'admiration, arrêtée jusque là par un plaisir continu, se manifeste par un assentiment secret, ou éclate par des applaudissements.

Il faut donc avoir soin de placer au commencement, mais surtout de réserver pour la fin de la phrase les mots les plus nombreux (1) et les mieux cadencés. Tels sont les noms et les adjectifs de plusieurs syllabes, les comparatifs et les superlatifs, mais principalement les verbes, à raison de leur nombre et de leur finale sonore et variée.

---

(1) Le nombre dans les mots n'est autre chose que la valeur des syllabes considérées comme sons, c'est-à-dire des longues et des brèves, non assemblées fortuitement, mais assorties de manière à former une agréable mélodie.

Le nombre dans une phrase, c'est sa durée divisée symétriquement par des intervalles plus ou moins longs, suivant l'étendue des membres dont elle est composée.

Les nombres dans le discours, étant des espaces déterminés, des repos d'une étendue convenable, mettent à l'aise l'esprit, l'oreille, la respiration de celui qui parle et de ceux qui écoutent; ils présentent les objets nettement séparés; ils lient les phrases par des rapports symétriques : ils les font croître ou décroître selon les circonstances ; ils les varient de manière que le goût soit satisfait; ils facilitent l'action du déclamateur. Les gestes ne sauraient être gracieux, s'ils n'avaient leur temps, leur degré, leur variation, leur inflexion, leurs rapports.

On admire avec raison la belle chute que Cicéron a su ménager dans la période suivante :

Quam spem cogitationum et conciliorum meorum, cùm graves communium temporum, tùm varii nostri casus fefellerunt.

L'initiale, et plus encore la finale suivante méritent aussi d'être remarquées : *Confiteretur, si fecisset, et magno animo, et libenter se fecisse, libertatis omnium causa ; quod ei certè non confitendum modò fuisset, verùm etiam prædicandum.* Cic., *pro Mil.*, 29.

Ces exemples suffisent pour faire voir combien un mot plus ou moins nombreux, à la fin d'une phrase, combien même une syllabe de plus ou de moins produisent de différence dans l'harmonie.

Veut-on savoir, dit Cicéron, combien il importe de donner à chaque mot la place qui lui convient ? Qu'on prenne au hasard dans quelque orateur une phrase nombreuse et périodique, et qu'on essaye d'en déranger l'ordre et la structure ; on verra qu'aussitôt toute la grâce, toute l'harmonie, toute la beauté s'évanouira. Il en fait lui-même l'épreuve sur le passage suivant, tiré de son discours pour Cornélius : *Neque me divitiæ movent, quibus omnes Africanos et Lælios, multi venalitii mercatoresque superârunt.* Cette combinaison, sans doute, est agréable à l'oreille. Mais faites-y le moindre changement ; dites, par exemple : *multi superârunt mercatores venalitiique*, les mêmes pensées, les mêmes expressions sont restées ; mais il n'y a plus de grâce, il n'y a plus d'harmonie.

Il en est de même dans cette autre phrase : *Animadverti, judices, omnem accusatoris orationem in duas divisam esse partes.* Cic. L'ordre naturel demandait qu'on mît : *In duas partes divisam esse.* Mais quelle différence pour l'oreille !

Le moyen le plus sûr et le plus facile, pour se former au nombre et à l'harmonie, c'est de l'étudier dans les grands maîtres : dans Tacite, dans Tite-Live, Salluste, Quinte-Curce, etc. ; mais surtout dans Cicéron, surnommé à juste titre le père de l'éloquence chez les Latins. C'est lui, en effet, qui a introduit dans la prose ce nombre, cette délicatesse de formes, cette mélodie cadencée qui a tous les charmes du vers, sans en avoir la contrainte.

Avant de finir ce paragraphe, nous citerons encore quelques exemples où nous ferons remarquer l'ordre et la disposition des mots, au point de vue de l'élégance et de l'harmonie.

Soit cette phrase prise au hasard dans Cicéron : *Cum plurimas et maximas necessitates amicitia contineat, tum illa nimirum præstat omnibus, quod bona spe prælucet in posterum, nec debilitari animos, aut cadere patitur.* Cic., *De Am.* L'amitié renferme des avantages très-grands et très-nombreux ; mais le premier de tous, c'est qu'elle embellit notre avenir d'une douce espérance, et qu'elle ne laisse pas les esprits s'affaiblir et succomber dans les revers.

Les deux premières propositions commencent par les corrélatifs *cum... tum.* Nous avons vu la raison de cette élégance, à l'article des conjonctions.

Dans la première proposition, le complément direct *necessitates* paraît au premier lieu, parce qu'il offre un intérêt plus grand que le sujet *amicitia.*

Nous voyons, au contraire, le même sujet mis à la première place, dans la seconde proposition, parce que l'intérêt principal lui est revenu.

Dans la première proposition, les adjectifs *plurimas et maximas* sont placés avant leur substantif *necessitates*, parce que les idées qu'ils renferment excitent plus vivement l'attention.

Quant aux verbes, nous voyons le premier, *contineat*, mis à la fin de la proposition. Ceci, nous l'avons dit, est habituel à la langue latine, quand l'intérêt ou l'harmonie n'exigent pas une autre disposition.

Le second verbe, *præstat*, est placé avant son complément indirect *omnibus*, et le troisième, *prælucet*, placé également avant son complément circonstanciel *in posterum.* Cette disposition est due surtout à l'harmonie, afin qu'il n'y ait pas un verbe à la fin de chaque proposition ; ce qui serait monotone et désagréable à entendre.

Dans la quatrième et dernière proposition, le verbe *pati-tur* est mis en dernier lieu ; il est précédé de ses compléments *debilitari animos, aut cadere.* Cette manière de finir une phrase, nous l'avons déjà dit, est ordinaire chez les Latins. C'est à la fois afin d'avoir pour finale un mot qui sonne bien à l'oreille, et qui soit comme le dénouement de tout ce qui précède. Il faut remarquer le premier infinitif, *debilitari*, séparé du second par le sujet *animos*, pour éviter la suite immédiate de plusieurs verbes.

Soit cette autre phrase : *Ut igitur ii qui sunt in amicitiæ conjunctionibusque necessitudine superiores, exæquare se cum inferioribus debent; sic inferiores non dolere se à suis amicis aut ingenio, aut fortunâ, aut dignitate superari.* Cic., *De Am.* Comme ceux qui ont de la supériorité sur les autres, doivent, dans les rapports qu'ils ont avec leurs amis, se mettre au niveau de leurs inférieurs, de même ceux-ci ne doivent point s'affliger de voir dans leurs amis la prééminence du génie, de la fortune ou de la dignité.

Dans la première partie de cette phrase, le sujet de la proposition principale, *ii*, est exprimé en premier lieu, parce qu'il est suivi d'une proposition incidente qui en détermine le sens : *qui sunt in*, etc. Dans cette seconde proposition, le verbe suit immédiatement le sujet, tandis que l'attribut *superiores* ne paraît qu'en dernier lieu. Cette disposition est plus harmonieuse ; elle plaît aussi au point de vue de l'intérêt : l'attribut *superiores*, qui exprime une idée principale, ressort bien à la fin de la proposition.

Le verbe *exæquare*, qui fait suite à la proposition principale, vient immédiatement après. Cette place lui est due, à raison de l'intérêt qu'il renferme ; il est suivi de ses compléments direct et indirect, et enfin du verbe *debent*, qui termine agréablement la première partie de la phrase.

La seconde partie est disposée d'une manière analogue. Dans la première proposition, le verbe *debent* est sous-entendu, parce qu'il vient d'être immédiatement exprimé. Dans la proposition infinitive qui suit, le complément direct, *se*, parait en premier lieu ; les compléments indirect et circonstanciels viennent ensuite, et enfin le verbe *superari*, qui finit la phrase d'une manière très-harmonieuse.

Souvent il arrive que, pour donner plus d'unité à une phrase et rendre la pensée plus intéressante, on exprime d'abord l'un des termes de la proposition principale, et l'on renvoie l'autre partie tout à la fin, comme dans cette période de Cicéron : *Nolite, si in nostro omnium fletu nullam lacrymam aspexistis Milonis, si vultum semper eumdem, si vocem, si orationem stabilem ac non mutatam videtis, hoc minus ei parcere.* Si Milon n'a pas mêlé une seule larme aux pleurs que nous versons tous; si vous remarquez toujours la même fermeté sur son visage, dans sa voix, dans ses discours, n'en soyez pas moins disposés à l'indulgence.

Souvent aussi, pour donner plus d'intérêt à l'objet principal, on énonce d'abord les qualités les plus sensibles, les circonstances les plus remarquables ; puis, après avoir excité ainsi la curiosité du lecteur, on expose l'idée principale. Telle est cette autre période de Cicéron : *Domi suæ nobilissimus vir, senatus propugnator, atque illis quidem temporibus penè patronus, avunculus hujus nostri judicis, fortissimi viri, M. Catonis, tribunus plebis, Marcus Drusus occisus est.* Cic., pro Mil. Un citoyen de la naissance la plus distinguée, le défenseur du sénat, je dirai presque son protecteur, l'oncle de notre juge, d'un homme plein de courage, de M. Caton, un tribun du peuple, Marcus Drusus a été tué dans sa maison.

§ II.

De l'harmonie des périodes.

Outre l'harmonie des mots qui forment les propositions, il y a aussi l'harmonie des phrases et des périodes qui composent le discours (1). Cette harmonie résulte non seulement

(1) La période est une phrase composée de plusieurs membres disposés avec symétrie, de manière à former des espaces à peu près égaux, à la fin desquels l'esprit et la voix se reposent agréablement, pour arriver à un dernier repos qui satisfait également la pensée et l'oreille des auditeurs.

du choix des mots et de leur disposition ; mais encore de la texture, de la coupe et de l'arrangement des différentes parties qui forment une phrase, des différents membres qui composent une période. Elle résulte aussi de la juste proportion et de la variété des périodes entre elles. Ouvrez les bons auteurs, vous verrez que jamais une phrase ne ressemble à la phrase qui précède ; que jamais, ou presque jamais, elles ne sont disposées de la même manière. Leurs écrits ressemblent à une vaste prairie émaillée de mille fleurs qui charment d'autant plus les regards que les couleurs en sont plus variées.

« L'harmonie de la période exige qu'il n'y ait pas trop d'inégalité entre les différents membres qui la composent, que les derniers surtout ne soient pas trop courts par rapport aux premiers. On doit éviter également les périodes trop longues et les périodes trop courtes. Le style qui fait perdre haleine, et celui qui oblige à chaque instant de s'arrêter, sont également répréhensibles. Le grand art est de savoir entremêler les phrases arrondies et soutenues avec d'autres qui le sont moins, et qui servent comme de repos à l'oreille (1). »

La période suivante, extraite de Cicéron, est remarquable par la proportion réellement admirable des membres qui la composent, et par la mélodieuse harmonie qui en résulte : *Nam cum in ipso beneficio vestro tanta magnitudo est, ut eam complecti oratione non possim ; tum in studiis vestris tanta declarata est voluntas, ut non solum calamitatem mihi detraxisse, sed etiam dignitatem auxisse videamini.*

Dans cette période, tout est satisfaisant pour l'esprit et pour l'oreille, tout est facile pour la respiration. Cette espèce de mesure coulante, cette division régulière et bien proportionnée des membres qui la composent, cette mélodie qui se fait sentir à la fin de chaque membre, et surtout cette belle chute *auxisse videamini*, tout, en un mot, contribue à la rendre parfaitement élégante.

Le style périodique convient plus spécialement aux grands

______

(1) Leclerc.

orateurs ; il offre à l'imagination quelque chose de grave, d'imposant, de solennel. Mais il ne saurait convenir à tous les sujets, et il serait déplacé dans les mouvements rapides d'une passion violente, dans une discussion purement philosophique, et plus encore dans la familiarité simple et naïve d'une conversation.

Il est donc essentiel, avant de commencer une composition, de se faire une juste idée du sujet que l'on traite. Cette idée nous dirigera dans le genre de style que nous devrons suivre ; ou, pour parler le langage de la musique, cette idée nous donnera le ton, ou la note principale qui servira de base à toutes les autres. Ce ton se modifiera, dans chaque partie, selon les sentiments dont nous serons pénétrés, selon les exigences de l'oreille, qui aime une agréable variété.

L'harmonie des mots serait une qualité bien frivole, si elle ne servait qu'à couvrir le vide des pensées, en flattant agréablement l'oreille. Ce serait le cas de dire avec Horace :

Versus inopes rerum, nugæque canoræ.

Ce serait vouloir ressembler à ce rhéteur qui, suivant Lucien, se croyait le premier des hommes parce qu'il avait sans cesse dans la bouche quinze ou vingt mots attiques qu'il s'était exercé à prononcer avec grâce et dont il assaisonnait tous ses discours.

RÈGLES PARTICULIÈRES

CONCERNANT LA DISPOSITION DES MOTS.

Ces règles ne sont qu'une application très-imparfaite des règles générales que nous venons d'exposer. C'est au goût sûr et aux oreilles délicates de maîtres savants et habiles, plus encore qu'à des règles particulières, qui ne peuvent rien avoir d'absolu, de juger de la bonne ou de la mauvaise disposition des diverses parties qui composent le discours.

ARTICLE I.

DE LA DISPOSITION DES SUBSTANTIFS.

I

Les noms qui expriment un titre, une dignité, une profession, se mettent communément après le nom propre, quand ces mots sont simplement explicatifs. Ex. : *Cicero consul, Augustus imperator, Curioni tribuno plebis.*

Mais quand ces noms sont employés comme titres honorifiques, comme termes de louange ou de blâme, ils se mettent avant le nom propre, pour mieux faire ressortir la qualité qu'ils désignent.

EXEMPLES :

Cum ad poetam Ennium venisset. Cic. Etant allé chez le poète Ennius.

Nos hic cum homine gladiatore omnium nequissimo, collega nostro Antonio bellum gerimus. Cic. Nous faisons ici la guerre avec Antoine, notre collègue, le plus infâme des gladiateurs. On dit de même en français, en mettant en avant le titre honorifique : Monsieur le duc, madame la comtesse.

II

Le vocatif se place bien dans le corps de la phrase, et mieux encore après un pronom qui désigne la même personne, à moins que l'intérêt n'exige qu'il soit placé au commencement.

EXEMPLE :

Ad mortem te, Catilina, duci jussu consulis jampridem oportebat. Cic. Il y a longtemps, Catilina, que le consul aurait dû te faire conduire au supplice.

III

Le génitif se met ordinairement avant le nom dont il est

complément, et il a une grâce particulière, quand il en est séparé par un ou plusieurs mots qui en déterminent le sens.

EXEMPLES :

Servorum manu telisque pene interfectus est. Cic. Il a failli succomber sous les coups de ses esclaves.

Virtutum amicitia adjutrix à Deo data est, non vitiorum comes. Cic. Dieu nous a donné l'amitié pour être le soutien de la vertu, mais non la compagne du vice.

Ista Platonis Aristotelisque ornamenta neglexit Epicurus. Cic. Epicure a négligé ces ornements du style de Platon et d'Aristote.

REMARQUE. La raison de cette règle est encore l'intérêt ou l'harmonie : l'intérêt, parce que l'attention principale se porte le plus souvent sur l'objet désigné par le génitif. Ainsi, quand on demande *à qui* ou *de qui est ce livre ?* il est évident que l'on désire connaître le nom de l'auteur, ou de celui qui le possède, plutôt que le nom du livre, qui nous est déjà connu.

Mais, si l'intérêt ou l'harmonie exigeaient un ordre différent, il faudrait s'y conformer. Ainsi, dans cette phrase : *Tanta vis probitatis est, ut eam vel in hoste diligamus,* Cic., l'oreille ne souffrirait pas que l'on dît : *Tanta probitatis vis est.* Dans cette autre phrase : *Recordatione amicitiæ nostræ sic fruor, ut beate vixisse videar, quia cum Scipione vixerim,* il est évident que l'intérêt principal se porte sur le mot *recordatione* plutôt que sur le génitif *amicitiæ.*

IV

Les autres compléments directs, indirects, circonstanciels, se mettent aussi le plus souvent avant le mot qui les régit, entre le sujet et le verbe, quand la phrase n'a pas trop d'étendue et qu'il est facile d'en saisir les rapports.

EXEMPLES :

Pythagoras Crotonam venit, ut populum in luxuriam lapsum ad usum frugalitatis revocaret. Pythagore vint à Crotone, pour ramener à l'usage de la frugalité le peuple qui s'était laissé aller au luxe et à la débauche.

Hoc primum sentio, nisi in bonis amicitiam esse non posse.
Cic. Je pense d'abord qu'il ne peut y avoir d'amitié qu'entre les gens de bien.

V

Le plus souvent c'est le complément direct qui renferme l'idée principale, et que l'on doit mettre en premier lieu ; les compléments indirects et circonstanciels, les propositions incidentes viendront se ranger à sa suite.

EXEMPLES :

Augustus summum imperium Romæ adeptus, nepotes suos litteras aliaque scientiarum rudimenta per se plerumque docuit. Auguste étant parvenu au souverain pouvoir enseigna lui-même le plus souvent à ses petits-fils la littérature et les éléments des autres sciences.

Omnia non modò quæ reprehendi palàm, sed etiam quæ obscurè cogitari possunt, timemus. Cic. Nous redoutons non seulement les reproches publics, mais les pensées même les plus secrètes.

VI

Il est plus rationnel de mettre les compléments répondant à la question *unde* avant ceux répondant à la question *quo*, par la raison bien simple que la fin doit aller après le commencement.

EXEMPLE :

Equidem, ex omnibus rebus quas mihi aut fortuna, aut natura tribuit, nihil habeo quod cum amicitiâ Scipionis possim comparare. Cic. De tous les avantages que je tiens de la nature, ou que la fortune m'a accordés, il n'en est aucun que je puisse comparer à l'amitié de Scipion.

VII

Il faut éviter de séparer les compléments de même degré, à moins que l'intérêt ou l'harmonie n'exigent un ordre différent.

On ne dira donc pas : *In legendis scriptoribus et imitandis ;* mais bien : *In legendis imitandisque scriptoribus.*

On ne dira pas : *Amicitiam nec usu habent cognitam, nec ratione ;* mais bien : *Nec usu nec ratione habent cognitam.*

VIII

L'ablatif absolu, qui est un véritable complément circonstanciel, va beaucoup mieux au commencement ou au milieu de la phrase qu'à la fin.

EXEMPLES :

Caritate benevolentiâque sublatâ, omnis est è vitâ sublata jucunditas. Cic. Otez de la vie la charité et la bienveillance, vous en retranchez tous les plaisirs.

Anaxagoram ferunt, nuntiatâ morte filii, dixisse : Sciebam me genuisse mortalem. On rapporte qu'Anaxagore, ayant appris la mort de son fils, dit : Je savais bien que je l'avais mis au monde pour mourir.

IX

Deux substantifs employés à différents cas dans la même proposition, aiment à se trouver l'un à la suite de l'autre.

EXEMPLE :

Amicus amici consuetudine gaudet. Cic. Un ami se plaît à vivre avec son ami.

On rapproche de même les noms qui ont une signification opposée, pour mieux faire sentir l'antithèse.

EXEMPLES :

Hostis hostem occidere volui. T. L. Ennemi, j'ai voulu tuer un ennemi.

Veterum orationes oratori futuro legendæ sunt. Cic. Le futur orateur doit lire les discours des anciens.

ARTICLE II.

DE LA DISPOSITION DES ADJECTIFS.

I

Les adjectifs qualificatifs se placent communément avant leurs substantifs, quand ils expriment une qualité principale qui détermine le sens.

EXEMPLES :

Cari sunt nobis parentes, cari sunt liberi; omnes verò caritates patria complectitur. Cic. Nos parents et nos enfants nous sont chers; mais l'amour de la patrie domine toutes nos affections.

Quæ mulier sceleratum ac perniciosum civem occidere non auderet, si periculum non timeret? Cic. Quelle femme n'oserait faire mourir un citoyen pernicieux, un scélérat, si elle n'avait rien à craindre?

REMARQUE. Cette règle repose encore sur l'intérêt attaché aux idées, ou sur l'harmonie résultant de la disposition des mots. Sur l'intérêt, parce que les qualités principales que l'on considère dans un objet, excitent plus vivement l'attention que l'objet lui-même. Ainsi, quand je dis : *egregia res est amicitia*, il est évident que l'idée de l'attribut *egregia* me frappe plus vivement que toute autre idée que je n'envisage point à ce moment.

Mais si ni l'intérêt ni l'harmonie n'exigeaient une telle disposition, il serait mieux de suivre un ordre différent. Ainsi l'on ne dirait pas : *immortales dii, justissima lex, potentissimus rex,* parce que le mot *dii*, les monosyllabes *lex* et *rex*, mis à la suite des superlatifs, produiraient une consonnance très-désagréable. On ne dirait pas : *uticensis Cato, africanus Scipio, siculus Diodorus,* parce que ces adjectifs ne désignent qu'une propriété accidentelle et n'offrent qu'un intérêt secondaire.

II

On met élégamment entre le substantif et l'adjectif les mots qui servent à déterminer l'idée exprimée par le substantif; par conséquent, les génitifs, les datifs, les prépositions suivies de leurs compléments, etc.

EXEMPLE :

Jucunda quidem fuit mihi omnium officiorum tuorum recordatio. Le souvenir de tous vos bienfaits m'a été très-agréable.

III

Les comparatifs et les superlatifs se placent généralement mieux après leurs substantifs.

EXEMPLES :

Spe uberiori, præmiis amplioribus ad perdiscendum commoveri. Cic. Etre excité à l'étude par des espérances plus flatteuses et de plus grandes récompenses.

Eloquentia fructus uberrimos parit. Cic. L'éloquence produit les fruits les plus abondants.

Il faut excepter les cas suivants :

1° Quand il y a plusieurs comparatifs ou superlatifs qui se suivent, comme dans cette phrase de Cicéron : *Sed me recreat et reficit C. Pompeii sapientissimi et justissimi viri consilium.* Mais les intentions de Pompée, le plus sage et le plus juste des hommes, me rassurent et m'inspirent de la confiance.

2° Quand étant seuls ils produisent une consonnance plus agréable, ou quand l'intérêt qu'ils présentent l'emporte sur les exigences de l'harmonie. Ainsi Cicéron a dit au commencement de son plaidoyer pour Milon : *Etsi vereor, judices, ne turpe sit pro fortissimo viro dicere incipientem timere, etc.* Bien que je craigne, ô juges, qu'il ne soit honteux pour moi de manifester de la crainte, en commençant à défendre la cause du citoyen le plus courageux.

IV

On place ordinairement après leurs substantifs les adjectifs possessifs *meus, tuus, suus, noster, vester, ipse,* quand ils ne sont pas précédés d'une préposition.

EXEMPLE :

Mihi autem nihil amabilius studio tuo in me, nihil jucundius conjunctione tuâ cum libertatis nostræ defensoribus. Cic. Rien n'est plus aimable pour moi que votre dévouement à mon égard ; rien ne m'est plus agréable que votre liaison avec les défenseurs de notre liberté.

V

On met aussi le plus souvent après leurs substantifs les adjectifs déterminatifs *alius, alter, omnis, quidam, nullus, solus, totus, talis ;* à moins que l'intérêt ou l'harmonie n'exigent un ordre différent.

EXEMPLES :

Mira quædam in cognoscendo suavitas et delectatio. Cic. On goûte un plaisir, une jouissance incroyable dans la connaissance de la vérité.

Gallia est omnis divisa in tres partes. Cæs. Toute la Gaule est divisée en trois parties.

C'est au goût juste et aux oreilles délicates de juger quand ces adjectifs et d'autres semblables sont mieux placés avant leurs substantifs.

VI

Quisque, dans le sens de *omnis,* se place très-bien : 1° après les adjectifs possessifs *suus, sua, suum.* Ex. : *Suo quisque debet officio fungi.* Cic. Tous doivent remplir leur devoir. — 2° Après le relatif *qui, quæ, quod.* Ex. : *Quod cuique opus erit affatim præbebo.* Je fournirai abondamment à chacun tout ce dont il aura besoin. — 3° Après les superlatifs et les nombres ordinaux. Ex. : *Optimus quisque illi favet.* Tous les plus honnêtes gens le favorisent. — 4° Après les conjonctions *ut* et *quo* pour *ut eo*, quand il y a comparaison. Ex. : *Ut quisque optimus est, itá difficillimè alios esse improbos suspicatur.* Plus on est homme de bien, moins on soupçonne les autres de méchanceté. — 5° Avec un nom de temps, quand il y a un retour périodique de l'action. Ex. : *Quinto quoque anno Sicilia censetur.* Tous les cinq ans, on fait le recensement de la Sicile.

VII

Les corrélatifs, soit adjectifs, soit adverbes, comme *qualis, quantus, quot, quantum,* etc., mis avant leurs antécédents *talis, tantus, tot, tantum,* ont une grâce particulière, quand l'ordre ou l'intérêt des idées permettent de s'exprimer ainsi.

EXEMPLES :

Quales in republicâ principes sunt, tales reliqui solent esse cives. Cic. Tels sont les chefs d'une république, tels sont d'ordinaire les autres citoyens.

Quot oratores, totidem penè reperiuntur genera dicendi. Cic. Autant d'orateurs, autant de genres d'éloquence.

VIII

Les nombres cardinaux se mettent bien après leurs substantifs, quand ils ne sont pas précédés d'une préposition.

EXEMPLE :

Annorum septingentorum memoriam uno libro colligavit. Il a réuni dans un seul livre l'histoire de sept cents ans.

Mais on dira avec une préposition : *Ex quatuor epistolis quas mihi scripsisti, nulla nisi multos post dies ad me pervenit.* Cic.

Il faut excepter aussi les adjectifs numéraux *centum* et *mille,* qui doivent se mettre avant leurs substantifs. Ex. : *Mille meæ siculis errant in montibus agnæ.* Virg.

IX

Dans les nombres au dessous de cent, le plus petit nombre se place le premier avec la conjonction *et*, ou, plus rarement, le dernier sans cette conjonction.

EXEMPLE :

Romulus septem et triginta annos regnavit. Liv. Romulus a régné trente-sept ans.

Au dessus de cent, le nombre le plus fort précède toujours le plus petit, avec ou sans *et*. Ainsi l'on dit : *centum et septem,* ou *centum septem.*

Remarque. 1. Les nombres 18, 28, 38, etc., et 19, 29, 39, etc., s'expriment le plus souvent par une soustraction. Ex. : *duodeviginti,* deux ôtés de vingt, ou dix-huit ; *undetriginta,* un ôté de trente, ou vingt-neuf.

2. Les poëtes expriment le plus souvent les nombres multiples par un adverbe. Ainsi ils disent : *bis senos dies,* deux fois six jours, pour dire douze jours ; *bis mille,* pour *duo millia.*

Pour les nombres ordinaux, le plus grand précède ordinairement le plus petit sans la conjonction *et*, ou le suit avec cette conjonction. Ainsi l'on dit : *vicesimus primus,* ou *primus et vicesimus.*

Mais au dessus du centième, on commence par le nombre le plus grand. Ainsi l'on dit : *trecentesimus nonagesimus quartus,* trois cent quatre-vingt-quatorzième.

Remarque. Les Latins emploient le nombre ordinal dans tous les cas où abusivement nous nous servons du nombre cardinal. Ex. : *Quota hora est? septima.* Quelle heure est-il? sept heures (au lieu de *la septième heure*). *Quinto quoque anno Sicilia consetur.* Tous les cinq ans, on fait le dénombrement de la Sicile. *Anno millesimo octingentesimo sexagesimo octavo.* L'an mil huit cent soixante-huit.

ARTICLE III.

DE LA DISPOSITION DES PRONOMS.

I

Les pronoms personnels, ordinairement sous-entendus
comme sujets, doivent s'exprimer quand l'intérêt l'exige;
souvent même il importe de les répéter avant chaque proposition, afin de donner plus d'énergie à la pensée.

EXEMPLE :

*Tu Clodii cruentum cadaver ejecisti domo, tu in publicum
abjecisti, tu nocturnis canibus dilaniandum reliquisti.* Cic.
Vous avez traîné hors de chez lui le cadavre sanglant de Clodius, vous l'avez jeté sur la place publique, vous l'avez
abandonné à la voirie pour servir de pâture aux chiens
dévorants.

II

Le pronom personnel qui précède le relatif *qui, quæ, quod,*
se sous-entend ordinairement, quand l'un et l'autre sont au
nominatif, souvent même quand ils sont à l'accusatif.

EXEMPLES :

*Qui plurima comedunt, non melius valent, quàm qui su-
munt necessaria.* Ceux qui mangent beaucoup ne se portent
pas mieux que ceux qui ne prennent que le nécessaire.

Quod valetudini tuæ maximè conducit si feceris (sous-ent.
id), *maximè obtemperaveris voluntati meæ.* Cic. Si vous faites
ce qui est le plus utile à votre santé, j'en éprouverai la plus
grande satisfaction.

A moins toutefois que l'intérêt n'exige l'emploi du pronom personnel; ce qui a lieu surtout quand il y a opposition ou gradation entre les deux membres de phrase, comme
dans cet exemple : *Injustus ille est, qui non modò non repel-*

lit, sed etiam adjuvat injuriam. Cic. Celui qui ne s'oppose pas à une injure, mais qui la favorise, viole les règles de la justice.

Dans ce cas, il est mieux d'énoncer la proposition principale en premier lieu, quand elle offre plus d'intérêt, comme dans cet exemple : *Ii operosè agendo nihil agunt, qui in litterarum inutilium studiis detinentur.* Cic. Ceux qui passent leur temps à étudier une littérature frivole, ne retirent aucun fruit de leur travail.

Il est mieux aussi d'exprimer tout d'abord la proposition incidente, quand il s'agit de faire ressortir la différence ou l'opposition qu'il y a entre les idées, comme dans cette phrase : *Quæ amici non audent monere reges, hæc in libris scripta sunt.* Les conseils que des amis n'osent donner aux rois sont consignés dans des livres.

III

Les pronoms personnels se mettent bien après les adjectifs et les participes qui les qualifient, et même après les infinitifs.

EXEMPLES :

Morosum se difficilemque ostendit. Cic. Il s'est montré chagrin et difficile.

Alacres in eum locum legiones profectæ sunt, undè redituras se non arbitrabantur. Liv. Les légions sont parties gaîment pour une campagne d'où elles pensaient qu'elles ne devaient pas revenir.

IV

Deux ou plusieurs pronoms rapprochés les uns des autres dans une même phrase, ont une grâce particulière, pourvu toutefois que ce rapprochement ne nuise pas à la clarté du discours.

EXEMPLES :

Perfecisti ut nemo sine litteris meis se tibi commendatum putaret. Cic. Vous avez fait en sorte que personne ne se crût bien recommandé auprès de vous sans quelques unes de mes lettres.

Reperti sunt duo equites romani, qui te istâ curâ liberarent. Il se trouva deux chevaliers romains qui devaient vous délivrer de cette inquiétude.

V

Hic et *ille* employés dans le sens de *celui-ci, celui-là,* doivent se rapporter, l'un, *hic,* à la personne ou à la chose dont on a parlé en dernier lieu, et l'autre, *ille,* à celle dont on a parlé en premier lieu.

EXEMPLE :

Meritò laudantur Cicero Terentiaque uxor, hæc propter animi fortitudinem, ille verò ob singularem in eam amorem. On loue avec raison Cicéron et Térentia son épouse, celle-ci à cause de sa fermeté, et celui-là à cause de son grand amour pour elle.

VI

Hic s'applique plus particulièrement à la première personne; *iste,* à la seconde; *ille,* à la troisième.

EXEMPLES :

Hic amicus, cet ami que j'ai ; *amicus iste,* cet ami que vous avez ; *amicus ille,* cet ami qu'il a.

VII

Le relatif *qui, quæ, quòd,* étant au nominatif, se met bien avant le verbe, à la suite de son antécédent exprimé ou sous-entendu.

EXEMPLES :

Annos triginta qui natus est illud potuit experiri. Cic. Un homme âgé de trente ans a pu en faire l'expérience.

Voluptati virtutem qui præponit, sapiens est. Cic. Celui-là est sage qui préfère la vertu à la volupté.

VIII

Le relatif *qui, quæ, quod,* étant à un autre cas, a plus de grâce, quand il est placé avant son antécédent, ainsi que la proposition dont il fait partie, comme nous l'avons déjà vu précédemment.

EXEMPLES :

Cui secundæ res adsunt, ille ne superbiat. Cic. Que celui qui éprouve du bonheur ne se laisse point enorgueillir.

Quas scripsisti litteras, eæ mihi fuerunt jucundissimæ. Cic. La lettre que vous m'avez écrite m'a été très-agréable.

IX

Les génitifs *cujus, quorum* se mettent bien devant leur antécédent.

EXEMPLE :

Quæramus amicos quorum de virtutibus et sapientiâ universi consentiant. Cherchons des amis dont les vertus et la sagesse soient approuvées de tout le monde.

ARTICLE IV.

DE LA DISPOSITION DES VERBES.

I

L'usage ordinaire des bons écrivains, dans le style tempéré et surtout dans le récit historique, est de mettre le sujet au commencement de la phrase et de renvoyer le verbe à la fin, en plaçant entre les deux tous les mots complétifs.

EXEMPLE :

Dumnorix gratiâ et largitione apud Sequanos plurimum valebat. Cæs. Dumnorix avait le plus d'autorité chez les Séquanais, à cause de son crédit et de ses largesses.

REMARQUE. Cette disposition du sujet, du verbe et de leurs compléments, — le premier au commencement de la phrase, le second à la fin, et les autres dans le milieu, — tient en haleine l'esprit du lecteur, et l'oblige de soutenir son attention jusqu'au verbe, qui est l'un des termes essentiels de la phrase.

Si cependant la phrase était d'une grande longueur, ou s'il y avait plusieurs verbes à la suite les uns des autres, il faudrait éviter de renvoyer le verbe principal à la fin, pour ne pas embrouiller le sens, ni fatiguer l'attention, comme dans cet exemple :

Cæsar, quùm iniquo loco pugnari hostiumque augeri copias videret, præmetuens suis, ad Sextium legatum, quem minoribus castris præsidio reliquerat, nuntium mittit, ut cohortes ex castris educeret, et sub infimo colle, ab dextro latere hostium, constitueret, utque, etc.

Il ne faut pas oublier que la règle précédente doit être modifiée, quand l'intérêt ou l'harmonie du style exigent un ordre différent.

II

Le verbe *sum* a une grâce particulière au commencement de la phrase, étant mis tout le premier, ou après l'un de ces mots : *nullus, nihil, nemo,* ou d'autres avec lesquels il forme une consonnance agréable.

EXEMPLES :

Fuit ista quondam in hâc republicâ virtus. Il y eut autrefois un aussi grand courage dans notre république.

Nulla est acerbitas, quæ non omnibus nobis hâc orbis perturbatione impendere videatur. Cic. Il n'est aucun malheur qui ne semble nous menacer tous, dans un désordre si universel.

III

Le verbe *sum* se met élégamment soit au commencement, soit à la fin de la phrase, après les noms et les adjectifs de plusieurs syllabes, après les comparatifs et les superlatifs, après les participes futurs passifs.

EXEMPLES :

Temeritas est videlicet florentis ætatis, prudentia senectu-

tis. Cic. La témérité est l'apanage de la jeunesse, et la prudence celui de la vieillesse.

Nullum virtutis theatrum conscientiâ majus est. Cic. La vertu n'a point de plus beau théâtre que la conscience.

Suavis est præteritorum malorum recordatio. Le souvenir des maux passés nous est agréable.

IV

Dans le milieu de la phrase, le verbe *sum* est plus élégant après les mots négatifs, après les comparatifs et les superlatifs, après les noms et les adjectifs de plusieurs syllabes.

EXEMPLES :

Ut ager, quamvis fertilis, sine culturâ fructuosus esse non potest, sic sine doctrinâ animus. Cic. Comme un champ, quelque fertile qu'il soit, ne peut produire des fruits, s'il n'est cultivé ; de même notre esprit n'est capable de rien sans l'étude.

Ignoratio futurorum malorum utilior est quàm scientia. Cic. Il vaut mieux ignorer les maux à venir que les connaître.

V

Dans les temps composés du verbe *sum* et d'un participe, il est plus élégant de placer le verbe substantif le premier, et de le séparer par un ou plusieurs mots.

EXEMPLES :

Insidiator erat in foro collocatus. Cic. Le dresseur d'embûches était posté dans le forum.

Non fuit illud facinus puniendum. Cic. Ce crime ne devait pas être puni.

VI

Il est très-élégant de mettre entre deux virgules, et dans le corps de la phrase, les verbes *quæso, rogo, credo, fateor,* et autres semblables.

EXEMPLE :

Ostende mihi, quæso, legis judiciique tabulas. Cic. Montrez-moi, je vous prie, les registres de la loi et du jugement.

VII

Inquit, employé pour citer les paroles de quelqu'un, se met toujours après un ou plusieurs mots, et si ce verbe a un sujet, ce qui est très-rare, ce sujet se place ordinairement après lui.

EXEMPLES :

Non te pudet, inquit, qui patriæ tuæ nullo modo consulis? N'avez-vous pas honte, dit-il, de négliger entièrement les intérêts de votre patrie?

Seni etiam, inquit M. Aurelius, discere decorum est. Il est beau, même pour un vieillard, d'acquérir de la science, dit l'empereur Marc-Aurèle.

VIII

Les secondes personnes des verbes passifs ou déponents terminées en *re* sont quelquefois plus agréables à l'oreille que celles qui se terminent en *ris*.

EXEMPLE :

Hic quâ lætitiâ perfruere? quibus gaudiis exultabis? quantâ in voluptate bacchabère? Là, de quel plaisir tu jouiras! quels transports de joie! quelle vive allégresse! quelle ivresse de volupté!

IX

La troisième personne plurielle du parfait actif, terminée en *ére*, est quelquefois plus harmonieuse que celle en *erunt*.

EXEMPLE :

Urbem Romam condidére atque habuére Trojani. Les Troyens furent les fondateurs et les premiers habitants de la ville de Rome.

X

La syncope est souvent plus élégante dans les parfaits en *ivi* et les temps qui en sont formés.

8

EXEMPLES :

In exilium si exieris. Cic. Si tu vas en exil.
Ad Marcellum demigrasti. Cic. Tu es allé chez Marcellus.

ARTICLE V.

DE LA DISPOSITION DES ADVERBES.

I

Les adverbes se placent ordinairement auprès des verbes ou des adjectifs qu'ils modifient.

EXEMPLE :

Omnia non modò quæ reprehendi palàm, sed etiam quæ obscurè cogitari possunt, timemus. Cic. Nous craignons non seulement les reproches publics, mais même les pensées les plus secrètes.

II

Deux adverbes qui ont une signification analogue, et qui modifient le même verbe, se placent bien à la suite l'un de l'autre.

EXEMPLES :

Ut tandèm aliquandò metuere desinam. Cic. Afin que je cesse enfin d'éprouver de la crainte.

Neque ea quisquam, nisi diù multùmque scriptitârit, consequetur. Cic. Personne ne viendra à bout de ces difficultés, s'il ne se donne la peine d'écrire beaucoup.

III

Antè et *post*, employés comme adverbes, se mettent bien entre l'adjectif et le substantif, pourvu que l'adjectif soit le premier.

EXEMPLE :

Paucis post diebus cùm ad Nasicam venisset Ennius. Cic. Ennius étant allé chez Nasica peu de jours après.

IV

Il est plus élégant de mettre quelques mots entre les locutions conjonctives *non solùm, non tantùm, non modò; sed etiam, sed quoque, verùm etiam.*

EXEMPLES :

Non pecuniam modò, sed vitam etiam patriæ debemus. Cic. Nous devons à la patrie non seulement notre fortune, mais même notre vie.

Neque id solùm meâ sponte, sed multò etiam magis te denuntiante. Cic. Je n'ai pas seulement fait cela de moi-même; c'était plus encore d'après vos recommandations.

V

Quidem se place très-élégamment après un pronom; il se sépare même quelquefois du mot qu'il doit modifier.

EXEMPLES :

Hoc tibi, persuasum volo, esse te quidem mihi carissimum. Cic. Je veux que vous soyez bien persuadé que je vous aime beaucoup.

Philotimi litteræ me quidem non nimis, alios verò maximè delectârunt. Cic. Les lettres de Philotime ne m'ont pas causé trop de plaisir, mais tous les autres en ont été charmés.

VI

Ne—quidem est toujours séparé en deux mots, et c'est ordinairement l'un des termes principaux de la proposition que l'on met entre les deux.

EXEMPLE :

Ne patrem quidem amabat, nedùm fratrem ac sororem. Bien loin d'aimer son frère et sa sœur, il n'aimait pas même son père.

Ne quùm in Siciliâ quidem fuit bellum, ejus belli in Italiam pars ulla pervasit. Cic. Quand on a fait la guerre en Sicile, il n'est pas même arrivé que la moindre partie de cette guerre se fût communiquée à l'Italie.

VII

Equidem mis pour *ego quidem* se place toujours au commencement de la phrase, et se construit ordinairement avec la première personne des verbes.

EXEMPLE :

Equidem non video cur tam facile irascaris. En vérité, je ne vois pas pourquoi vous vous fâchez si facilement.

VIII

Non... nisi, signifiant seulement, se trouvent généralement séparés dans Cicéron.

EXEMPLE :

Sed hoc primùm sentio, nisi in bonis amicitiam esse non posse. Cic. Mais je pense d'abord que l'amitié ne peut se trouver qu'entre les gens de bien.

IX

Antequàm, priusquàm, postquàm forment quelquefois deux expressions entre lesquelles on met un ou plusieurs mots.

EXEMPLE :

Ante leves ergò pascentur in æthere cervi,
Et freta destituent nudos in littore pisces,
Quàm nostro illius labatur pectore vultus. Virg.

Ainsi, l'on verra dans les plaines de l'air paître les cerfs légers, la mer laisser les poissons à sec sur le rivage, avant que son image s'efface de mon cœur.

X

Non, adverbe de négation, se place élégamment auprès du mot qu'il modifie.

EXEMPLE :

Cui cognita non est veritas, si judicium ferat, æquus non est. Celui qui ne connaît pas la vérité, n'est pas juste dans ses jugements.

ARTICLE VI.

DE LA DISPOSITION DES PRÉPOSITIONS.

I

Le mot seul de *préposition* indique assez la place que ces particules doivent occuper dans le discours. Ce sera donc avant les mots qui leur servent de complément qu'il conviendra de les placer. Ainsi, l'on dira : *in senatu*, dans le sénat ; *apud patrem tuum*, chez votre père.

Cependant les poètes en usent quelquefois autrement. Ainsi, ils disent : *Transtra per et remos*. Virg. A travers les rames et les bancs des rameurs. *Maria omnia circum*. Id. Autour de toutes les mers. Mais il est nécessaire qu'un tel arrangement ne nuise point à la clarté du discours.

De même, en prose, il y a des prépositions qui se mettent après leur régime, comme *tenùs*, jusqu'à ; *versùs*, vers ; *instar*, comme. *Cum*, avec, se joint aux ablatifs des pronoms *ego, tu, sui*, et du relatif *qui, quæ, quod*. Ex. : *Capulo tenùs*. jusqu'à la garde. *Orientem versùs*, vers l'orient. *Mecum erat Philippus*, Philippe était avec moi.

II

Les prépositions se placent souvent avec plus de grâce entre l'adjectif et le nom, pourvu que l'adjectif soit le premier.

EXEMPLE :

Qui nuper summo cum imperio fuerat, summo autem in amore esse propter nomen ipsum imperii non potuerat. Cic. Celui qui naguère a joui du souverain pouvoir, mais qui pour cela même n'a pu s'attacher entièrement les cœurs.

De là ces formes gracieuses : *his de rebus, his in terris, multos antè annos, paucis post diebus*, etc.

III

Quand le mot régi par une préposition est suivi d'un complément au génitif, la préposition se met bien la première, puis le génitif, et enfin le nom.

EXEMPLE :

Nomen legati ejusmodi esse debet, quod non modò inter sociorum jura, sed etiam inter hostium tela incolume versetur. Cic. Le nom d'ambassadeur doit imprimer un tel respect, qu'il soit inviolable non seulement parmi les alliés, mais au milieu même des armées ennemies.

IV

La préposition peut aussi être séparée de son complément par un adverbe ou un participe précédé ou suivi lui-même de son complément.

EXEMPLES :

Ad bene beatèque vivendum nihil præstantius est, quam verus amicus. Rien ne contribue plus efficacement à rendre la vie heureuse, qu'un véritable ami.

Pythagoras Babyloniam ad perdiscendos siderum motus profectus est. Just. Pythagore se rendit à Babylone pour y étudier le mouvement des astres.

V

Les prépositions *a, ab, abs,* ne s'emploient pas indifféremment l'une pour l'autre. A se met mieux devant les consonnes : *à Deo, à patre. Ab* devant les voyelles et les consonnes avec lesquelles il forme une heureuse liaison. Telles sont les lettres *l, r, s, j.* Ex. : *Ab Apolline, ab Jove,* etc. *Abs* est peu usité; on le trouve quelquefois devant les lettres *t* et *q.* Ex. : *Abs te nihil potui facere.* Je n'ai rien pu faire sans vous.

VI

In se met élégamment pour *inter.*

EXEMPLE :

Peto ut eum complectare, diligas, in tuis habeas. Cic. Je vous prie de le protéger, de le chérir, de le mettre au nombre de vos amis.

ARTICLE VII.

DE LA DISPOSITION DES CONJONCTIONS.

I

Les conjonctions se placent ordinairement au commencement des phrases ou des propositions dont elles font partie. Si parfois il arrive que l'intérêt, ou l'harmonie, ou les exigences de la mesure leur fassent subir quelque déplacement, il sera facile de s'en apercevoir et de les distinguer.

EXEMPLE :

Quòd si exemeris ex rerum naturâ benevolentiæ conjunctionem, nec domus ulla, nec urbs stare poterit; ne agri quidem cultus permanebit. Cic. Si vous retranchez de la société les liaisons formées par la bienveillance, aucune famille, aucune ville ne pourra subsister; la culture même des champs sera abandonnée.

II

Souvent les conjonctions et les locutions conjonctives sont séparées de la proposition dont elles font partie par d'autres propositions déterminatives ou explicatives. Par ex. : *An, quùm bello vastabitur Italia, vexabuntur urbes, tecta ardebunt, tùm te non existimas invidiæ incendio conflagraturum?* Cic. Quand la guerre dévastera l'Italie, quand les villes seront saccagées, les maisons livrées aux flammes, penses-tu donc échapper aux feux de la haine allumés contre toi? (Ici la conjonction *an* est séparée de la proposition dont elle fait partie par ces trois autres : *quùm bello vastabitur Italia, quùm vexabuntur urbes, quùm tecta ardebunt.) Ut ii qui sunt in amicitiâ superiores exæquare se cum inferioribus suis debent, sic inferiores non dolere se à suis aut ingenio, aut fortunâ, aut dignitate superari.* Cic. (Ici la conjonction *ut* et le sujet *ii* sont séparés du verbe et de l'attribut par la proposition incidente *qui sunt*, etc.) Il importe donc, pour la clarté du discours, de soumettre ces sortes de phrases à une analyse rigoureuse, et d'apprendre aux jeunes élèves à distinguer les différentes espèces de propositions, et le rôle que chacune d'elles joue dans la phrase dont elle fait partie.

III

Conjonctions *et, ac, atque, que.*

1° La conjonction *et* est plus douce à l'oreille que *ac* devant les consonnes *c, g, q*; elle l'est moins devant la lettre *t*. *Et* et *ac* se mettent également devant les autres consonnes. C'est à l'oreille de juger laquelle des deux s'unit le mieux avec le mot suivant. *Atque* va mieux devant les voyelles.

EXEMPLES :

Et quoniam auctoritas multùm in bellis administrandis valet. Cic. Et parce que l'autorité influe beaucoup sur la conduite de la guerre.

Ac primùm silici scintillam excudit Achates. Virg. Et d'abord Achate fait jaillir une étincelle d'un caillou.

Atque ego primùm sentio, nisi in bonis amicitiam esse non posse. Cic. Et je pense d'abord qu'il ne peut y avoir d'amitié qu'entre les gens de bien.

2° La conjonction *que* se met bien après les adjectifs *omnis, totus, alius*, etc.; après les génitifs *hujus, illius, totius*, etc.; après les mots d'une syllabe et ceux d'une grande longueur, pour éviter des consonnances désagréables.

EXEMPLES :

Honos alit artes, omnesque incenduntur ad studia gloriæ cupiditate. Cic. L'honneur alimente les beaux-arts, et tous,

en songeant à la gloire, sont embrasés d'ardeur pour l'étude,
Hominem facillimum liberalissimumque cognosces. Cic.
Vous verrez dans moi un homme très-humain et très-libéral.

IV

Conjonctions *verò, autem.*

Les conjonctions *verò, autem,* mises après un mot avec
lequel elles forment une consonnance agréable, sont généralement plus élégantes que *sed, at, verùm,* placés au commencement.

Verò se met bien après les conjonctions *nec, enim, nisi,
quùm, dùm;* après les adverbes *jam, nunc, tùm;* après les
adjectifs déterminatifs *hic, hæc, hoc; qui, quæ, quod,* et d'autres que la délicatesse de l'oreille fera connaître.

EXEMPLES :

Nisi verò existimetis dementem Africanum fuisse. Cic. A
moins que vous ne pensiez que Scipion l'Africain fut un
insensé.

*Hanc verò quæstionem nunquàm senatus constituendam pu-
tavit.* Cic. Jamais le sénat n'a été d'avis que l'on dût faire
cette enquête.

Autem va mieux après les mots qui finissent par des
voyelles, ou certaines consonnes avec lesquelles elles s'unissent d'une manière agréable. Tels sont : *tu, ipse, ille, iste,
ecce, nos, vos, quid, cur, non, sin,* etc.

EXEMPLES :

Ecce autem elapsus Pyrrhi de cæde Polites. Virg. Mais
voici que Politès, échappé au massacre de Pyrrhus...

Sin autem ad pugnam exierint. Virg. Mais si elles sont
sorties pour le combat.

V

Conjonctions *nam, namque, enim, etenim.*

La conjonction *nam* se met au commencement de la proposition, et elle a une grâce particulière, quand elle est suivie
de *et* mis pour *etiam.*

EXEMPLE :

Nam et ratione uti decet. Cic. Car il faut aussi faire usage de sa raison.

Namque, qui ajoute plus de force à l'affirmation, se met bien devant les voyelles.

EXEMPLE :

Namque imperator fuit summus terrâ marique. Car ce fut un grand général et sur terre et sur mer.

Enim se met après un ou plusieurs mots, le plus souvent après un monosyllabe ou d'autres mots avec lesquels il forme une agréable consonnance. Ainsi l'on dit bien : *sed enim, quid enim, ut enim, neque enim, erat enim,* etc.

EXEMPLE :

Neque enim sunt isti audiendi, qui virtutem duram et quasi ferream volunt. Cic. Car il ne faut pas écouter ceux qui veulent que la vertu soit dure et pour ainsi dire de fer.

Etenim, qui affirme avec plus de vigueur que les trois autres, se met le plus souvent au commencement d'une phrase, d'un paragraphe, d'un alinéa.

EXEMPLE :

Etenim quid est, Catilina, quod jam ampliùs exspectes ? Qu'y a-t-il donc, Catilina, que tu puisses attendre encore ?

VI

Conjonctions *si, ut, quùm, dùm, ne, cur.*

Les conjonctions *si, ut, quùm, dùm, ne, cur,* se placent élégamment dans le corps de la phrase, immédiatement avant le verbe, quand la disposition des mots et l'euphonie le permettent ainsi.

EXEMPLES :

..... *Vulgi quæ vox ut venit ad aures.* Virg.

Dès que ces paroles eurent frappé les oreilles de la multitude.

Hæc eadem si velis facere, in te gratissimus ero. Si vous voulez faire cela, je vous serai très-reconnaissant.

Is sententiam ne diceret, recusavit. Cic. Il refusa de dire son avis.

VII

L'adverbe *tùm* et la conjonction *quùm*, ayant le sens de alors que, lorsque, peuvent se coordonner de trois manières différentes :

1° En mettant *tùm* dans une première proposition, et *quùm* dans une seconde.

EXEMPLE :

Tùm rex fuit, quùm Romæ regem licebat esse. Cic. Il fut roi dans le temps où il était permis de l'être à Rome.

2° En mettant *quùm* dans la première proposition, et *tùm* dans la seconde.

EXEMPLE :

Quùm animus movetur placidè, tùm illud gaudium dicitur. Cic. Quand notre âme éprouve de douces émotions, ce sentiment s'appelle de la joie.

3° En mettant *tùm* à la fin de la première proposition, et *quùm* au commencement de la seconde.

EXEMPLE :

Ludo quidem et joco illis uti licet tùm, quùm seriis rebus satisfecerint. Cic. Il leur est permis sans doute de se livrer au jeu ; mais ce sera quand ils auront vaqué aux affaires sérieuses.

VIII

Quand il y a deux propositions dont la première contient la raison de la seconde, on met élégamment *quòd* ou *quia* dans la première, et *ideò, idcircò, proptereà*, dans la seconde. On fait de même pour la conjonction *dùm* et l'adverbe *intereà*.

EXEMPLES :

Quæ omnia quia Cato extulerat in cœlum, idcircò in ejus sententiam est facta discessio. Cic. Parce que Caton avait fait de toutes ces choses un éloge pompeux, tous se rangèrent à son avis.

Dum hostium copiæ conveniebant, Cæsar intereâ exercitum suum admovit. Cæs. Pendant que les troupes des ennemis se réunissaient, César fit avancer son armée.

IX

On fait usage de *nisi* pour *si... non*, de *nec* ou *neque* pour *et non*, afin d'éviter la répétition trop fréquente de ces deux monosyllabes.

EXEMPLES :

Sincerum nisi vas, quodcumque infundis, acescit.

Si un vase n'est pas pur, tout ce que vous y répandez se corrompt bientôt.

Erant in Torquato plurimæ litteræ, nec eæ vulgares. Cic. Torquatus était un littérateur distingué, et, dans ses écrits, il n'y a rien de vulgaire.

X

On se sert élégamment des locutions conjonctives *quod si, quod nisi, quod ubi, quod utinam,* pour éviter la répétition fréquente de *et.*

EXEMPLES :

Quod ni ita fuisset. Cic. Et si la chose n'eût été ainsi.

Quod si fecissem (pour *et si illud fecissem*). Si je l'eusse fait.

XI

Sic se met bien au commencement d'une phrase, quand il est suivi de *ut* ou d'une proposition infinitive.

EXEMPLES :

Sic est factum, ut amici tui dictitant. Il a été fait ainsi que vos amis se plaisent à le répéter.

Ego sic existimo : oratore perfecto nihil rarius esse, nihil inventu difficilius. Cic. Je pense qu'il n'y a rien de plus rare, rien de plus difficile à trouver qu'un orateur parfait.

ARTICLE VIII.

DE LA DISPOSITION DES PHRASES ET DES MEMBRES DE PHRASES.

I

Si la langue latine a ses règles pour l'arrangement des mots qui forment une phrase, elle les a aussi pour l'arrangement des phrases qui composent le discours.

Ces règles reposent sur les mêmes principes que ceux énoncés précédemment : sur l'ordre analytique des idées, sur l'intérêt et l'harmonie.

L'ordre analytique veut que l'on exprime d'abord la proposition principale, et que l'on fasse suivre les propositions complétives selon leurs rapports de dépendance.

Ainsi, dans cette phrase de l'*Orateur* de Cicéron : *Utrùm difficilius an majus esset negare tibi sæpiùs idem roganti, an efficere id quod rogares, diù multùmque dubitavi.* J'ai douté beaucoup et pendant longtemps s'il ne valait pas mieux vous refuser une chose que vous me demandiez avec instance, que de me prêter à tous vos désirs.

L'ordre analytique serait : *Dubitavi diù multùmque utrùm negare tibi roganti sæpiùs idem, an efficere id quod rogares, esset difficilius an majus.* Mais des raisons d'intérêt et d'harmonie prescrivaient à l'orateur un ordre différent. Cicéron propose une question; le premier mot l'annonce, *utrùm.* Viennent ensuite les attributs *difficilius an majus*, qui renferment, pour ainsi dire, le nœud ou l'intérêt principal de la pensée.

On n'a point encore exposé les deux objets du jugement exprimés par les deux infinitifs *negare* et *efficere;* l'esprit les demande. Aussi ces deux verbes figurent-ils à la tête des deux propositions suivantes, dont ils expriment chacun l'objet principal.

Vient enfin la proposition principale, accompagnée de ses modificatifs : *diù multùmque dubitavi.* Elle devait être la dernière, parce que, l'intérêt de la phrase n'étant pas pour elle, les premières attentions ne lui étaient pas dues. Lequel était plus difficile, ceci ou cela ? Je doute. Voilà l'ordre d'intérêt.

Nam et negare ei quem unicè diligerem, cuique me carissimum esse sentirem, præsertim et justa petenti, et præclara cupienti, durum admodùm mihi videbatur. Car refuser à celui que je chérissais par dessus tout et qui me témoignait la plus grande affection, à celui surtout qui me demandait une chose juste, une chose glorieuse, cela me semblait trop pénible.

Nam negare, voilà le verbe qui, renfermant l'idée principale, au point de vue de l'intérêt, occupe le premier rang. Le complément *ei,* ne présentant qu'un intérêt secondaire, vient après, avec sa suite *quem unicè... cui me... justa petenti.* Et toutes ces parties, qui expriment les motifs de l'action principale, sont groupées dans le centre de la phrase et avant le verbe *videbatur,* qui, étant mis à la fin, après ses modificatifs *durum admodùm,* frappe aussi l'attention et produit un très-bel effet, au point de vue de l'harmonie.

II

Ce n'est pas assez qu'un discours soit beau dans chacune de ses parties prises séparément; il faut encore qu'il soit beau dans son ensemble. Or, ce qui contribue le plus à produire ce résultat, c'est la variété. Une longue uniformité, dit Montesquieu, rend tout insupportable. Le même ordre de périodes longtemps continué, les mêmes nombres et les mêmes chutes produisent une monotonie qui accable d'ennui et de dégoût ceux qui lisent ou qui écoutent.

Comme conséquence de ce principe, il faudra éviter de placer à la suite les unes des autres des phrases de même forme et de même longueur, des périodes dont les membres seraient coordonnés de la même manière, et dont les pauses reviendraient aux mêmes intervalles. Mouler sur la même forme toute une suite de périodes n'est pas moins fastidieux que de chanter toujours sur le même ton.

III

Quelle que soit la place que l'on assigne aux parties principales d'une phrase, il est essentiel que ces parties ne soient point confondues parmi des incidents, des termes accessoires, des propositions circonstancielles qui en obscurciraient le sens, et nuiraient par là même à l'effet qu'elles doivent produire.

Ainsi, quand le sujet amène à sa suite quelques circonstances de temps ou de lieu, quelques termes modificatifs, il faut avoir soin de placer ces derniers de telle sorte que l'objet principal puisse être bien aperçu, et se montrer dans tout son jour.

Remarquez l'arrangement de la phrase suivante :

Non ergò erunt homines deliciis diffluentes audiendi, si quandò de amicitiâ, quam nec usu nec ratione habent cognitam, disputabunt. Cic.

Voila sans doute une phrase bien construite. Les termes principaux y sont placés soit au commencement, soit à la fin de chaque proposition. Les compléments accessoires sont rangés au milieu, où ils frappent suffisamment l'attention, et où ils produisent le plus d'effet, comme force secondaire unie de la manière la plus intime à la force principale, et agissant de concert avec elle sur l'esprit et les oreilles de l'auditeur.

Si l'auteur eût donné une autre disposition à cette phrase, et qu'il eût dit : *Ergò homines diffluentes deliciis non audiendi erunt, si quandò de amicitiâ disputabunt, quam cognitam nec usu, nec ratione habent;* toute l'harmonie, tout l'intérêt, toute la beauté auraient disparu.

IV

De ce que nous venons de dire il est facile de conclure que les circonstances accessoires, les propositions complétives se mettent bien au milieu de la phrase, quand cette disposition ne nuit point à la clarté du discours. Ainsi, au lieu de dire : *Scipio exercitum in Africam trajecit, ut Anniba-*

lem ex Italiâ deduceret; il sera mieux de mettre la proposition complétive après le sujet de la proposition principale : *Scipio, ut Annibalem ex Italiâ deduceret, exercitum in Africam trajecit.*

Au lieu de dire : *Quis est qui velit circumfluere omnibus copiis, atque in omnium rerum abundantiâ vivere, ut neque diligat quemquam, nec ipse ab ullo diligatur;* on dira mieux : *Quis est qui velit, ut neque diligat quemquam, nec ipse ab ullo diligatur, circumfluere omnibus copiis, etc.*

V

Quand deux propositions unies entre elles par une conjonction ont le même sujet ou le même complément, il est plus élégant et plus conforme au génie de la langue latine de les disposer de la manière suivante. Au lieu de dire : *Antigonus in prælio occisus est, quùm adversùs Seleucum dimicaret,* dites : *Antigonus, quùm adversùs Seleucum dimicaret, in prælio occisus est.*

Au lieu de dire : *Ut barbari eum effugisse incendium eminùs viderunt, telis missis interfecerunt,* dites : *Quem, ut barbari incendium effugisse eminùs viderunt, telis missis interfecerunt.*

VI

Si le complément de la proposition principale désignait la même personne ou la même chose que le sujet de la proposition subordonnée, il faudrait placer ce complément le premier, et le faire suivre de la proposition subordonnée.

Ainsi, au lieu de dire : *Etsi hæc quæstio non est iniqua, nunquàm tamen senatus eam constituendam putavit,* dites : *Hanc verò quæstionem, etsi non est iniqua, nunquàm tamen senatus constituendam putavit.* Cic. Bien que cette enquête ne soit point injuste, jamais néanmoins le sénat n'a jugé qu'on dût l'établir.

Au lieu de dire : *Quùm Annibal procederet victor in Italiam, civitates ei tributum dabant,* dites : *Annibali, quùm incederet victor in Italiam, civitates tributum dabant.* Quand Annibal marchait en vainqueur contre l'Italie, les pays qu'il traversait lui payaient tribut.

VII

La phrase serait encore plus élégante, si la proposition complétive n'avait ni le même sujet, ni le même complément que la proposition principale, comme dans cet exemple : *Maximos honores, quùm injuriæ adsunt, vir probus contemnit.* Cic. L'homme de bien méprise les plus grands honneurs, quand il y a des injustices.

VIII

S'il y a, dans un second membre de phrase, des termes mis en opposition ou en parallèle avec ceux du premier, il faut faire en sorte que ces mots soient placés dans le même ordre, et se correspondent l'un à l'autre.

EXEMPLE :

Æquitas, temperantia, fortitudo, prudentia, virtutes omnes certant cum iniquitate, cum luxuriâ, cum ignaviâ, cum temeritate, cum vitiis omnibus. Cic. La justice, la modération, la force, la prudence, enfin toutes les vertus combattent contre l'injustice, la débauche, la lâcheté, la témérité, enfin contre tous les vices.

IX

Les mots synonymes, ou placés par gradation, doivent être disposés de telle sorte, que les plus expressifs soient mis les derniers, si c'est une gradation ascendante.

EXEMPLE :

Turpe est viro debilitari dolore, frangi, succumbere. Il est honteux pour un homme de se laisser affaiblir par la douleur, d'être abattu, de succomber.

X

Dans une phrase un peu étendue, il faut, autant que possible, varier les terminaisons de chaque membre, et éviter de faire les derniers membres trop courts par rapport aux premiers.

EXEMPLE :

Religio medetur animis, inanes sollicitudines detrahit, cupiditatibus liberat, molestas pellit timores. La religion guérit nos esprits malades; elle dissipe nos vaines inquiétudes, nous affranchit du joug des passions, et bannit la crainte de nos cœurs.

XI

Il importe, pour faire de rapides progrès dans la langue latine, que les élèves s'habituent à exprimer de différentes manières une même idée, une même proposition, une même phrase. C'est le moyen le plus facile de se familiariser avec le génie de cette langue, et de donner au style la force, la grâce, la noblesse qui lui conviennent.

Quelques exemples rendront la chose plus sensible. Le mot *doctus*, savant, peut s'exprimer de différentes manières : *litteris eruditus, scientiâ instructus, præstans doctrinâ, scientiis ornatus,* etc.

De même, *laudabilis,* louable, ou *laudandus, dignus laude, laudibus efferendus* ou *celebrandus,* etc. *Tum omni laude dignum te habebo, quùm omnibus virtutibus animum tuum exornaveris.* Je vous jugerai digne de toute louange, quand votre âme sera ornée de toutes les vertus.

De même, *laudare,* louer, ou *laudibus efferre, celebrare, extollere, afficere, illustrare, laudes tribuere, impertire, indicere,* etc. *Quibus te laudibus efferam, nescio.* Je ne sais quelles louanges vous accorder.

Soit à exprimer en latin cette pensée : Cicéron a été le plus éloquent des orateurs. La formule la plus simple sera : *Eloquentissimus oratorum fuit Cicero.* Ensuite on pourra varier ces expressions de plusieurs manières :

1° Par une construction différente : *Inter oratores,* ou *ex oratoribus Cicero fuit eloquentissimus.*

2° Par des synonymes : *Disertissimus*, ou *facundissimus ex oratoribus fuit Cicero*.

3° En augmentant la signification du superlatif : *Oratorum longè disertissimus fuit Cicero.*

4° En se servant de l'adjectif simple et d'un adverbe : *Inter oratores Cicero fuit maximè eloquens*, ou *imprimis facundus*.

5° En mettant un comparatif ou un adverbe de comparaison : *Orator nullus Cicerone fuit eloquentior; nemo disertus magis quàm Cicero; nemo tam facundus quàm Cicero; nullus æquè disertus ac Cicero*, etc.

6° En se servant de périphrases : *Oratores omnes Cicero eloquentiâ superavit*, ou *antecessit; eloquentiâ nullus Cicerone fuit præstantior; tanta fuit Ciceronis eloquentia, ut parem non habuerit; omnibus ætatis suæ oratoribus Cicero præstabat eloquentiâ*, etc.

7° En prenant une tournure négative : *Nulli equidem Cicero impar* ou *inferior erat eloquentiâ; nullos Cicero pares habuit eloquentiâ; omnes præ Cicerone fuerunt infacundi*, etc.

8° En employant une interrogation ou une exclamation : *Quis unquàm Cicerone fuit eloquentior? In quo vis dicendi major fuit quàm in Cicerone? An quisquam apud Romanos perindè facundus fuit ac Cicero? O singularem prorsùs Tullii facundiam! Quanta Ciceroni fuit eloquentia! Quanta vis dicendi!* etc.

Nous ajouterons, comme une chose digne de remarque, qu'il ne faut point abuser des périphrases, quand les mots simples suffisent pour exprimer la pensée dans toute son extension. Un maître habile et familiarisé avec le génie de la langue latine, ne manquera pas de diriger ses élèves dans cette voie si intéressante pour eux, et si utile au progrès de leurs études.

§ III.

De l'harmonie imitative.

« L'harmonie, telle que nous venons de l'envisager, peut s'appeler harmonie mécanique, parce qu'elle consiste uniquement dans les mots matériellement pris, et considérés comme sons. Mais il y a une autre sorte d'harmonie, que l'on appelle imitative, et qui consiste dans le rapport des sons avec les objets qu'ils expriment. »

Il y a trois choses à imiter dans les objets que l'on veut décrire : les sons et les mouvements physiques ; les sentiments, les émotions de l'âme.

Nous disons d'abord que l'on peut imiter, par la parole, les sons que produisent les objets physiques, comme le bruit des vagues, le mugissement des vents, le murmure d'un ruisseau, etc. C'est l'usage le plus naturel de ce genre de beauté. La liaison se forme aisément entre des sensations qui affectent le même organe. Il suffit, pour décrire des sons doux et coulants, de choisir et de combiner heureusement des mots composés de voyelles et de liquides. De même, pour reproduire des sons durs et pénibles à entendre, il faut multiplier les syllabes rudes, les mots où abondent les consonnes fortes et les aspirées.

Le langage lui-même nous vient en aide dans ce genre d'imitation. En effet, dans la plupart des langues, les mots qui expriment les sons les plus doux ou les plus éclatants, sont déjà imitatifs par eux-mêmes. Ainsi, l'on dit en français : le sifflement des vents, le mugissement des flots, le bourdonnement de l'abeille, le craquement du bois qui se fend et éclate, le bouillonnement de l'eau, le pétillement de la flamme, la douce haleine du zéphyr, le doux murmure d'un ruisseau, etc.

Le poètes les plus célèbres de l'antiquité, Homère chez les Grecs, Virgile chez les Latins, ont poussé ce genre d'harmonie à sa dernière perfection. Homère fait entendre le bruit des flots, le choc des vents, le cri des voiles qui se déchirent, la chute du rocher de Sisyphe, etc.

Virgile, en habile imitateur, produit des effets d'harmonie non moins étonnants. Nous en citerons quelques vers dans lesquels il imite le déchaînement des vents :

. . . . *Ac venti, velut agmine facto,*
Qui data porta ruunt, et terras turbine perflant.

Æn., I, 82.

Et les vents, comme une cohorte impétueuse, se précipitent
par où une issue leur est ouverte, et souflent sur les terres
avec d'immenses tourbillons.

Les éclats du tonnerre, et les éclairs qui sillonnent les
nues :

> *Intonuere poli, et crebris micat ignibus œther.*

Les cieux tonnent avec fracas ; mille éclairs sillonnent les
nues.

> . . . . . . *Horrificis juxtà tonat Ætna ruinis.*
> Æn., III, 571.

Tout près l'Etna tonne et vomit d'épouvantables ruines.

Le sifflement des serpents qui se dirigent vers Laocoon :

> *Sibila lambebant linguis vibrantibus ora.*

Ils faisaient siffler leur triple dard dans leur gueule béante.

Les affreuses clameurs de Laocoon :

> *Clamores simul horrendos ad sidera tollit.*

Il pousse vers le ciel des cris épouvantables.

La lime qui ronge le fer :

> *Tùm ferri rigor, atque argutœ lamina serrœ.*

« J'entends crier la dent de la lime mordante. » Delille.

On peut aussi imiter, par la parole, les divers mouvements
des corps, en employant des sons qui aient quelque analogie
avec ces mouvements : des syllabes longues pour ceux qui
s'exécutent avec lenteur, des syllabes brèves pour ceux qui
se font rapidement.

Ainsi Virgile a imité le mouvement des bras des cyclopes
dans les forges de l'Etna :

> *Illi inter sese multâ vi brachia tollunt*
> *In numerum, versantque tenaci forcipe massam.*

Ils élèvent avec un grand effort leurs bras en cadence, et
tournent la masse de fer avec leurs tenailles mordantes.

La grosseur des vagues qui vont battre le rivage :

> . . . . *Et vastos volvunt ad littora fluctus.*

Une montagne d'eau qui s'élève dans les airs :

> . . . *Insequitur cumulo prœruptus aquæ mons.*

Le monosyllabe *mons*, qui finit le vers, peint très-bien la grosseur de la vague.

Les Troyens précipités au fond de la mer, ou élevés sur les flots les plus escarpés :

> *Hi summo in fluctu pendent ; his unda dehiscens*
> *Terram inter fluctus aperit.*

(La moitié du premier vers demeure supendue ; l'autre se précipite sur le vers suivant.)

La vaste étendue de la mer, où surnagent quelques malheureux Troyens :

> *Apparent rari nantes in gurgite vasto.*

Le supplice d'Encelade écrasé sous le poids de l'Etna :

> *Fama est Enceladi semiustum fulmine corpus*
> *Urgeri mole hâc.*

Ce monosyllabe, *hâc*, placé à la césure et après une élision, imite merveilleusement la pesanteur de la montagne qui écrase le géant.

Le galop du cheval :

> *Quadrupedante putrem sonitu quatit ungula campum.*

Cicéron, dans son plaidoyer pour Milon, voulant démontrer que Clodius s'était mis en marche dans le dessein d'attaquer Milon, et que celui-ci n'était point parti avec l'intention de surprendre Clodius, décrit ainsi leur équipage et leur rencontre.

Obviam fit ei Clodius, expeditus, in equo, nullâ rhedâ, nullis impedimentis, nullis Græcis comitibus, ut solebat ; sine uxore, quod nunquàm ferè : quùm hic insidiator, qui iter illud ad cædem faciendam apparâsset, cum uxore veheretur in rhedâ, penulatus, magno, et impedito, et muliebri ac delicato ancillarum puerorumque comitatu. Pro Mil., 10.

Il est facile de remarquer, dans ce qui a rapport à Clodius, la rapidité du style produite par des mots courts, des syllabes brèves, des phrases entrecoupées. Cicéron a voulu imiter ainsi la rapidité de cette course débarrassée de toute entrave, et offrant toutes les facilités pour un coup de main.

Au contraire, dans ce qui concerne Milon, l'orateur accumule des mots composés de syllabes longues, des épithètes, des hiatus, afin de mieux représenter la marche paisible de Milon qui se rendait à Lanuvium pour l'élection d'un flamine, et de mettre sous les yeux ce nombreux attirail de femmes et de valets si peu propres à servir au milieu d'un combat.

Enfin, on peut imiter aussi, par l'harmonie du style, les sentiments, les émotions vives, les mouvements passionnés de l'âme. Quand nous voulons décrire ces divers mouvements, il s'opère dans nous une sorte de mélodie, qui a de l'analogie avec la passion qui nous agite, et qui se manifeste dans notre langage de la même manière que les sentiments du musicien se reproduisent dans les morceaux de musique qu'il compose.

Ainsi, le poète qui décrit le plaisir, la joie, une suite d'objets agréables, introduit naturellement dans ses vers des sons doux et coulants.

Tels sont ces vers de Virgile :

Devenere locos lætos, et amœna vireta
Fortunatorum nemorum, sedesque beatas.
Largior hic campos æther et lumine vestit
Purpureo ; solemque suum, sua sidera, nôrunt.

Ils arrivèrent dans des bois fortunés, parmi de riants bocages, charmant séjour de la joie et du bonheur. Un air pur remplit ces beaux lieux, et les colore de la plus douce lumière.

Tout le calme, toute la joie, tout le bonheur des Champs-Élysées respirent dans ces beaux vers, et dans les suivants, où les sons les plus tranquilles, les plus doucement cadencés, succèdent à cette pénible et lugubre harmonie, faite pour les habitants du Tartare.

Quoi de plus tendre, de plus émouvant que le passage suivant, où le vénérable Anchise aperçoit son fils Énée qui vient à lui à travers la prairie? Il lui tend les bras, et lui dit en versant des larmes de joie :

> *Venisti tandem, tuaque exspectata parenti*
> *Vicit iter durum pietas ! datur ora tueri,*
> *Nate, tua, et notas audire et reddere voces,* etc.

Venisti tandem. Quel effet produit ce mot *tandem* mis à la première coupe du vers ! comme il exprime bien le regret d'une longue absence ! et comme les deux mots *venisti tandem* peignent bien la joie et le bonheur du retour ! Anchise, il est vrai, était mort depuis peu ; mais l'amour séparé de son objet trouve bien longs les moments les plus courts.

> . . . . . . *Tuaque exspectata parenti*
> *Vicit iter durum pietas...*

C'est avec un goût parfaitement religieux, avec des sentiments vraiment dignes d'un poëte chrétien, que Virgile nous présente la piété filiale comme la cause première de la descente d'Énée aux enfers. C'est d'ailleurs le beau, le principal caractère qu'il a su donner à son héros, *pius Æneas.* C'est aussi celui qui convient au vénérable Anchise ; car il doit y avoir identité de pensées et de sentiments entre le père et le fils. Ce que le poëte exprime si bien par les mots suivants : *exspectata parenti,* piété déjà si connue du père, et dont le fils donnait alors une preuve si évidente.

> *Vicit iter durum pietas...*

Le pieux Énée dut éprouver bien de la répugnance avant d'entreprendre ce voyage mystérieux, où tout offrait à l'imagination des choses effrayantes : ces forêts profondes et ténébreuses qu'il fallait traverser ; le Cocyte aux ondes noires et fangeuses ; le passage terrible de l'Achéron, dont les sombres bords sont pleins d'âmes errantes ; les monstres horribles qui gardent l'entrée des enfers, Cerbère avec ses trois gueules béantes, Briarée aux cent bras, l'affreuse Gorgone, l'hydre de Lerne ; enfin le Tartare avec ses divi-

nités infernales : Pluton, Proserpine, les Euménides;...
puis ces milliers d'âmes infortunées qui habitent ces lieux
pleins d'horreur et de désespoir. Il y eut donc une lutte violente entre la crainte et la piété filiale. Celle-ci néanmoins
l'emporta, comme l'expriment très-bien ces mots *vicit iter
durum pietas.*

> . . . . *Datur ora tueri,*
> *Nate, tua, et notas audire et reddere voces.*

Pourquoi ces paroles d'Anchise à son fils : *Je puis encore
vous voir, vous entendre et vous parler?* C'est que, dans ce
fortuné séjour, il n'y avait que des âmes bienheureuses ; on
n'y voyait aucun être soumis à la mortalité. La présence
d'Énée était donc une chose extraordinaire, qui dut causer
une grande surprise et une vive joie au vénérable vieillard.
Il était donc naturel qu'il le manifestât à son fils en ces
termes qui expriment si vivement les sentiments de son
cœur : *Datur ora tueri, nate, tua,* etc.

« Vous venez enfin, ô mon fils! votre piété, dont vous
m'avez donné tant de preuves, a enfin surmonté tous les
obstacles! Je puis encore vous voir, je puis entendre vos
douces paroles; vous pouvez répondre encore à la voix
de votre père! »

Nous citerons aussi les vers suivants, dans lesquels Virgile décrit la mort du jeune Euryale, dont le cœur virginal
vient d'être percé par le glaive du cruel Volscens :

> *Volvitur Euryalus letho, pulchrosque per artus*
> *It cruor, inque humeros cervix collapsa recumbit.*
> *Purpureus veluti cum flos succisus aratro*
> *Languescit moriens; lassove papavera collo*
> *Demisere caput, pluviâ cùm forte gravantur.*
>
> Æn., IX, 434.

Il se roule dans les bras de la mort, un sang virginal inonde
ses beaux membres, sa tête appesantie se penche languis-
samment sur ses épaules. Ainsi une belle fleur coupée par
le tranchant de la charrue, se fane et périt. Ainsi des pavots
épuisés de lassitude, courbent leurs têtes chargées de pluie.

Il est facile de remarquer, dans les deux premiers vers, trois coupes différentes, qui peignent admirablement les trois circonstances les plus frappantes de la mort d'Euryale. C'est d'abord la violence et la promptitude de son agonie, si bien exprimée par cette première coupe : *Volvitur Euryalus letho*; c'est ensuite le sang qui jaillit de sa blessure et qui inonde ses beaux membres : *pulchrosque per artus it cruor*; c'est enfin la défaillance de tout son corps, si bien représentée par cette tête qui s'affaisse et penche sur les épaules : *inque humeros cervix collapsa recumbit.*

Quant aux deux comparaisons suivantes, l'une tirée de l'hyacinthe qui a été arrachée par la charrue, l'autre du pavot dont la tête chargée de pluie s'affaisse sur sa tige languissante, il suffit d'avoir une âme sensible et des oreilles délicates pour sentir combien elles sont belles d'harmonie et de sentiment, et combien cette beauté convient à la beauté mourante du jeune guerrier. L'épithète *purpureus*, qui commence le premier vers, est choisie avec goût; elle a rapport au sang qui jaillit du cœur d'Euryale. Ces mots *languescit moriens*, mis au commencement du second vers, peignent admirablement bien la langueur du jeune héros qui défaille et se meurt.

Quoi de plus beau, de plus riche en images, de plus hardi comme tableau, de plus harmonieux, que cette admirable peinture de Laocoon et de ses deux enfants, étouffés sous les étreintes de deux serpents monstrueux ?

> *Ecce autem gemini à Tenedo, tranquilla per alta,*
> *(Horresco referens), immensis orbibus angues*
> *Incumbunt pelago, pariterque ad littora tendunt;*
> *Pectora quorum inter fluctus arrecta, jubæque*
> *Sanguineæ exsuperant undas; pars cætera pontum*
> *Pone legit; sinuatque immensa volumine terga.*
> *Fit sonitus spumante salo. Jamque arva tenebant,*
> *Ardentesque oculos suffecti sanguine et igni,*
> *Sibila lambebant linguis vibrantibus ora.*
> *Diffugimus visu exsangues : illi agmine certo*
> *Laocoonta petunt; et primùm parva duorum*

Corpora natorum serpens amplexus uterque
Implicat, et miseros morsu depascitur artus.
Post ipsum auxilio subeuntem, ac tela ferentem
Corripiunt, spirisque ligant ingentibus; et jam
Bis medium amplexi, bis collo squamea circum
Terga dati, superant capite, et cervicibus altis.
Ille simul manibus tendit divellere nodos,
Perfusus sanie vittas, atroque veneno;
Clamores simul horrendos ad sidera tollit.

Mais voici que, sortis de Ténédos, par une mer tranquille (je frémis d'horreur à ce récit), deux énormes serpents déroulent sur les eaux leurs orbes immenses, et s'avancent de front vers le rivage. Leur poitrine écailleuse se dresse au milieu des flots, leurs crêtes sanglantes dominent les ondes; le reste du corps s'allonge sur la plaine liquide par d'immenses sinuosités. On entend mugir l'onde écumante. Déjà ils atteignent le rivage; les yeux ardents, rouges de sang et de feu, ils font vibrer leur triple dard dans leur gueule béante. A cette vue, nous fuyons glacés d'effroi. Eux, d'un élan commun, vont droit à Laocoon. Et d'abord, se jetant sur ses deux enfants, ils embrassent d'une horrible étreinte, ils déchirent par de cruelles morsures les membres délicats de ces jeunes infortunés. Puis, saisissant avec violence le père lui-même, qui accourt avec des traits, ils enveloppent son corps de leurs vastes replis. Deux fois roulant autour de ses reins, deux fois repliant autour de son cou leurs cercles d'écailles, ils dépassent encore son front de leurs têtes altières. Lui, tout trempé de leur bave immonde, et dégouttant du noir venin qui souille ses bandelettes sacrées, il roidit ses bras contre ces nœuds terribles, et pousse vers le ciel des cris épouvantables.

Ecce autem... Ces mots sont bien propres à fixer l'attention du spectateur.

Gemini... Ce sont deux serpents jumeaux, d'égale forme et d'égale grosseur; ce qui rend la chose plus extraordinaire; ce qui donne aussi plus d'unité, plus d'énergie et plus d'intérêt à l'action principale.

A Tenedo... Partis de Ténédos. Pourquoi cette circonstance ?... C'est que le poète considère le supplice de Laocoon comme une vengeance divine ; il est donc naturel qu'il fasse partir les serpents du lieu où était la flotte des ennemis. D'ailleurs cette circonstance favorise admirablement le récit de Sinon et le stratagème des Grecs.

Tranquilla per alta. Cette circonstance du calme de la mer est choisie avec goût ; elle fait mieux ressortir les mouvements des deux serpents à la surface des eaux.

Horresco referens. Ces mots, jetés au commencement du tableau, produisent un grand effet ; à la vue et même au simple récit d'un spectacle si affreux, la frayeur doit vous saisir.

Il faut remarquer la force du verbe *horresco.* Ce n'est point une crainte ordinaire ; c'est une frayeur qui fait dresser les cheveux et qui agite tous les membres.

Immensis orbibus angues incumbunt pelago, pariterque ad littora tendunt. Toutes ces expressions sont admirables. Les mots *immensis orbibus* et *incumbunt pelago* peignent très-bien les vastes contours et les immenses replis des serpents qui se déroulent sur la plaine liquide... Le mot *angues* est choisi avec goût, ainsi que les mots *serpens* et *dracones* qui se trouvent plus loin. Le premier, *angues*, est un serpent qui nage dans l'eau ; le second, *serpens*, est un reptile qui rampe sur la terre ; et le troisième, *draco*, est un serpent monstrueux qui se retire dans les temples déserts et dans les masures.

Il est bon de remarquer ici que le poète n'embarrasse point son récit dans de menus détails ; il expose hardiment les caractères les plus frappants : l'énorme grosseur des serpents, leur départ, leur traversée, leur marche directe vers Laocoon. Une action aussi dramatique ne souffre aucune circonstance accessoire ; le poète se hâte donc d'arriver au dénouement.

Il est néanmoins une chose que l'on désire, parce qu'elle est pleine d'intérêt, et qu'elle touche de près à l'action principale : c'est la peinture de ces monstrueux reptiles. Virgile sait profiter du moment où ils offrent à la vue les formes les plus saisissantes, pour nous en retracer les principaux traits.

Ce sont leurs mouvements sur la plaine liquide, leurs cous allongés, leurs têtes qui dominent les ondes, leurs immenses sinuosités, le mugissement de la mer ; c'est l'ardeur de leurs regards pleins de feu et de sang, la vibration rapide de leurs langues, leurs sifflements aigus : toutes circonstances qui ajoutent le plus vif intérêt à l'action principale.

> *Pectora quorum inter fluctus arrecta, jubæque*
> *Sanguineæ exsuperant undas ; pars cætera pontum*
> *Ponè legit, sinuatque immensa volumine terga.*

La variété de ces coupes si différentes l'une de l'autre est d'une grande beauté ; elles caractérisent admirablement les principaux traits que le poète met sous les yeux. La première surtout, *pectora quorum inter fluctus arrecta*, figure très-bien le cou allongé des reptiles qui domine sur les eaux et se redresse dans l'air.

Virgile nous montre ensuite leurs crêtes rouges de sang ; chose extraordinaire, et signe visible de la cruauté ; il déroule sur les ondes leurs immenses replis, par ces mots si riches d'harmonie : *sinuatque immensa volumine terga*, et qui nous rappellent ces beaux vers de Racine :

> « Indomptable taureau, dragon impétueux ;
> « Sa croupe se recourbe en replis tortueux. »

> *Ardentesque oculos suffecti sanguine et igni,*
> *Sibila lambebant linguis vibrantibus ora.*

Quelle hardiesse dans ces images ! quelle harmonie dans ces expressions ! Il semble voir l'ardeur de ces regards pleins de feu et de sang, la vibration rapide de ces langues au triple dard, qui s'agitent dans une gueule béante ; il semble entendre ces sifflements aigus, si bien imités par la répétition de la lettre *s*. Un spectacle si horrible est bien de nature à effrayer et à faire prendre la fuite.

Diffugimus visu exsangues. Remarquez la force de ce mot *exsangues*, de *ex*, qui marque ici la privation, l'absence, et *sanguis*, sang, c'est-à-dire n'ayant plus de sang dans les veines, ou pâles d'effroi. C'est qu'en effet, dans une grande frayeur, le sang s'éloigne des parties extrêmes, et se concentre vers le cœur.

> . . . . *Illi agmine certo*
> *Laocoonta petunt ; et primùm parva duorum*
> *Corpora natorum serpens amplexus uterque*
> *Implicat, et miseros morsu depascitur artus.*

Illi agmine certo, etc. Les serpents ne cherchent point d'autres victimes ; leur but ne serait pas atteint, ou il serait retardé ; et dès lors, tout l'effet de ce drame effrayant serait détruit. Le terme de leur course est assuré ; ils vont droit à Laocoon. *Agmine certo Laonconta petunt.*

> . . . . *Et primùm parva duorum*
> *Corpora natorum serpens amplexus uterque*
> *Implicat, et miseros morsu depascitur artus.*

Les serpents se jettent d'abord sur les deux fils de Laocoon : *Et primùm parva duorum*, etc. Ces jeunes enfants si cruellement immolés sous les yeux de leur parent, offrent déjà un spectacle bien tragique ; ils ajoutent aussi le plus grand intérêt aux efforts impuissants et à la mort violente du père.

Ces mots *serpens amplexus uterque*, au nombre singulier, expriment mieux l'unité d'action des deux serpents qui enveloppent les deux enfants de Laocoon.

Rien de si émouvant que les circonstances de leur supplice : ces faibles corps étouffés sous d'horribles étreintes, ces cruelles morsures, ces chairs délicates arrachées par morceaux avec une impitoyable fureur ; choses horribles, exprimées si énergiquement par ces mots : *et miseros morsu depascitur artus.*

> *Post ipsum auxilio subeuntem, ac tela ferentem*
> *Corripiunt, spirisque ligant ingentibus ; et jam*
> *Bis medium amplexi, bis collo squamea circùm*
> *Terga dati, superant capite, et cervicibus altis.*

Il faut remarquer d'abord la force du mot *corripiunt.* Quand les serpents se sont jetés sur les deux enfants, il les ont enveloppés sans aucun effort, *implicaverunt*. Mais le père pouvait opposer de la résistance ; ils le saisissent donc avec violence, *corripiunt*.

Spirisque ligant ingentibus. C'est avec un goût infini que le vers s'arrête à ce mot *ingentibus*, dont la longueur figure très-bien les immenses replis qui étreignent le corps de Laocoon.

Et jam bis medium amplexi... Quelle image effrayante, quel affreux spectacle le poète met ici sous nos yeux ! Déjà les serpents l'ont enveloppé deux fois au milieu du corps, deux fois ils ont fait le tour de son cou, et cependant leurs cous allongés, leurs têtes aux crêtes sanglantes s'élèvent encore au dessus de la sienne.

Il faut remarquer dans ces vers la force de la particule *bis*, deux fois répétée pour nous montrer ces horribles ceintures quatre fois repliées au milieu du corps, quatre fois roulées autour du cou de la malheureuse victime.

> *Ille simul manibus tendit divellere nodos,*
> *Perfusus sanie vittas, atroque veneno ;*
> *Clamores simul horrendos ad sidera tollit.*

Ces vers produisent un merveilleux effet sur l'imagination. En les lisant, il semble voir ce malheureux luttant de toutes ses forces contre ces effroyables nœuds, tout couvert de sang et du poison de ces monstres ; il semble entendre ses cris épouvantables, si bien figurés par ces mots pleins d'une sonorité effrayante, et mis au nombre pluriel : *clamorès horrendos...* Le mot *vittas* ajoute de l'intérêt à la peinture : ce n'est point une victime ordinaire, c'est un prêtre orné de bandelettes que les serpents dévorent.

Une chose à remarquer dans l'ensemble de ce tableau, ce sont les traits hardis et pour ainsi dire inspirés du poète : les coupes de vers, les phrases suspendues, l'esprit arrêté pour admirer chaque fait. C'est là réellement le cachet du génie ; c'est ce qui nous révèle le grand poète.

CHAPITRE IV.

Des Figures. •

Le mot *figure*, pris dans toute son extension, signifie la forme extérieure des objets : une figure de géométrie ; cet homme a une belle figure.

Dans ce sens, il est vrai de dire que tous les mots sont des figures, puisqu'ils expriment tous, sous une forme sensible, les idées qu'ils représentent, et dont ils sont réellement les images.

Dans un sens plus restreint, dans celui que nous voulons lui donner, les figures sont ou grammaticales ou littéraires.

FIGURES GRAMMATICALES.

Les figures grammaticales sont des manières de parler qui s'écartent des règles ordinaires, et que l'on emploie pour donner à la pensée plus de clarté, plus d'étendue ou de précision, plus de force, plus d'agrément.

Il y a quatre figures de grammaire : l'ellipse, le pléonasme, la syllepse, l'hyperbate, auxquelles on peut joindre l'hellénisme.

ARTICLE I.

DE L'ELLIPSE.

L'*ellipse* (de ελλειψις, omission, manque, suppression) est une figure qui consiste à supprimer dans le discours un ou plusieurs mots nécessaires à la construction pleine et entière de la phrase.

L'ellipse rend le discours plus vif, plus animé, plus concis ; elle donne plus de grâce au style et plus d'intérêt à la pensée.

Pour qu'une ellipse soit bonne, il faut que les mots sous-entendus puissent facilement se suppléer par le bon sens et la raison de ceux qui lisent ou qui écoutent.

Il y a deux sortes d'ellipses : l'une absolue, l'autre relative. La première a lieu quand on supprime dans une phrase un ou plusieurs mots qui n'ont point été exprimés auparavant; la seconde, quand on sous-entend des mots déjà exprimés dans une autre phrase, ou dans une autre proposition.

PREMIÈRE ESPÈCE D'ELLIPSE.

I

ELLIPSE DES SUBSTANTIFS.

Tout adjectif suppose un substantif exprimé ou sous-entendu. Ainsi, quand on dit *liber*, *ferina*, *bubula* en général, on suppose *caro*, car comme *bubula*, *equina*, *ferina*, sont des adjectifs, ils supposent *caro* sous-entendu : de la chair de bœuf, de cheval, de bête sauvage.

Il en est ainsi dans les exemples suivants : *Tendimus hinc rectâ Beneventum.* Hor. (Sous-ent. *viâ.*) Nous allâmes droit à Bénévent. *Per apertum ire* (sous-ent. *cælum*). Marcher sous un ciel pur. *Suprema persolvere* (sous-ent. *officia*). Rendre les derniers devoirs. *In altum solvere naves* (sous-ent. *mare*). Gagner la haute mer.

On sous-entend aussi le substantif construit avec certains adjectifs déterminatifs. Ex. : *Ex quo te vidi* (sous-ent. *tempore*). Depuis que je vous ai vu. *Ea quæ dixisti mihi probata sunt* (sous-ent. *negotia*). J'ai approuvé ce que vous avez dit. *Hæc mea sunt* (sous-ent. *bona*). Ces biens sont à moi. *Primas tibi defero* (sous-ent. *partes*). Je vous cède le premier rang.

II

ELLIPSE DES ADJECTIFS.

Les Latins aimaient à sous-entendre les adjectifs ou les participes qui n'offraient qu'un intérêt secondaire et que l'esprit pouvait facilement suppléer. Ainsi, ils disaient : *Crescit in dies gloria justi* (sous-entent. *singulos*). La gloire du juste croît de jour en jour. *Sic erit ut voluisti* (sous-ent. *factum*). Il sera fait comme vous l'avez voulu.

On supprime aussi fréquemment :

1° L'adjectif démonstratif *is, ea, id,* devant le relatif *qui, quæ, quod ;* surtout quand l'un et l'autre sont au nominatif, ou même à l'accusatif. Ex. : *Maximum ornamentum amicitiæ tollit, qui ex eâ tollit verecundiam* (sous-ent. *is*). Celui qui retranche la pudeur de l'amitié, lui enlève son plus bel ornement.

2° Les adjectifs possessifs, quand on voit clairement quel est l'objet possesseur. Ex. : *Casus adversos fortiter tulerunt.* Ils ont supporté courageusement leurs malheurs. *Pedibus timor addidit alas.* La crainte a mis des ailes à ses pieds. *Fratrem lugebant ademptum.* Ils pleuraient la mort de leur frère.

REMARQUES. 1° Si l'on voulait insister sur l'idée de possession, ou indiquer un contraste, il faudrait exprimer l'adjectif possessif. Ex. : *Ego tibi consilium meum aperiam.* Je vous ferai connaître mon dessein.

2° S'il y avait deux substantifs, il suffirait d'exprimer une seule fois l'adjectif possessif. Ex. : *Meum casum luctumque doluerunt amici.* Mes amis ont déploré mes malheurs et mon affliction.

III.

ELLIPSE DES VERBES.

Toute proposition se compose essentiellement d'un sujet et d'un verbe. Si donc le verbe n'est pas exprimé, il faut en conclure qu'il est sous-entendu.

Les verbes qui se sous-entendent le plus souvent sont :

1° Le verbe *esse* entre le sujet et l'attribut, surtout dans les axiomes, les sentences, les proverbes. Ex. : *Corpori indulgendum, non serviendum.* Il faut avoir de l'indulgence pour son corps, mais ne point en être l'esclave. *Virtutum amicitia adjutrix, non vitiorum comes* (sous-ent. *debet esse*). L'amitié doit être le soutien de la vertu, mais non la compagne du vice. *Promisi ultorem* (sous-ent. *me fore*). J'ai promis d'être son vengeur.

Le verbe *esse* se sous-entend aussi fréquemment après les participes passés et futurs, dans les propositions infinitives. Ex. : *Ædui juraverunt sese neque obsides à Sequanis repetituros, neque auxilium à populo romano imploraturos, neque recusaturos quominus in perpetuum sub illorum imperio essent.* Cæs. Les Éduens s'étaient engagés par serment à ne pas réclamer leurs ôtages auprès des Séquanais, à ne pas implorer le secours du peuple romain, et à se soumettre pour toujours à leur domination. *Omissum illud ac præteritum cave ne dicas* (sous-ent. *fuisse*). Gardez-vous de dire que cela a été omis et passé sous silence.

2° Les verbes *dicere*, *censere*. Ex. : *Quid multa? quid plura?* (sous-ent. *dicam*), à quoi bon en dire plus ou plusieurs, pour ne pas en dire davantage. De même : *Quid ergo? quid enim? quid verò* (sous-ent. *censes*). De même aussi : *Bona verba, quæso* (sous-ent. *dic*). *De his hactenus* (sous-ent. *dictum est*). Il a été assez dit sur ce point. *Hæc igitur indocti; quid vos philosophi?* (Sous-ent. *dicunt* au premier membre, et *dicitis* au second.) Voilà ce que disent les ignorants; vous, philosophes, que dites-vous?

3° Les verbes *pertinet*, *refert*, *prodest*, *oportet*. Ex. : *Quid ad me? Nihil ad vos; nihil ad rem. Quorsum hæc longior oratio?* A quoi bon un si long discours? *Quid mihi innumerabiles libros* (sous-ent. *prodest et habere*). *Mene incœpto desistere victam?* (Sous-ent. *oportet.*)

4° Les verbes *agere* ou *facere*. Ex. : *Quid aliud, quàm monemus cives nos eorum esse?* (Sous-ent. *agimus.*) Que faisons-nous autre chose que de leur rappeler que nous sommes leurs concitoyens? *Eâ quidem nocte nihil, præterquàm vigilatum est* (sous-ent. *actum est*). Cette nuit on s'est contenté de faire bonne garde.

5° Les verbes *orare*, *rogare*, *precari*. Ex. : *Per ego vos deos patrios*, construisez : *Vos oro per deos patrios.* Je vous en supplie, au nom des dieux de la patrie. *Per deorum atque hominum fidem* (sous-ent. *rogo*). Je vous en conjure, par la bonne foi des dieux et des hommes.

6° Les verbes *ait, inquit,* quand on cite les paroles d'un autre. Ex. : *Turpemque aperto pignore errorem probans : En, hoc declarat quales sitis judices.* Phæd. Et prouvant leur grossière erreur par ce témoignage évident : Voici qui démontre, leur dit-il, quels juges vous êtes.

IV

ELLIPSE DES ADVERBES.

Dans les propositions corrélatives, on sous-entend fréquemment le premier terme de comparaison, soit adjectif, soit adverbe, quand l'esprit peut facilement le suppléer. Ex. : *Discipulum maximè probo, qualem te fore promisisti* (sous-ent. *talem*). Un disciple tel que vous avez promis de l'être, jouit de toute mon estime. *Umbræ ibant tenues, quàm multa in sylvis avium se millia condunt.* Virg. (Sous-ent. *tam multæ.*) Les ombres légères accouraient aussi nombreuses que cette foule d'oiseaux qui se réfugient dans les forêts. *Quantùm potui, rebus tuis invigilavi* (sous-ent. *tantùm*). J'ai veillé à vos intérêts autant que je l'ai pu.

De même *magis et potiùs* sont sous-entendus quelquefois devant *quàm,* second terme de comparaison. Ex. : *Statuit igitur congredi, quàm cum tantis copiis diffugere.* Corn. (Sous-ent. *potiùs.*) Il résolut d'engager le combat plutôt que de prendre la fuite avec des troupes si nombreuses.

De même aussi les adverbes *priùs* et *post.* Ex. : *Quadringentesimo anno, quàm urbs condita est* (sous-ent. *post*). Quatre cents ans après la fondation de Rome.

V

ELLIPSE DES PRÉPOSITIONS.

Nous avons exposé, soit dans le cours de la grammaire, soit au commencement de ce traité, les cas les plus fréquents où l'on sous-entend les prépositions ; nous ne ferons qu'ajouter ici quelques particularités.

i

On supprime souvent devant le relatif *qui, quæ, quod,* la

préposition déjà exprimée avant son antécédent. Ex. : *In eâdem opinione fui, quâ reliqui omnes.* Cic. (Sous-ent. *in quâ.*) J'ai eu la même opinion que tous les autres.

II

La préposition *ad* est fréquemment sous-entendue devant les accusatifs *hoc, id, illud, unum, quid, aliquid, quædam, multa,* etc. Ex. : *Quid frustrà laboras ?* (Sous-ent. *ad*). Pourquoi travaillez-vous en vain ? *Id ætatis jam sumus, ut omnia fortiter ferre debeamus* (sous-ent. *ad id spatium*). Nous sommes arrivés à un âge où nous devons tout souffrir courageusement.

De même, la préposition *secundùm,* comme en grec la préposition κατα. Ex. *Os humerosque deo similis* (sous-ent. *secundùm*). Semblable à un dieu par la figure et par la taille. *Expleri mentem nequit.* Il ne peut rassasier son esprit.

III

Les prépositions *ante* et *post* se suppriment devant les noms qui indiquent les divisions du mois romain. Ex. : *Natus est Augustus nono calendas octobres.* Suet. (Sous-ent. *ante.*) Auguste naquit neuf jours avant les calendes d'octobre.

VI

ELLIPSE DES CONJONCTIONS.

1° La conjonction *et* se supprime le plus souvent dans une énumération rapide, et devant les mots placés par gradation, ou étroitement liés entre eux par l'analogie des idées. Ex. : *Huic, ab adolescentia, bella intestina, cædes, rapinæ, discordia civilis, grata fuere.* Sall. Dès sa jeunesse, il aima les guerres intestines, les meurtres, les rapines, les discordes civiles. *Vastus animus immoderata, incredibilia, nimis alta semper cupiebat.* Sall. Son vaste génie aspirait sans cesse à des choses immodérées, incroyables et trop élevées. *Abiit, excessit, evasit, erupit.* Cic. *in Catil.* Il est parti, il s'est retiré, il nous a échappé, il s'est enfui.

2° La conjonction *et* et les conjonctions suivantes : *an, ne, vel, sive, autem, vero,* se suppriment aussi, quand on veut établir un contraste entre certains mots ou certaines propositions. Ex. : *Melius, pejus; prosit, obsit; nihil vident, nisi quod lubet.* Plin. Que la chose soit meilleure ou pire, utile ou nuisible; ils ne considèrent que ce qui leur plaît. *Velis, nolis; scias, nescias.* Que vous vouliez ou non, que vous sachiez ou que vous ne sachiez pas.

3° Les conjonctions *nam, namque, enim, etenim,* et quelques autres se sous-entendent fréquemment, quand il est facile de voir le rapport qui existe entre la première et la seconde proposition. Ex. : *Nimium ne crede colori; alba ligustra cadunt, vaccinia nigra leguntur.* Virg. (Sous-ent. *nam* et *dum*). Ne comptez pas trop sur la beauté de votre teint; car le troëne blanc tombe à terre, tandis qu'on recueille les fruits du noir vacciet.

4° Les conjonctions *sic* ou *itâ* dans un premier membre de phrase, et *ut* dans un second membre, doivent toujours se correspondre; si donc l'une d'elles n'est pas exprimée, elle est nécessairement sous-entendue. Ex. : *Verè factum est, ut amici tui dictitant* (sous-ent. *itâ*). Il a été fait réellement ainsi que vos amis se plaisent à le répéter. *Mihi quidem, ut tibi, res gravior visa est* (sous-ent. *itâ*). J'ai cru, comme vous, que la chose était plus grave.

5° La conjonction *si* se supprime quelquefois devant le présent ou l'imparfait du subjonctif. Ex. : *Tu quoque magnam partem opere in tanto, sineret dolor, Icare, haberes !* Virg. (Sous-ent. *si* devant *dolor.*) Vous auriez aussi une grande part dans un si grand travail, ô Icare, si la douleur l'eût permis. *Pessima sit, nulli non sua forma placet.* Ovid. (Sous-ent. *etiamsi.*) On aime sa figure, quelque laide qu'elle soit.

6° La conjonction *ut* se supprime aussi quelquefois, quand il y a deux propositions subordonnées, l'une négative et précédée de *ne,* et l'autre affirmative. Ex. : *Monere cœpit Porum ne ultima experiri perseveraret, dederetque se victori.* Q. C. (Sous-ent. *ut* avant *dederet.*) Il conseilla à Porus de ne pas s'obstiner à tenter les dernières extrémités, et de se soumettre au vainqueur.

SECONDE ESPÈCE D'ELLIPSE.

Jusqu'ici, nous avons parlé de la première espèce d'*ellipse*, celle où l'on sous-entend des mots qui n'ont point été exprimés auparavant.

Il nous reste à parler de celle où l'on supprime des mots déjà exprimés de la même manière, ou d'une manière différente. Elle a lieu :

1° Quand on sous-entend dans une ou plusieurs propositions le sujet, le verbe ou le complément de la même manière qu'ils ont déjà été exprimés. Ex. : *Tenera arbor facile erigitur, annosa autem inflexibilis est* (sous-ent. *arbor*). Il est facile de redresser un jeune arbre; mais quand il est vieux on ne peut plus le fléchir.

Trojugena, interpres divûm, qui numina Phœbi,
Qui tripodas, Clarii lauros, qui sidera sentis,
Et volucrum linguas, et præpetis omina pennæ.

Virg.

Dans cette phrase, le verbe *sentis* est sous-entendu cinq fois.

2° Quand on sous-entend le sujet, le verbe ou le complément, avec quelque changement soit dans le genre, soit dans le nombre, soit dans le cas, soit dans la personne.

EXEMPLES :

DIFFÉRENCE DE GENRE : *Utinam aut hic surdus, aut hæc muta facta sit.* Ter. Plût à Dieu que celui-ci fût devenu sourd, et celle-là muette!

DIFFÉRENCE DE NOMBRE : *Sociis et rege recepto,* c'est-à-dire : *Sociis receptis et rege recepto.* Les compagnons et le roi ayant été retrouvés.

Hic illius arma, hic currus fuit. Virg. Là étaient ses armes, là était son char.

DIFFÉRENCE DE CAS : *Quid ille non fecerit, quem neque pudet quicquam, nec metuit quemquam?* Ter. (Sous-ent. *qui nec metuit.*) Que n'a-t-il pas fait cet homme qui ne rougit de rien, qui ne craint rien ?

Différence de personnes : *Ille ludo, ego studio delector.* Il se plaît au jeu, et moi à l'étude.

Quamvis ille niger, quamvis tu candidus esses. Virg. Quoiqu'il fût noir, et que tu sois d'une grande blancheur.

Remarques. 1° Au lieu de répéter un verbe déjà exprimé, on le sous-entend le plus souvent dans une première ou une seconde proposition. Ex. : *Ut enim vitiis principum infici solet tota civitas, sic emendari continentia* (sous-ent. *solet*). Comme toute une cité a coutume de se laisser corrompre par les vices des princes, elle a coutume aussi de se corriger par l'exemple de leurs vertus.

2° On sous-entend même quelquefois un verbe ayant un sens positif, après un verbe négatif. Ainsi, *dicere* est quelquefois sous-entendu après *negare*, *jubere* après *vetare*, etc. Ex. : *Plerique negant Cæsarem in eam conditionem mansurum, et* (*dicunt* sous-ent.) *postulata hæc ab eo interposita esse, quo minus quod opus esset ad bellum à nobis pararetur.* Cic. La plupart disent que César ne tiendra pas ces conditions, et qu'il a fait ces demandes pour empêcher nos préparatifs de guerre.

3° On sous-entend aussi l'infinitif du verbe principal, dans une proposition relative. Ex. : *Non facile irascetur judex cui tu velis* (sous-ent. *eum irasci*). *Ne illam quidem consequuntur quam putant gratiam* (sous-ent. *se consecuturos*). Ils ne gagnent pas même les bonnes grâces du peuple, comme ils en avaient l'espoir (1).

ARTICLE II.

DU PLÉONASME.

Le *pléonasme* (de la racine πλεος, *plein*) consiste dans l'emploi de mots superflus, quant au sens et à la construction, mais servant à donner plus de force, plus de grâce, plus de clarté ou d'harmonie à la pensée. Le pléonasme est donc le contraire de l'ellipse, puisque celle-ci retranche des mots et que l'autre en ajoute. Le pléonasme, qui est d'un usage assez fréquent, surtout chez les poètes, a lieu dans les cas suivants :

1° Quand il y a deux sujets ou deux compléments, un nom et un pronom, pour désigner la même personne. Ex. :

(1) Gantrelle, *Gram. lat.*

Posthumius autem, de quo senatus decrevit ut statim iret in Ciliciam, is negavit se iturum sine Catone. Cic. (Le nom propre *Posthumius* et le pronom *is* sont tous deux sujets du verbe *negavit.*) *Erant omnino itinera duo, quibus itineribus domo exire possent.* Cæs.

2° Quand il y a dans une proposition, ou même dans une phrase deux mots employés dans le même sens pour exprimer la même pensée. Ex. : *Neque enim permissum est ut impune nobis liceat quod alicui eripuerimus id alteri tradere* (*liceat* et *permissum est* présentent le même sens). Cic. Il n'est pas permis d'enlever à quelqu'un ce qui lui appartient pour le donner à d'autres.

3° Enfin quand on ajoute des mots qui ne sont point nécessaires au sens de la phrase, mais qui donnent au discours plus de grâce, plus de force ou d'harmonie. Ex. : *Auribus meis illud audivi.* J'ai entendu cela de mes propres oreilles. *Meismet oculis eum vidi.* Je l'ai vu de mes propres yeux. *Ibis tandem aliquando.* Vous irez enfin. *Nisi vero existimetis.* A moins que vous ne pensiez, etc.

REMARQUE. On trouve fréquemment chez les poètes anciens des expressions prolixes et fastueuses, qui avaient leur raison d'être dans la naïve simplicité des premiers âges, et que l'usage avait consacrés. Des pléonasmes de ce genre ne seraient plus admissibles à notre époque.

ARTICLE III.

DE LA SYLLEPSE.

La *syllepse* (de συλληψις, *conception*) est une figure par laquelle on construit les mots selon les idées qui sont présentes dans l'esprit, plutôt que selon les règles de la construction grammaticale. Ainsi, au lieu de dire : *elles sont six heures*, on dit : *il est six heures*, parce que l'esprit voulant exprimer un temps précis, savoir la sixième heure, porte son attention sur celle-ci en particulier plutôt que sur les autres heures qu'il lui importe peu de connaître à ce moment.

Il y a plusieurs espèces de syllepses :

1° *Syllepse dans le genre*, quand un adjectif est à un autre genre que le nom auquel il se rapporte. Ex. : *Samnitium duo millia cæsi* (au lieu de *cæsa*). Il y eut deux mille Samnites de tués. De même quand Horace a dit : *Daret ut catenis fatale monstrum, quæ generosius perire quærens*, etc. Afin de livrer aux fers ce monstre fatal qui, cherchant une mort plus glorieuse... Il a mis *quæ*, faisant rapporter ce mot à Cléopâtre, dont *monstrum* rappelle l'idée.

2° *Syllepse dans le nombre*, quand le sujet est au singulier et le verbe au pluriel, et réciproquement. Ex. : *Turba ruunt.* Virg. La foule se précipite. *Missi magnis de rebus uterque legati.* Hor. Tous deux furent députés pour de grandes affaires. *Si tempus est ullum jure hominis necandi, quæ multa sunt.* Cic. S'il est des circonstances où l'on ait droit de tuer un homme, et ces circonstances sont nombreuses.

De même, quand on dit en grec : Τα ζῶα τρεχει, on met le verbe au singulier, parce que l'esprit perçoit une généralité sous ce mot *animalia*, comme s'il y avait *omne animal currit*.

3° *Syllepse dans le genre et dans le nombre.* Ex. : *Pars in crucem acti, pars bestiis objecti.* Sall. Les uns furent mis en croix, les autres furent exposés aux bêtes. *Cohors peligna velitaribus armis adversùs tela hostium, quòd ea levia sunt, muniti.* Sall., Jug. La cohorte pélignène fut armée comme les vélites, pour repousser les traits légers des ennemis.

4° *Syllepse relative*, quand on fait rapporter le relatif à un antécédent qui n'a point été exprimé, mais que le sens de la phrase fait concevoir. Ex. : *Per litteras me consolatus sum, quem librum ad te mittam.* Cic. Je me suis consolé par la culture des lettres, dans un ouvrage que je vous enverrai. (*Per litteras* se prend pour la composition du livre, et amène naturellement l'idée de *quem librum.*) *De sextiano negotio, valdè enim hunc amo, velim cures.* Cic. (*Hunc* se rapporte à *Sextius*, qui n'est point exprimé, mais dont l'idée est éveillée par ces mots *sextiano negotio.*)

5° Il faut rapporter à la fois à l'ellipse et à la syllepse ces façons de parler qui donnent tant de grâce au style, et où il y a un relatif qui n'a point d'antécédent. Ex. : *Vos quidem, quæ vestra est prudentia, quid optimum factu sit videbitis.* Cic. (C'est-à-dire *pro prudentiâ quæ prudentia est vestra.*) Ayant autant de prudence que vous en avez, vous verrez sans doute ce qu'il y a de mieux à faire. *Si mihi permisisses, qui meus amor in te est, hoc negotium confecissem.* Cic. Si vous me l'eussiez permis, l'amour que j'ai pour vous m'aurait poussé à terminer cette affaire.

ARTICLE IV.

DE L'HYPERBATE.

L'hyperbate (de υπερβατον, *transposition*) est une figure qui consiste dans le déplacement, le mélange, la confusion naturelle des mots.

Il y a cinq espèces d'hyperbates, qui sont :

1° L'*anastrophe* ou renversement des mots (de ἀναστροφή, *renversement*), comme *mecum, tecum, secum, nobiscum; quamobrem,* pour *ob quam rem; quàm potiùs,* pour *potiùs quàm; his accensa super...* pour *super his.*

2° La *tmèse* (de τμῆσις, *coupure*), quand un mot est coupé en deux parties séparées par d'autres mots. Ex. : *Quò me cumque rapit tempestas.* Hor. Partout où me porte la tempête. *Satis mihi fecit, reique publicæ curam suscepit.* Il m'a satisfait et a veillé aux intérêts de la république.

3° La *parenthèse,* qui interrompt le sens de la phrase. Ex. : *Tityre, dùm redeo (brevis est via) pasce capellas.* Virg. Tityre, jusqu'à mon retour (je ne vais pas loin) fais paître mes chèvres.

4° La *synchyse* (de σύγχυσις, *confusion, mélange*) est une transposition de mots qui trouble et confond l'ordre des mots, la construction naturelle des phrases et des périodes. Ex. : *Saxa vocant Itali mediis quæ in fluctibus aras.* Virg. Æn., I, 112. C'est-à-dire : *Itali vocant aras saxa illa quæ sunt in mediis fluctibus.* Les Italiens appellent autels ces écueils qui sont au milieu des flots.

REMARQUE. La *synchyse* est plutôt un défaut qu'une beauté,

si ce n'est quand on veut peindre une violente agitation, une confusion dans les éléments. Elle n'est permise qu'aux poètes qui sont quelquefois obligés, pour la mesure ou la rime, d'introduire quelque désordre dans l'arrangement des mots.

5° *L'anacoluthe* (de ἀναχολουθία, *incohérence*), quand les mots n'ont presque nulle suite et nulle disposition, comme dans Térence : *Nam omnes nos quibus est alicundè aliquis objectus labor, omne quod est intereà tempus, priusquàm id rescitum est, lucro est.* Et même dans Cicéron : *Prætor intereà, ne pulchrum se ac beatum putaret, atque aliquid suâ sponte loqueretur, ei quoque carmen compositum est. Cic. pro Mur.*

ARTICLE V.

DE L'HELLÉNISME.

L'hellénisme (de ελληνισμος, *imitation des Grecs*) consiste à imiter dans le discours certaines manières de parler, certains tours de phrase particuliers à la langue grecque.

Il y a plusieurs sortes d'hellénismes :

1° *Hellénisme par attraction,* quand un nom ou un pronom, ou un adjectif, sont attirés à tel genre, à tel cas, par un autre nom ou pronom qui précède. Ainsi, l'on dit en grec : Περι λογων ὦν ελεξα, et l'on dirait en latin, par imitation : *De verbis quibus dixi,* pour *quæ dixi.* Démosthène a dit : Εκ τῶν ἐπιστολων τῶν ἐχείνου μαθήσετε, ὦν εἰς Πελοπόννησον ἔπεμψε. *Ex epistolis ejus cognoscetis, quibus* (pour *quas*) *in Peloponesum misit.*

C'est ce que les Latins ont souvent imité, comme lorsqu'ils ont dit : *Mihi non licet esse pigro.* (*Pigro* est attiré au datif par *mihi*.) *Sensit medios delapsus in hostes.* Virg. (*Delapsus* est attiré au nominatif par le sujet de *sensit*.) *Istum quem quæris ego sum.* (*Istum* est attiré à l'accusatif par *quem*.

2° *Hellénisme de la préposition* κατα. Les Latins ont imité souvent les accusatifs grecs régis par les prépositions κατα ou περι sous-entendues. Ainsi, ils ont dit : *Os humerosque deo similis.* Virg. (Sous-ent. *juxtà* ou *secundùm.*) Semblable à un dieu par la figure et par la taille. *Fractus membra* (sous-ent. *secundùm*). *Expleri mentem nequit. Pacem te poscimus omnes,* etc.

3° *Hellénisme de la préposition* εx. Les Grecs sous-entendent si souvent cette préposition, qui gouverne le génitif, et les Latins ont si souvent imité cette manière de parler, que plusieurs grammairiens ont cru qu'il y avait quantité de verbes ou d'adjectifs latins qui par eux-mêmes gouvernaient le génitif, tandis qu'il n'y a le plus souvent qu'un simple hellénisme, comme dans les exemples suivants :

Abstine irarum. Ne te mets pas en colère. *Desine lachrymarum.* Cesse de pleurer. *Felix ac libera legum.* Heureuse et exempte des lois. *Implentur veteris Bacchi, pinguisque ferinæ.* Ils se remplisent de vin vieux et d'une grasse venaison, etc.

4° *Hellénisme de l'infinitif.* C'est encore par hellénisme qu'on met l'infinitif au lieu du gérondif et du supin. Par exemple :

Audax omnia perpeti gens humana ruit per vetitum nefas. La race humaine, qui a l'audace de tout oser, se précipite à travers tous les crimes.

Omne cùm Proteus pecus egit altos visere montes. Hor. Lorsque Protée conduisit son troupeau sur les hautes montagnes.

Sed si tantus amor casus cognoscere nostros. Virg. Mais si vous désirez tant connaître nos malheurs.

L'usage fera connaître les autres sortes d'hellénismes.

DES TROPES.

Outre les figures grammaticales dont nous venons de parler, il en est d'autres qui tiennent, si l'on peut dire ainsi, moins au corps qu'à l'âme du discours, et que l'on emploie pour donner plus de couleur, plus de variété au style; plus de grâce, plus de noblesse, plus de vivacité à la pensée.

Parmi ces figures, les unes sont plus spécialement du domaine de la rhétorique. Telles sont l'*interrogation*, l'*apostrophe*, l'*exclamation*, etc.

Les autres sont d'un usage si fréquent, qu'il importe de les connaître dès que l'on commence à traduire les poètes.

Ces figures sont appelées *tropes* (du grec τρόπος, *tour, changement*, tiré du verbe τρέπω, *je tourne*), parce qu'elles consistent à changer le sens propre d'un mot en un autre sens, avec lequel il a des rapports de ressemblance, et dont il réveille naturellement l'idée. C'est ainsi qu'on dit *cent voiles* pour *cent vaisseaux*, et qu'on appelle *lion* un homme doué d'une force, d'un courage extraordinaire.

Les principaux tropes sont :

I

LA MÉTAPHORE.

La *métaphore* (du grec μεταφορα, *translation*) est une figure par laquelle on transporte, pour ainsi dire, le sens propre d'un mot à un autre sens qui ne lui convient qu'en vertu d'une comparaison qui est dans l'esprit. Ainsi, quand on dit que *le mensonge se pare souvent des couleurs de la vérité*, le mot *couleurs* n'a plus sa signification primitive, il ne désigne plus cette lumière qui nous fait voir les objets ou blancs, ou rouges, ou jaunes, etc.; il exprime les *dehors*, les *apparences morales*, et cela par analogie avec le sens propre du mot *couleur* et les *dehors* d'un homme qui nous en impose sous le masque de la sincérité.

Quand Homère a dit, en parlant d'Achille : *Ce lion s'élance*, il a fait une métaphore, parce qu'il a appliqué à ce héros l'idée d'un mot qui ne lui convient que sous une comparaison.

Ardere, dans le sens propre, signifie brûler, être en feu. *Domus ardet*. Mais si l'on applique ce mot à un homme qui est en colère, et qu'on dise : *Ardet irâ, ardet cupiditate*, on fait aussi un métaphore. Il en est de même quand on dit : *La chaleur du sentiment, la rapidité de la pensée, un déluge de mots, des torrents de plaisirs*, etc.

« La *métaphore* est la plus belle, la plus riche et la plus fréquente de toutes les figures ; c'est elle qui fournit au discours une infinité d'expressions, qui relève les pensées les plus basses, en les présentant sous une forme plus gracieuse ; c'est par elle que le style s'embellit et se colore, que tout est vivant dans la poésie et dans l'éloquence (1). »

Quand la métaphore est continuée et qu'elle s'applique à une suite de phrases servant à développer la même pensée, elle prend le nom d'*allégorie*. Ainsi, en lisant l'idylle de Mme Deshoulières :

> Dans ces prés fleuris
> Qu'arrose la Seine,
> Cherchez qui vous mène,
> Mes chères brebis, etc.,

on ne tarde pas à voir, sous cette allocution d'une bergère à son troupeau, la requête d'une mère en faveur de ses enfants.

Il y a dans Horace une magnifique allégorie : c'est l'ode où il représente la république romaine sous l'image d'un navire battu par la tempête :

> *O navis, referent in mare te novi*
> *Fluctus ! O quid agis? Fortiter occupa*
> *Portum. Nonne vides ut*
> *Nudum remigio latus,*
> *Et malus celeri saucius Africo,*
> *Antennæque gemant?* etc. Ode 13, 1, I.

O vaisseau, de nouveaux flots vont te reporter sur la haute mer ! Oh ! que fais-tu? Tiens-toi fortement dans le port. Ne vois-tu pas que tes flancs sont dépouillés de leurs rames, que ton mât est endommagé par la violence des vents, que tes antennes gémissent? etc.

Les métaphores sont défectueuses 1° quand elles sont tirées de sujets bas. On fait avec raison un reproche à Tertullien d'avoir dit : *Diluvium generale naturæ lixivium.* Le déluge

____
(1) Le Clerc.

universel fut la lessive de la nature. 2° Quand elles sont forcées, prises de loin, que le rapport n'est point assez naturel, ni la comparaison assez sensible ; par exemple, quand Théophile a dit : *Je baignerai mes mains dans les ondes de tes cheveux.* 3° Quand on passe brusquement d'une image à une autre dans une même phrase, comme si l'on disait : C'est un torrent qui menace de tout *dévorer*, au lieu de dire, qui menace de tout *engloutir*. 4° Enfin, il faut aussi avoir égard aux convenances des différents styles. Il y a des métaphores qui conviennent au style poétique, et qui seraient déplacées dans le style oratoire.

Chaque langue a des métaphores particulières qui ne sont point en usage dans une autre langue. Les Latins disaient, en parlant d'une armée : *dextrum et sinistrum cornu* ; et nous disons : *l'aile droite* et *l'aile gauche.*

II

LA CATACHRÈSE.

La *catachrèse* (du grec κατάπχρησις, *abus, mauvais emploi*) est une figure par laquelle certains mots s'emploient abusivement, faute de meilleures expressions, pour exprimer certaines idées avec lesquelles ils n'ont que des rapports éloignés.

Ainsi, nous disons qu'un cheval est *ferré* d'argent, parce que nous n'avons point d'autre mot par lequel nous puissions exprimer l'idée du verbe *ferrer.*

Quand Horace a dit : *equitare in arundine longâ,* aller à cheval sur un bâton, il a fait un usage un peu exagéré de cette figure ; il est difficile, en effet, de se représenter un bâton sous la forme d'un cheval.

Le mot *feuille* se dit par extension des choses qui sont plates et minces comme les feuilles des plantes. Ainsi, l'on dit : *une feuille de papier, une feuille de carton, une feuille de fer-blanc, une feuille d'or.*

La langue, qui est le principal organe de la parole, a aussi prêté son nom pour désigner l'idiome ou le langage des différentes nations. Ainsi, l'on dit : *la langue latine, la langue française,* etc.

La *catachrèse* n'est donc qu'une *métaphore* tirée de loin, à laquelle on a recours, quand il n'y a point de mots propres pour exprimer clairement telle ou telle pensée.

III

LA MÉTONYMIE.

La *métonymie* (de μετα, qui marque le *changement,* et ονομα, *nom*) est une figure qui consiste à prendre une chose pour une autre, à substituer un mot à un autre mot dont le sens est plus étendu ou plus restreint.

On fait usage de cette figure, quand on prend :

1º *La cause pour l'effet.* Ainsi, l'on dit *vivre de son travail,* au lieu de dire *vivre de ce que l'on gagne en travaillant.*

Les païens s'imaginaient que Cérès était la déesse des moissons, que Bacchus était le dieu du vin, Mars le dieu de la guerre, etc. ; c'est pourquoi ils donnaient au blé le nom de Cérès, au vin le nom de Bacchus, et à la guerre le nom de Mars. Ainsi Virgile a dit :

> *Tum cererem corruptam nudis, cerealiaque arma*
> *Expediunt...*

Alors ils retirent des vaisseaux le blé gâté par les ondes, ainsi que les instruments de Cérès.

Il a dit aussi en parlant des Troyens :

> *Implentur veteris Bacchi, pinguisque ferinæ.*

Ils se remplissent d'un vin vieux et d'une grasse venaison.

On disait *les travaux de Mars* pour les travaux de la guerre, *les Muses* pour les beaux arts.

Nous faisons aussi une métonymie, quand nous prenons le nom d'un auteur pour ses ouvrages. *J'ai lu Boileau, j'ai expliqué Virgile, Cicéron, Homère.*

C'est aussi par *métonymie* que l'on dit le *pinceau* pour la *peinture,* une *belle main* pour une *belle écriture,* les *insignes* pour la *profession*. Il a quitté la *robe* pour l'*épée*, c'est-à-dire il a renoncé à la magistrature pour entrer dans la milice.

2° L'*effet pour la cause*, comme l'ombre pour les arbres qui procurent de l'ombrage, le froid pour l'hiver, la moisson pour l'automne, etc. Ovide a dit : *Non habet Pelion umbras*. Le mont Pélion n'a plus d'ombre, c'est-à-dire n'a plus d'arbres qui produisent de l'ombrage. Virgile a dit : *Ante focum si frigus erit, si messis in umbrâ (frigus* pour *hiems* et *messis* pour *autumnus)*. Les poètes disent : *la pâle mort, les pâles maladies*, parce que les maladies, la mort rendent le corps pâle.

3° *Le contenant pour le contenu*, comme la coupe pour le vin, la maison pour ceux qui l'habitent, l'étable pour le troupeau, la terre pour les peuples de la terre, etc.

Nous voyons dans Virgile que Didon ayant présenté à Bitias une coupe pleine de vin, celui-ci la prit et s'arrosa de cet or pur, c'est-à-dire de la liqueur contenue dans ce vase d'or.

. . . . *Ille impiger hausit*
Spumantem pateram, et pleno se proluit auro.

4° *Le nom du lieu où une chose se fait pour la chose elle-même.* Ainsi l'on dit *un Caudebec* pour désigner un chapeau fait à Caudebec ; on dit *du Sedan, de l'Elbeuf*, pour dire du drap fait à Sedan, à Elbeuf, etc.

C'est ainsi que le *Lycée*, lieu célèbre près d'Athènes, se prend pour l'école d'Aristote, qui se tenait dans le Lycée ; le *Portique* pour l'école de Zénon.

5° *Le signe pour la chose signifiée.* Ainsi, *la robe* se prend pour la magistrature, *l'épée* pour la profession militaire, *le laurier* pour la victoire, *les faisceaux et les haches* pour le consulat ; le *sceptre* est pris pour la royauté dans ces vers de Quinault :

« Dans ma vieillesse languissante,
« Le sceptre que je tiens pèse à ma main tremblante. »

Cicéron a dit aussi que les armes doivent céder à la toge : *Cedant arma togæ, concedat laurea linguæ ;* pour dire, comme il l'explique lui-même, que la paix et le repos valent mieux que le tumulte des armes.

6° *Le nom de la matière pour la chose qui en est faite.* Ainsi, le pin se prend pour le vaisseau. *Nec nautica pinus mutabit merces,* Virg. Le fer se prend pour l'épée. *In me convertite ferrum, o Rutuli!* L'or et la pourpre se prennent pour des vêtements d'or et de pourpre. *Regali conspectus in auro nuper et austro.* Hor.

7° *Le nom abstrait pour le nom concret.* Ainsi, l'on dit *servitus* pour *servi, custodia* pour *custodes. Noctem custodia ducit insomnem.* Les sentinelles passent la nuit sans dormir. *Pietas* pour *viri pii. Victa jacet pietas.*

C'est dans le même sens que Phèdre a dit : *tua calamitas non sentiret ;* c'est-à-dire : *tu calamitosus non sentires.* Il a dit aussi avec beaucoup d'élégance, en parlant de la grue : *credens colli longitudinem,* pour *collum longum.* Il a dit de même : *corvi stupor,* pour *corvus stupidus.* On fait usage de la même figure, lorsqu'on dit à un grand : Votre Grandeur, à un roi : Votre Majesté, etc.

8° *Les parties du corps qui sont regardées comme le siège des passions et des sentiments, pour les passions et les sentiments.* Ainsi, l'on dit : Il a du cœur, c'est-à-dire du courage, de l'affection, de la reconnaissance. De même, le cerveau, siège principal de l'âme, se prend pour l'esprit, le jugement. Οἴα κεφαλή, ô la belle tête ! s'écrie le renard ; puis il ajoute : καὶ ἐγκέφαλον οὐκ ἔχει, mais elle n'a point de cervelle.

9° *Le nom du maître de la maison se prend aussi pour la maison qu'il habite.* Ainsi, Virgile a dit : *Jam proximus ardet Ucalegon* (pour *Ucalegonis domus*). Déjà la maison d'Ucalégon est tout en flammes.

IV

LA SYNECDOCHE.

La synecdoche (du grec συνεχδοχή, *compréhension*) est une espèce de métonymie qui consiste à prendre :

1° *La partie pour le tout.* Ainsi, l'on dit cent voiles pour cent vaisseaux, le toit pour la maison, l'été ou l'hiver pour

l'année, une tête si chère pour une personne si chère. Virgile
a dit :

Tum pavidæ tectis matres ingentibus errant.

Les mères toutes tremblantes errent parmi les vastes appartements. (*Tectis* pour *ædibus*.)

Les noms de villes, de fleuves, de lieux particuliers, se
prennent aussi pour les noms de provinces, de nations. Ainsi,
les Pélasges, les Argiens, les Doriens, peuples particuliers
de la Grèce, se prennent pour tous les Grecs chez les poètes
anciens.

On dit le Tibre pour les Romains, le Nil pour les Egyptiens, la Seine pour les Français.

« La Seine a des Bourbons, le Tibre a des Césars. »

2° *Le tout pour la partie,* comme le fleuve pour l'eau du
fleuve, la mer pour l'eau de la mer, l'arbre pour l'une de ses
branches. Ex. : *Aut Ararim Parthus bibet, aut Germania
Tigrim.* Virg. Ou le Parthe boira de l'eau de la Saône, ou le
Germain de l'eau du Tigre.

3° *Le genre pour l'espèce,* ou *l'espèce pour le genre.*
Quand on dit les mortels pour les hommes, c'est *le genre
pour l'espèce;* car les animaux sont sujets à la mort comme
les hommes. Quand on prend le lis, la rose pour toute autre
fleur ; le pin, le chêne pour un arbre quelconque, la vallée
de Tempé pour désigner un beau vallon, c'est *l'espèce pour
le genre.*

4° *Le singulier pour le pluriel et réciproquement.* Ainsi,
l'on dit le soldat pour les soldats ; l'ennemi vient à nous,
c'est-à-dire les ennemis. Le Germain révolté, l'Américain
farouche, pour les Germains, les Américains. On dit nous
pour je, et vous pour toi. *Si vos valetis, nos valemus* (pour
ego valeo). Cic.

5° *Un nombre certain pour un nombre incertain.* Il m'a
dit cela dix fois, cent fois, c'est-à-dire bien souvent. Boileau
a dit de même :

« Vingt fois sur le métier remettez votre ouvrage. »

Remarque. La *synecdoche* diffère de la *métonymie* en ce que celle-ci prend un nom pour un autre, comme la cause pour l'effet, et l'effet pour la cause, le contenant pour le contenu, le signe pour la chose signifiée, etc. ; tandis que la synecdoche prend le plus pour le moins, ou le moins pour le plus, comme la partie pour le tout, le genre pour l'espèce, etc.

V

L'ANTONOMASE.

L'antonomase (du grec ἀντί, *pour, au lieu de,* et ονομα, *nom*) est une seconde espèce de métonymie qui consiste à employer un nom commun pour un nom propre, ou un nom propre pour un nom commun.

Ainsi, les mots philosophe, orateur, poète, roi, ville, etc., sont des noms communs ; mais, par antonomase, on en fait des noms particuliers équivalant à des noms propres.

Quand les auteurs anciens disent le Philosophe, ils entendent Aristote ; et quand les Latins disent l'Orateur, ils entendent Cicéron ; quand ils disent le Poète, ils veulent nommer Virgile. Chez les Grecs, au contraire, l'un est Démosthène, l'autre le grand Homère.

Quand nos théologiens disent *le Docteur Angélique* ou *l'Ange de l'Ecole,* ils veulent parler de saint Thomas.

Le mot *Urbs,* chez les Romains, désignait la ville de Rome. *Romani ex agris in Urbem demigrant.*

Les adjectifs sont des mots destinés à qualifier les substantifs ; l'antonomase en fait des noms particuliers : le juste, le sage, le grand, le conquérant, etc.

L'antonomase prend aussi un nom propre pour un nom commun. Ainsi, l'on dit, en parlant d'un voluptueux : C'est un Sardanapale ; d'un prince méchant et cruel : C'est un Néron. On dit : Les Bossuets, les Massillons, les Fénelons sont rares à notre époque, pour dire : Il y a peu ou point d'hommes semblables à Bossuet, à Massillon, à Fénelon.

Outre les *figures grammaticales* et les *tropes,* dont nous venons de parler, il en est qui sont plus spécialement du domaine de la pensée, et dont la littérature se réserve la connaissance et l'usage. Mais comme la pensée est le fait de toute âme raisonnable, nous avons jugé à propos d'exposer ici les figures de pensées qui sont les plus simples, les plus faciles et les plus indispensables pour l'intelligence et la traduction des auteurs.

I

DE L'HYPALLAGE.

L'*hypallage* (du grec υπαλλαγη, *changement*) est une figure mixte (1) qui consiste à changer le rapport naturel des idées et des mots. Elle a lieu :

1° Quand on change la nature des compléments, et que, par suite de ce changement, on fait remplir à un nom le rôle qu'il ne devrait pas avoir. Ainsi, Virgile a dit : *dare classibus austros*, au lieu de *dare classes austris*. (On expose les vaisseaux aux vents, et non le vent aux vaisseaux.)

2° Quand on fait rapporter un adjectif à un autre nom que celui auquel il devrait se rapporter. Virgile a dit, en parlant d'Enée et de la Sibylle : *Ibant obscuri solâ sub nocte per umbram*, au lieu de dire : *Ibant soli per umbram sub nocte obscurâ*. Les locutions de ce genre sont très-fréquentes chez les poëtes anciens.

II

DE L'ANTITHÈSE.

L'*antithèse* (de αντι, *contre, en face*, et τιθημι, *je place*) est aussi une figure mixte, qui porte à la fois sur la construction et sur la pensée, et qui consiste à opposer les mots aux mots, les pensées aux pensées. Par ex. : *Vicit pudorem libido, timorem audacia, rationem amentia*. La licence a vaincu la pudeur, l'audace la crainte, la démence la raison. Cicéron a dit, en s'adressant à Catilina : *De te autem, Catilina, quùm quiescunt, probant; quùm patiuntur, decernunt; quùm tacent, clamant*. Quand c'est à toi, Catilina, que je parle ainsi,

---

(1) L'hypallage est une *figure mixte* : figure de pensée, puisqu'elle modifie l'ordre des idées ; figure de mots, puisqu'elle porte sur la construction de la phrase.

si les sénateurs restent calmes, c'est qu'ils m'approuvent ;
s'ils supportent mon langage, c'est qu'ils prononcent contre
toi ; s'ils se taisent, c'est qu'ils proclament leur jugement.
Il a dit aussi, en parlant de l'amitié : *Quocircà et ab-
sentes adsunt, et egentes abundant, et imbecilles valent, et,
quod difficilius dictu est, mortui vivunt.* C'est pourquoi les
absents sont présents, les pauvres sont riches, les faibles
sont forts, et, ce qui est plus difficile à dire, les morts re-
viennent à la vie. Nous citerons aussi ce beau vers de Sénè-
que le Tragique :

> *Ducunt volentem fata, nolentem trahunt.*

Le destin conduit celui qui cède, il entraîne celui qui résiste.

Les antithèses employées avec goût plaisent infiniment
dans les ouvrages d'esprit ; elles y font à peu près le même
effet que dans la peinture les ombres et les couleurs qu'un
peintre habile sait disposer convenablement, ou dans la musique les voix hautes et basses qui, en se combinant avec
art, forment une délicieuse harmonie.

Au contraire, les antithèses qui sont l'effet de la contrainte
et qui résultent du contraste forcé des idées et des mots,
sont infiniment désagréables ; elles ressemblent, a dit Pascal,
à ces fausses fenêtres que l'on dissimule sur les murs d'un
appartement, pour y établir quelque symétrie.

III

DE LA PÉRIPHRASE.

La *périphrase* ou *circonlocution* consiste à exprimer en
plusieurs mots ce qu'on aurait pu dire plus brièvement et
souvent même en un seul mot. Par exemple : *le vainqueur
de Darius*, au lieu de dire *Alexandre* ; *l'astre du jour*, pour
dire *le soleil*.

On se sert de périphrases, soit par bienséance, pour envelopper comme d'un voile des idées basses ou peu honnêtes.
Corneille, dans *Polyeucte*, a dit, en parlant du démon :

> « Ainsi du genre humain l'ennemi vous abuse. »

Pour désigner les *Parques*, on dit : les trois déesses infernales, qui filent la trame de nos jours. Pour désigner le *bourreau*, on dit : l'exécuteur des hautes œuvres.

Soit aussi par précaution oratoire, pour atténuer ou dissimuler ce qui serait défavorable à la cause, ce qui serait pénible ou odieux à entendre. Cicéron, dans son discours *pro Milone*, au lieu de dire nettement que les esclaves de Milon tuèrent Clodius, cherche à déguiser ce fait, en disant qu'ils firent ce que chacun voudrait que ses esclaves fissent en pareille circonstance : *Fecere servi Milonis quod suos quisque servos in tali re facere voluisset.*

On se sert aussi de périphrases pour l'ornement du discours, surtout en poésie. Le génie du poëte consiste à amuser l'imagination par des images qui, au fond, se réduisent souvent à une seule pensée présentée sous une forme plus étendue, plus gracieuse ou plus noble.

Au lieu d'annoncer simplement l'apparition de la lumière, un poëte dira :

> L'Aurore cependant, au visage vermeil,
> Ouvrait dans l'orient le palais du soleil ;
> La Nuit en d'autres lieux portait ses voiles sombres ;
> Les Songes voltigeants fuyaient avec les ombres.

Virgile a dit, en parlant du jour à son déclin :

> *Et jam summa procul villarum culmina fumant,*
> *Majoresque cadunt altis de montibus umbræ.*

On se sert aussi de périphrases par nécessité, quand, dans une traduction, on ne trouve point de mots propres qui répondent exactement aux expressions que l'on veut traduire.

IV

DE LA GRADATION.

La *gradation*, qui est d'un usage si fréquent parmi les orateurs, consiste à disposer les mots par degrés, de telle sorte que l'intérêt aille toujours en croissant, jusqu'à ce que l'idée que l'on veut inculquer ait acquis le plus haut degré de vivacité, soit en plus, soit en moins, selon que la gradation est ascendante ou descendante.

On peut citer comme un modèle de gradation ascendante cette belle période de Cicéron : *Facinus est vincire civem romanum ; scelus verberare ; propè parricidium necare ; quid dicam in crucem tollere ?* In Verr., 66. C'est un crime de mettre aux fers un citoyen romain, c'est un attentat de le battre de verges, c'est presque un parricide de le faire mourir ; que sera-ce de l'attacher à une croix ?

Dans cette autre période du même auteur, la gradation est descendante d'abord, puis ascendante. *Nihil agis, nihil moliris, nihil cogitas, quod ego non modò non audiam, sed etiam non videam, planèque sentiam.* Tu ne fais rien, tu ne trames rien, tu ne projettes rien que je n'apprenne moi-même, ou plutôt que je ne voie et dont je ne sois vivement pénétré.

Boileau, dans le second chant du *Lutrin*, nous offre aussi un bel exemple de gradation descendante :

> « . . . . La Mollesse oppressée
> « Dans sa bouche, à ces mots, sent sa langue glacée ;
> « Et, lasse de parler, succombant sous l'effort,
> « Soupire, étend les bras, ferme l'œil et s'endort. »

V

DE LA LITOTE.

La *litote* (de λιτότης, *simplicité, diminution*) est une figure qui consiste à dire moins, par modestie ou par égard, pour faire entendre plus. Prise à la lettre, la litote semble affaiblir la pensée ; mais les idées accessoires en font sentir toute la force.

Quand Chimène dit à Rodrigue : *Va, je ne te hais point,* elle lui fait entendre bien plus que ces mots ne signifient. Il en est de même quand Horace désigne Pythagore par ces mots : *Non sordidus auctor naturæ verique ;* et quand Virgile fait dire à Corydon : *Nec sum adeò informis.*

Il en est ainsi dans ces façons de parler : Je ne dédaigne

pas vos présents, c'est-à-dire j'en fais beaucoup de cas. Il n'est pas sot, c'est-à-dire il a beaucoup d'esprit.

VI

DE L'HYPERBOLE.

L'*hyperbole* (de υπερβολη, *excès, surabondance*) est une figure qui consiste à exagérer en plus ou en moins la vérité des choses dont on parle, afin d'impressionner davantage l'esprit de l'auditeur.

Si nous voulons peindre la légèreté d'un cheval à la course, nous disons qu'il va plus vite que le vent. Au contraire, si l'on veut faire entendre qu'une personne marche avec une extrême lenteur, on dit qu'elle marche plus lentement qu'une tortue.

Nos formules de compliments, qui plaisent tant à la vanité humaine, sont presque toutes d'extravagantes hyperboles. Une chose nous semble-t-elle renfermer des qualités remarquables, aussitôt nous l'accompagnons d'une épithète exagérée, et nous la présentons comme la chose la meilleure que nous ayons jamais vue. L'imagination se plaît ainsi à grossir les objets, et, selon qu'elle est plus ou moins vive, le langage est aussi plus ou moins hyperbolique. Voilà pourquoi les jeunes gens font un si grand usage de cette figure; voilà aussi pourquoi elle est plus familière aux Orientaux, qui ont une imagination plus ardente que les Européens.

Il y a plusieurs hyperboles dans l'Écriture sainte; par exemple : *Je vous donnerai une terre où coulent des ruisseaux de lait et de miel;* c'est-à-dire une terre extrêmement fertile.

REMARQUE. L'imagination du lecteur n'est point toujours disposée à s'élever jusqu'au ton de l'hyperbole; elle en est même souvent blessée, parce qu'elle sent qu'on lui fait violence et qu'on exige d'elle un effort qui lui est pénible et désagréable. Il faut donc user sobrement de cette figure, et l'adoucir, si l'on peut, par quelque correctif : pour ainsi dire, si l'on peut dire ainsi, etc.

VII

DE LA PERSONNIFICATION OU PROSOPOPÉE.

La *prosopopée* (du grec πρόσωπον, *visage, figure, personne,* et ποιέω, *je fais*) est une figure qui consiste à animer les choses purement matérielles, à leur prêter du sentiment, de l'action, du mouvement ; à faire parler les absents comme s'ils étaient présents, les morts comme les vivants. Cicéron, en parlant du cas de légitime défense, emploie ces expressions : *Aliquandò nobis gladius ad occidendum hominem ab ipsis porrigitur legibus.* Pro Mil. Quelquefois les lois elles-mêmes nous présentent le glaive pour frapper un homme. Ici les lois sont personnifiées. Pline l'Ancien dit que la terre se réjouissait d'obéir à un soc couronné de lauriers et d'être cultivée par un triomphateur : *Gaudente terrâ vomere laureato et triumphali aratore.*

Les *personnifications* sont très-fréquentes dans la poésie ; on peut même dire qu'elles en sont l'âme et la vie. Homère et Virgile, ces princes de la poésie grecque et latine, sont pleins de cette figure. La guerre, la paix, les lances, les javelots, les villes, les fleuves, les montagnes, toute la nature est vivante dans leurs écrits.

Le charme de ce style figuré est de nous associer à tout ce qui existe, de nous inspirer de l'intérêt même pour les choses inanimées, d'établir entre elles et nous une sorte de liaison, par la sensibilité qu'on leur attribue. Le passage suivant nous en offre un bel exemple :

« Là s'avance, du côté de l'orient, le puissant roi du jour, répandant la joie sur toute la nature. Les nuages qu'il dissipe, l'azur des cieux qu'il colore, les monts sourcilleux dont il dore la cime, s'empressent d'annoncer son retour. Le ruisseau, dont il épure les eaux, hâte sa course à travers la prairie. Le rocher à pic revêt des formes plus gracieuses ; le désert se réjouit dans ses tristes solitudes, etc. »

Le degré le plus élevé de la *personnification* consiste à représenter les objets inanimés non seulement comme pensant et agissant, mais comme nous adressant la parole et prêtant l'oreille à nos discours. Cette figure, la plus hardie de toutes, ne convient qu'aux passions les plus exaltées, et ne peut être bien employée que dans le cas où l'âme est fortement émue. Une légère personnification, où l'on représente quelque objet inanimé comme agissant, peut plaire au milieu d'une description paisible, quand l'esprit ne sort point de son état habituel ; mais il faut avoir perdu de vue le cours ordinaire de ses idées, il faut éprouver de violentes émotions, pour faire parler et entendre des objets insensibles.

Fléchier nous offre un bel exemple de cette espèce de prosopopée dans l'oraison funèbre du duc de Montausier, dont le caractère dominant fut toujours une noble franchise.

« Oserai-je, dans un discours où la franchise et la candeur font le sujet de nos éloges, employer la fiction et le mensonge ? Ce tombeau s'ouvrirait, ces ossements se rejoindraient et se ranimeraient pour me dire : « Pourquoi viens-tu mentir « pour moi qui ne mentis jamais pour personne ? Ne me « rends pas un honneur que je n'ai point mérité, à moi qui « n'en voulus jamais rendre qu'au mérite. Laisse-moi repo- « ser dans le sein de la vérité, etc. »

Bossuet, s'adressant aux morts, s'écrie :

« Dormez votre sommeil, riches de la terre, et demeurez dans votre poussière. Ah ! si quelques générations ; que dis-je ? si quelques années après vous reveniez, hommes oubliés du monde, vous vous hâteriez de rentrer dans vos tombeaux, pour ne pas voir votre nom terni, votre mémoire abolie, etc. »

VIII

DE L'IRONIE.

L'*ironie* est une figure qui consiste à dire le contraire de ce qu'on pense et de ce qu'on veut faire entendre.

Boileau, qui n'a pas rendu à Quinault toute la justice qu'il méritait, a dit de lui par ironie :

« Je le déclare donc, Quinault est un Virgile. »

Il voulait dire un mauvais poète.

Cicéron, voulant faire voir que Clodius n'était point un personnage qu'on dût regretter beaucoup, s'exprime ainsi : *Sed stulti sumus qui Drusum, qui Africanum, Pompeium, nosmetipsos cum Clodio conferre audeamus. Tolerabilia fuerunt illa : Clodii mortem æquo animo nemo ferre potest : luget senatus, mœret equester ordo, tota civitas confecta senio est, squalent municipia, afflictantur coloniæ, agri denique ipsi tam beneficum, tam salutarem, tam mansuetum civem desiderant.* Je suis un insensé d'oser comparer les Drusus, les Scipion, les Pompée, de me comparer moi-même à Clodius. Ces attentats furent tolérables : Clodius est le seul dont la mort ne puisse être supportée. Le sénat gémit ; les chevaliers se lamentent ; Rome entière est en pleurs ; les villes municipales se désolent ; les colonies sont au désespoir ; les campagnes elles-mêmes déplorent la perte d'un citoyen si bienfaisant, si utile, si débonnaire.

Le plus souvent c'est le ton de la voix et la connaissance des sentiments de celui qui parle et de ceux à qui il parle, qui nous révèlent l'ironie. C'est un éloge qui devient une satire selon les circonstances.

<h2 style="text-align:center">IX</h2>

DE L'EUPHÉMISME.

L'euphémisme (du grec εὖ, *bien,* et φημί, *je dis*) est une figure par laquelle on déguise des idées désagréables, odieuses ou tristes, sous des noms qui ne sont point les noms propres de ces idées, mais qui leur servent comme de voile, en les présentant sous des images plus agréables ou plus honnêtes.

C'est ainsi qu'on dit, en parlant du bourreau : *le maître,* ou *l'exécuteur des hautes œuvres.*

Nous disons aussi : *Dieu vous assiste, Dieu vous bénisse,* plutôt que de dire : *Je n'ai rien à vous donner.*

Sostrata, dans Térence, dit à son fils Pamphile : *Quid lacrymas? Quid es tam tristis?* Pourquoi pleurez-vous ? Pourquoi êtes-vous si triste? Et le fils répond : *Rectè, mater.* Tout va bien, ma mère.

Il faut rapporter à la même figure l'adjectif *sacra* dans ces paroles de Virgile : *Auri sacra fames.* Sainte soif de l'or (pour dire soif exécrable).

La mer Noire, qui est très-dangereuse pour la navigation, se nomme Pont-Euxin, *Pontus-Euxinus*, par euphémisme ; c'est-à-dire mer favorable aux voyageurs.

Voilà pourquoi Ovide a dit que le nom de cette mer était un mensonge :

Quem tenet Euxini mendax cognomine littus.

Remarque. L'étude des figures, beaucoup trop négligée, est cependant pleine d'intérêt et d'utilité. Elle habitue les jeunes élèves à se rendre compte des procédés ingénieux du langage ; elle leur révèle des voies mystérieuses dont les grands écrivains avaient seuls le secret ; elle ouvre devant eux un horizon qu'ils aimeront à parcourir, quand leur âme se sera épanouie sous l'influence féconde des études littéraires. Gardons-nous bien de croire que les anciens, et parmi les modernes tant de critiques sérieux, se soient imposé une tâche stérile, en s'appliquant à rechercher et à définir les figures du langage.

SYNONYMES LATINS.

Nous ne rapportons ici que les synonymes les plus fréquents, que ceux dont l'usage est le plus habituel, et la connaissance plus nécessaire.

I. — *Acies, exercitus, agmen.*

Acies (du grec αχη, pointe) désigne proprement la partie aiguë ou tranchante d'un instrument. *Acies ferri*, le tranchant du fer. Au figuré, il signifie partie fine, délicate, pénétrante. *Acies oculorum*, la pénétration de la vue. *Acies ingenii*, la vivacité de l'esprit. Il s'emploie spécialement pour désigner une armée rangée en bataille. *Aciem instruere*, ranger une armée en bataille.

Exercitus (de *exercere*, exercer) signifie proprement un corps de troupes formées par l'exercice. *Exercitum ducere*, conduire une armée. Au figuré, il se prend quelquefois dans le sens de peines, angoisses.

Agmen (de *agere*, conduire) signifie une troupe quelconque en marche. *Agmen muliebre*, une troupe de femmes. *Agmen aligerum*, une troupe d'oiseaux. Il désigne spécialement une armée en marche. *Primum agmen ducere*, conduire l'avant-garde ; et, par analogie, marche, mouvement. *Effuso agmine*, à marche forcée.

II. — *Abdere, condere, abscondere, recondere, occulere, occultare.*

Tous ces verbes expriment une idée générale, celle de *cacher*; mais ils diffèrent en ce que *abdere* (de *dare ab*) signifie éloigner de la vue. *Ille se in interiorem partem œdium abdidit.* Cic. Au figuré, *abdere se litteris*, Cic., s'enfoncer dans l'étude des lettres. — *Condere* (*dare cum*), mettre avec, mettre ensemble. *Pecuniam, fructus condere.* Au figuré, *condere historiam*, Liv., faire une histoire, parce qu'on joint ensemble plusieurs événements. — *Abscondere* (*dare cum abs*), mettre ensemble hors de la vue. *Erant fortassè gladii, sed ii absconditi.* Cic. — *Recondere* (de *re* pour *rursùm* ou *retrò*), enfermer de nouveau, cacher avec soin. *Gladium cruentum in vaginam recondidit.* Cic. Au figuré : *Reconditæ artes.* Cic. — *Occulere* (de *ob* et *oculus*), ne pas laisser à la vue, couvrir. *Vulnera Appii apparent, nec occuli possunt.* Cic. — *Occultare* (fréquentatif d'*occulere*), cacher avec soin. Un homme qui craint, *se in remotiorem œdium partem abdit* ; le laboureur, *condit fruges et fructus in horreâ* ; le jardinier avant les gelées, *occulit cinaras*, couvre ses artichauts ; un avare, *occultat nummos.*

III. — *Abjicere, projicere, deponere.*

Abjicere (de *jacere ab*, jeter loin de) marque ordinairement de la passion ou du mépris. *E muro se in mare abjecit, lecto Platonis libro.* Cic. — *Projicere* (de *jacere pro* ou *porrò*), jeter loin, jeter çà et là. *Projice tela manu.* Virg. *Cadavera projecta jacent.* Id. — *Deponere* (*ponere de*), déposer sans efforts. *Corpora sub ramis deponunt.* Virg. *Abjiciunt* n'irait pas si bien.

IV. — *Abire, discedere, decedere, excedere, proficisci.*

Abire (*ire ab*), s'en aller. *Iidem abeunt qui venerant.* Cic. — *Discedere, decedere, excedere*, se retirer ; mais *decedere* (*cedere de*), faire place à un autre ; *excedere* (*cedere ex*), non seulement faire place, mais sortir du lieu ; *discedere* (de *cedere dis* pour *diversìm*), quitter pour aller ailleurs. — *Pro-*

ficisci, partir en voyage. *Adolescentulus miles ad Capuam profectus sum.* Cic.

V. — *Abnuere, renuere, recusare, negare, abnegare, denegare.*

Abnuere (de *nutus*, signe de tête, et *ab*, qui marque éloignement), faire connaître par un signe de tête qu'on ne consent pas. *Vos imperium abnuistis.* Liv. — *Renuere*, faire connaître par un signe qu'une chose déplaît. *Oculo renuente negavi.* Ov. — *Recusare*, refuser ce qui est offert. *Recusare munus legationis.* Cic. — *Negare*, refuser de donner, refuser ce qu'on demande. *Alimenta miseris negare.* Ov. Par extension, dire que non. *Negant quemquam virum bonum esse, nisi sapientem.* Cic. — *Denegare* ajoute à l'idée de *negare*. *Denegare auxilium.* — *Abnegare*, refuser constamment de donner.

VI. — *Absolvere, perficere.*

Absolvere (de *solvere ab*), proprement délier, détacher. *Est vinculis alligatus, sed ego illum absolvam.* Au figuré, 1° Absoudre. *Absolutus est tali crimine.* 2° Achever. *Nullus pictor Veneris eam partem, quam Apelles inchoatam reliquerat, absolvit.* Cic.

Absolvere, dans ce dernier sens, est finir de quelque manière que ce soit; au lieu que *perficere* (de *facere*, faire, *per*, parfaitement) est finir de manière qu'il ne manque rien. *Pensum absolvisti, non perfecisti.*

VII. — *Abstrahere, detrahere, abripere.*

Abstrahere (*trahere abs*), entraîner, marque de la violence. *De complexu amicorum abstrahi.* Cic. *In servitutem abstrahi.* — *Detrahere* (*trahere de*), enlever, retrancher. *Detrahere vestem alicui.* Ter. — *Abripere* (*rapere ab*), enlever de force. *A liberis suis abstractus.* Cic.

VIII. — *Accendere, incendere, inflammare, succendere, cremare, urere.*

Accendere, mettre le feu à quelque chose, l'allumer. *Deus ipse solem, quasi lumen accendit.* Cic. — *Incendere*, mettre

12

une chose en feu. *Urbem incendere.* Cic. — *Inflammare,* faire paraître la flamme. *Classem inflammari, incendique jussit.* Cic. — *Succendere* (de *accendere sub*), mettre le feu dessous. *In succensum rogum corpora injecerunt.* Liv. — *Cremare,* réduire en cendres. *Nùm incensa cremavit Troja viros?* Virg. *Urere,* brûler. *Cedrum urere.* Virg.

IX. — *Accusare, incusare, arguere, insimulare.*

Accusare (de *cudere,* frapper, ou *causa,* cause), accuser, imputer une faute. *Is apud sacerdotem rei capitalis accusatus est.* Cic. — *Incusare,* rejeter la faute sur quelqu'un, la lui reprocher en particulier. *Quid me incusas, Clytipho?* Ter. — *Arguere* signifie 1° Manifester. *Degeneres animos timor arguit.* Virg. 2° Convaincre. *Harum rerum nullum crimen erat apertum, quo argui posset.* Cic. — *Insimulare* (de *similis*), proprement, faire semblant. *Fugere insimulavi.* Cic. Plus souvent, accuser, faire comprendre que quelqu'un est coupable. *Marcellum insimulabat sinistros de Tiberio habuisse sermones.* Tac.

X. — *Acervus, congeries, strues, cumulus.*

Acervus (de ἀκίς, pointe, ou de ἀγείρειν, rassembler) désigne un amas de choses de même espèce. *Acervus frumenti, acervus scutorum.* — *Congeries* (de *gerere cum*), amas de choses apportées ensemble. *Lignorum congeries.* Ov. — *Strues,* un tas, un monceau. *Strues salinarum.* Cic. — *Cumulus,* comble, amas considérable. *Consulis corpus, quia obrutum super stratis Gallorum cumulis erat, inveniri non potuit.* Liv.

XI. — *Adorare, colere, observare, venerari, revereri.*

Adorare (de *orare ad*) signifie 1° Adorer. *Deum adorare.* 2° Prier, demander humblement. *Cum dictator à diis pacem adorasset.* Liv. — *Colere,* dont le premier sens est cultiver, signifie, comme synonyme des autres, honorer, rendre un culte. *Deum maximè Mercurium colunt.* Cic. — *Observare* (de *servare ob*), dont le premier sens est observer, examiner, signifie ici faire sa cour, être assidu auprès de quelqu'un. *Regem non sic Ægyptus observat.* Virg. — *Venerari* (quasi *veniam orare*), invoquer. *Venerari aliquem ut Deum.* Cic. Il signifie aussi respecter, révérer. *Venerari memoriam alicujus.* Cic. — *Revereri* est l'effet d'une crainte respectueuse. *Deum solum adoramus, colimus Deum et parentes, Deum veneramur et memoriam sanctorum ; patrem observat filius ; subditi præstantem virum reverentur.*

XII. — *Adoriri, aggredi, impugnare.*

Adoriri (oriri, se lever, *ad*, vers), sortir vers, attaquer de près. *Hostes a tergo novissimum agmen adorti.* — *Aggredi* (de *gradi*, marcher, *ad*, vers), aller vers, aborder, attaquer. *Quis audeat bene comitatum aggredi?* Cic. — *Impugnare* (de *pugnare in*), combattre contre.

XIII. — *Adversarius, inimicus, hostis.*

Adversarius signifie proprement celui qui est opposé. *Adversarii duces.* Celui qui intente un procès. *Adversarii Milonis ante judices stabant.* Il se prend aussi pour adversaire, ennemi qui résiste. — *Inimicus* (non *amicus*) désigne un ennemi particulier. *Non sumus inimici tui, sed amicissimi.* — *Hostis* se prend ordinairement pour un ennemi de guerre. *Hostes mœnia obsident.*

XIV. — *Adulari, assentari, blandiri.*

Adulari, caresser, convient proprement aux chiens. *Canes fide et constanter dominos adulantur.* Il signifie le plus souvent flatter bassement. *Ne adulari nos sinamus.* Cic. — *Assentari* (fréquentatif de *assentire*, être du même avis) signifie applaudir, consentir à tout. *Assentatio nonnunquam auget contemptum.* — *Blandiri* (de *blandus*, doux), flatter par des paroles doucereuses. *Discipuli magistros blandiuntur.*

XV. — *Ædes, templum, delubrum, fanum.*

Ædes, au singulier, désigne ordinairement un lieu saint élevé en l'honneur de la divinité. *Ædes Vestæ.* Cic. Au pluriel, il signifie édifice public, et par extension toute autre maison, logis, appartement. — *Templum* était un lieu profane consacré par les augures. On appelait *templum* la tribune aux harangues et différents palais consacrés par les augures. *Templum*, pris pour un temple, était plus vaste que *delubrum*, qui n'était qu'un petit temple, ou même une partie de temple. Au Capitole était un temple dans lequel il y avait trois petits temples, *delubra*, renfermés dans la même enceinte. *Delubrum Junonis, Jovis et Minervæ.* Cic. *Delubrum* était l'endroit où l'on plaçait la statue de la divinité. — *Fanum* (de *fari*) était proprement un lieu consacré par les augures pour la construction d'un temple. On appelait aussi *fana* les maisons consacrées par les pontifes.

XVI. — *Allicere, attrahere, compellere.*

Allicere (de l'inusité *lacire*, attirer dans un piége), gagner, attirer, allécher. *Allicit homines ad diligendum virtus.* Cic. Au figuré : *Magnes lapis ferrum ad se allicit.* Cic. — *Attrahere* (de *trahere ad*) marque une sorte de violence, entraîner. *Bis ad subsellia attractus.* Cic. Attiré deux fois devant le tribunal. Au figuré : *Ad amicitiam nihil tam allicit et attrahit, quàm similitudo morum.* Cic. — *Compellere* (*pellere cum*), pousser ensemble, rassembler. *Compellere greges in unum.* Virg.

XVII. — *Ambire, cingere, redimire, circumdare, circumducere.*

Ambire (du grec αμφι, autour, et εω, je vais), entourer de plusieurs côtés, en tous sens. *Terram ambit aër.* Cic. — *Cingere*, ceindre. *Comam lauro cingere.* Cic. — *Redimire* (de δεσμος, lien, et *re*), attacher autour, se dit proprement des bandelettes, rubans, festons. *Redimitus tempora lauro.* Virg. — *Circumdare* (*dare circum*), mettre autour, environner. *Nova mœnia circumdedit oppido.* Cic. — *Circumducere*, mener, conduire autour. *Aratrum circumducere.* Cic.

XVIII. — *Amens, demens, excors, insanus, vesanus.*

Amens (de *a*, privatif, et *mens*, esprit) est un homme dominé par une passion, au point de n'avoir plus sa raison.

An me tam amentem putas? Cic. — *Demens* (de *mens*, esprit, et *de*, qui marque privation) est un homme qui manque de tête et de jugement dans certaines choses. *Quærere mortem in infelicitate dementis est.* — *Excors* (de *cor*, cœur, *ex*, hors de), qui n'a point de cœur, qui ne sent pas ce que les autres sentent. *Neque tu eras tam excors tamque demens, ut nescires.* Cic. — *Vecors* (de *ve*, particule privative, et *cor*), qui a un mauvais cœur, pervers, téméraire, extravagant. *O vecors et amens!* — Cic. *Insanus* (*non sanus*), non sain d'esprit, qui ne suit plus sa raison. *Tunc insanus eris.* Virg. — *Vesanus* est celui qui, esclave d'une passion, est dans une espèce de délire. *Homo vesanus et furiosus.* Cic.

XIX. — *Animus, anima, mens, spiritus.*

Animus (d'ἄνεμος, vent) désigne l'âme en général en tant qu'elle sent, qu'elle pense, qu'elle souffre. *Animus est qui viget, qui sentit, qui meminit, qui movet corpus.* Cic. — *Anima* (même racine), vent, souffle, vie, l'air que nous respirons. *Ignem ad flammas anima perducit anili.* Ov. Il se prend aussi dans le sens de *animus. Anima consilii est rationisque particeps.* Cic. — *Mens* se dit de l'esprit, de la partie intelligente de l'âme. *Mens stetit in dubio.* L. — *Spiritus* (de *spirare*), air, souffle, respiration. *Demostheni angustior erat spiritus.* Au pluriel : cœur, courage, fierté.

XX. — *Artifex, faber, opifex, operarius, mercenarius.*

Artifex (d'*ars* et de *facere*), artiste, qui observe les principes de son art. — *Faber*, tout ouvrier en matière dure, qui travaille sur les métaux. *Faber ærarius*, chaudronnier; *faber aurarius*, orfèvre; *faber lignarius*, charpentier. — *Opifex* (*opus faciens*), un ouvrier qui fait des ouvrages à la main. *Opus opificem probat.* Ph. A l'œuvre on reconnaît l'ouvrier. — *Operarius*, manœuvre, homme à la journée. — *Mercenarius* (de *merces*), mercenaire.

XXI. — *Auferre, adimere, eripere, diripere, subripere.*

Auferre (de *ferre*, porter, *a*, loin de), emporter d'un lieu. — *Adimere* (de *emere*, ôter, *è*, de), ôter, retrancher. — *Eri-*

pere (de *rapere ex*), ôter de force, ravir. — *Diripere* (*diver-sim rapere*), enlever, ravir de différents côtés. — *Subripere* (*rapere sub*), enlever furtivement.

XXII. — *Aura, ventus, flatus, flamen.*

Aura (du grec αὔρα), vent doux, léger souffle. *Aura lenis*, un air doux. — *Ventus*, le vent en général, air poussé d'un lieu à un autre avec plus ou moins de violence. — *Flatus* (de *flare*, souffler), souffle, médiocre agitation de l'air. — *Flamen*, vent impétueux, s'emploie en poésie.

XXIII. — *Auxiliari, adjuvare, opitulari, subvenire, succurrere.*

Auxiliari (de *augere*), augmenter les forces. *Nihil Numantinis auxiliatæ sunt corporis vires.* — *Adjuvare*, aider à porter un fardeau, seconder. *Adjuva me; sub onere deficio.* — *Opitulari* de *ops, opis*, et *ferre, tuli*), aider de son crédit ou de ses richesses ceux qui sont dans le besoin. *Ut quisque maximè opis indiget, ita ei opitulari.* Cic. — *Subvenire*, aller au secours. — *Succurrere*, courir, voler au secours.

XXIV. — *Beatus, felix, fortunatus.*

Beatus désigne l'état d'une âme pleinement satisfaite, celui qui a ce qu'il désire. *Qui his in terris beatus est, beatior esse potest.* — *Felix* exprime l'état du cœur disposé à goûter le plaisir, et à le trouver dans les biens dont il jouit; heureux, qui a du succès. |*Res prosperæ felicem faciunt virum.* — *Fortunatus*, qui est favorisé de la fortune. *Fortunata domus.* Pr.

XXV. — *Benignus, beneficus, liberalis, largus, prodigus, munificus, profusus.*

Benignus, bienfaisant, qui aime à faire du bien. *Benigno animo esse in aliquem.* Ter. — *Beneficus* (de *benefacere*), qui aime à donner. *Beneficus est qui non sui, sed alterius causâ benignè facit.* Cic. — *Liberalis* est un homme qui donne noblement, généreusement. *Liberalis dicitur qui officium, non fructum sequitur.* Cic. — *Largus* est celui qui donne abondamment. *Largum, beneficum, liberalem esse, hœ sunt regiœ laudes.* Cic. — *Prodigus,* celui qui donne avec profusion. *Duo sunt genera largorum, quorum alteri prodigi, alteri liberales.* Cic. — *Munificus (munus faciens),* qui fait des présents, généreux. *Convenit in dando munificum esse.* Cic. — *Profusus (de fundere pro),* qui aime à répandre.

XXVI. — *Blandus, dulcis, lenis, suavis, mansuetus, mitis.*

Blandus se dit du toucher, qui flatte, qui caresse de la main. *Lacertis blandis tenere puerum.* Ov. *Canes blandi.* Virg. Au figuré, insinuant. *Blanda oratione falli.* Cic. *Blandi doctores.* Ov. — *Dulcis,* doux au goût. *Mustum dulce.* Virg. *Dulcior melle.* Ov. — *Lenis,* doux au toucher. *Lene et asperum.* Cic. Au figuré : *Non lenis dominus.* Hor. — *Suavis* convient à l'odorat. *Odor suavis et jucundus.* Cic. Au figuré : *Suavis homo.* — *Mansuetus (quasi manui assuetus),* doux, traitable. Ex. : *Mites fecit ac mansuetos.* Cic. — *Mites* se dit des fruits mûrs. *Sunt nobis mitia poma...*

XXVII. — *Capere, sumere, rapere.*

Capere, prendre, se saisir d'une chose. *Capere pecuniam.* Au figuré : *Capere consilium.* Il s'emploie aussi dans le sens de contenir. *Nec te Troja capit.* Virg. — *Sumere,* prendre une chose toute prête, une chose qui nous appartient. *Epistolam sumit et perlegit.* Sall. — *Rapere* marque de la vitesse ou de la violence. *Non sumit, sed rapit.*

XXVIII. — *Carere, egere, indigere, vacare.*

Carere, proprement, être privé d'une chose agréable ou désagréable qu'on a eue. *Carere pecuniâ. Expetuntur voluptates, ut dolore careas.* — *Egere,* manquer, ne point avoir. *Egere consiliis.* — *Indigere* exprime la même idée, mais avec plus de force. *Omnibus indigent.* — *Vacare* (de *vacuus*), être vide. *Tota domus superior vacat,* tout l'appartement d'en haut est vide. Au figuré, être exempt. *Vacare culpâ.* Cic. Il se prend aussi pour vaquer à, s'appliquer. *Vacare philosophiœ.* Il signifie aussi être loisible. *Scribes aliquid, si vacet.* Cic.

XXIX. — *Castigare, punire, animadvertere, plectere, mulctare.*

Castigare (*castum agere*), rendre bon, chaste, irréprochable, châtier. *Castigare aliquem verbis, dictis, litteris.* Cic. — *Punire* (de *pœna*), punir. Il se dit principalement d'une punition corporelle. *Qui punit, aut verbis castigat.* Cic. On châtie celui qui a commis une faute pour l'empêcher d'y retomber. On punit celui qui a fait un crime. Dieu châtie en ce monde, et il punit dans l'autre. — *Animadvertere* (de *vertere animum ad*), punir, sévir contre, avec cette différence qu'il ne se dit que des juges et de ceux qui ont autorité. *Magister animadvertit in discipulos.* — *Plectere* (de πλησσω, frapper). 1° Plier. *Plectere de vimine calathos.* Virg. 2° Battre, punir. *Plecti a tergo.* Cic. — *Mulctare* (de *mulcta*), condamner à une amende. Il se prend plus généralement : *Vitia hominum damnis, vinculis, verberibus mulctantur.* Cic.

XXX. — *Celare, silere, tacere, obticere, reticere, conticere, obmutescere.*

Celare, céler, ne pas donner à connaître. *Non celavi te sermonem meum.* Cic. — *Silere*, ne rien dire, être silencieux. *Muta silet virgo.* Au figuré : *Inter arma silent leges.* Cic. — *Tacere*, se taire, quand on pourrait ou l'on devrait parler. *Quum deberet loqui, tacet.* — *Obticere* (de *tacere ob*), se taire dans quelque occasion, n'oser continuer de parler. *Chorus turpiter obticuit sublato jure nocendi.* Hor. — *Conticere* (*tacere cum*), garder un profond silence, se taire tous ensemble. *Conticuere omnes.* Virg. — *Obmutescere*, devenir muet, ne savoir que dire. *Tali aspectu obmutuit.*

XXXI. — *Celerare, festinare, maturare, properare.*

Celerare, avancer, se presser, faire diligence. *Agere et celerare statuit.* Tac. — *Festinare*, faire avec diligence et précipitation. *Quæ causa cur Romam festinaret?* Cic. — *Maturare* (de *maturus*), proprement, atteindre la maturité. *Uva maturata dulcescit.* Cic. Au figuré, faire de bonne heure par précaution, se hâter. *Maturate fugam.* Virg. — *Prope-*

rare, se presser, terminer à la hâte. *Rem properavi deducere in judicium.* Cic.

XXXII. — *Censere, sentire.*

Censere, être d'avis sur un point énoncé. *De re istâ censeo ut tu ipse sentis.* Il signifie aussi faire un état de son bien. *Prædia mea censui.* J'ai fait la déclaration de mes héritages. — *Sentire,* être convaincu intérieurement. *De cæteris rebus quid senserim, quidve censuerim audisse te arbitror.* Cic. *Sentire* se dit du corps et de l'âme. *Propter morbum, suavitatem cibi non sentiunt.*

XXXIII. — *Citus, properus, festinus, rapidus, velox, celer, levis, pernix, præpes, alacer, promptus.*

Citus (de *ciere, exciter*), mû, poussé, excité. *Incessus modo citus, modo tardus.* Sall. — *Properus,* qui se hâte et qui est hâté. *Properam ancillam video venientem.* Plaut. *Cursus properus.* Ov. — *Festinus,* qui s'empresse de faire une chose. *Cursu festinus anhelo.* Ov. — *Rapidus* (de *rapere*), rapide, véhément. *Venti rapidi.* Virg. *Rapidus amnis.* Id. — *Velox,* vif, qui va vite, tant au physique qu'au moral. *Velox animus.* Hor. *Pedites velocissimi.* Cæs. — *Celer,* qui fait vite, qui ne perd point de temps. *Evaditque celer ripam irremeabilis undæ.* Virg. *Animus celer.* Id. — *Levis,* proprement, léger, qui n'est point pesant. *Pondus leve.* Ov. *Levis exilit.* Hor. Au figuré : *Puer levis. Spes levis.* Hor. — *Pernix* (vah *per*), qui s'efforce d'avancer. *Pedibus celerem, et pernicibus alis.* Virg. — *Præpes* (de *præ* et πέτομαι, voler), prompt dans son vol. *Avis præpes.* Cic. *Præpetibus pennis ausus est se credere cœlo.* Virg. — *Alacer,* gai, vif, prompt, actif. *Equus alacer.* Ov. *Alacer ad bellum animus.* Cæs. — *Promptus* (de *emere, tirer, pro, devant*), tiré, mis dehors. *Aliud clausum in pectore, aliud in linguâ promptum habere.* Sall. Au figuré, tout prêt, tout disposé. *Gallorum ad bella suscipienda alacer et promptus animus.* Cæs.

XXXIV. — *Civitas, urbs, oppidum.*

Civitas (de *civis,* formé de *coire*) désigne une totalité de citoyens formant un corps politique. *Cœtus hominum jure sociati, quæ civitates appellantur.* Cic. En ce sens, il peut y avoir plusieurs villes dans une seule cité. — *Urbs* est la ville et ses édifices. *Domicilia conjuncta, quas urbes dicimus, mœnibus sepserunt.* Cic. — *Oppidum* (de *opes*), place forte. *Oppidorum appellatio orta est, quòd opem darent.* Cic.

XXXV. — *Clades, strages.*

Clades (de χλαδος, rameau) se dit proprement des branches rompues par le vent ou autrement. Au figuré, défaite, désastre. *Clades exercituum.* Tac. — *Strages* (de *sternere*), abattis, renversement *Strages arborum.* Au figuré, ravage, massacre. *Quas ego pugnas et quantas strages edidi?* Cic.

XXXVI. — *Clarus, illustris, insignis, nobilis, celeber, inclytus.*

Clarus, clair, qui répand de la lumière. *Clarus dies.* Au figuré, remarquable. *Genere et factis clarus.* Cic. — *Illustris* (de *in* et *lux*), éclairé, qui a du jour, qui est au jour. *Via illustris et lata.* Sall. Au figuré, illustre, célèbre par quelque chose de louable. *Vir honore et nomine illustris.* Cic. *Factum illustre.* Ib. — *Insignis* (de *in* et *signum*), qui a des signes remarquables. *Maculis insignis et auro.* Virg. Au figuré : *Insignis genere, insignior contumeliâ.* Cic. — *Nobilis* (de *nosse*), connu, célèbre, distingué. *Vir nobilis et clarus doctrinâ.* Cic. — *Celebris* ou *celeber,* célèbre, fréquenté. *Celebris homo,* dit Valla, *qui celebratur, qui frequentatur ab honoratis hominibus. Locus celebris.* Cic. *Forum celebre.* Id. Au figuré, célèbre, illustre. — *Inclytus* (de *in* et χλυω, *audio*), dont on parle beaucoup. *Armis inclytus.* Virg.

XXXVII. — *Clemens, misericors, indulgens, placidus.*

Clemens (*quasi clinans mentem*) se dit d'un homme paisible, qui possède son âme en paix ; et par extension, clément, débonnaire. *O clemens! ó pia!* — *Misericors* (de *cor* et *miseret*), qui prend part à la misère des autres, miséricordieux. *Scimus in alios te esse misericordem.* — *Indulgens,* indulgent, complaisant, qui ne refuse rien. *Pater nimis indulgens in liberos.* — *Placidus,* paisible, tant au physique qu'au moral. *Aliquem iratum placidum ac mollem reddere.* Cic.

XXXVIII. — *Clypeus, parma, scutum, umbo, pelta, ancile.*

Clypeus (de γλυφω, creuser) était un bouclier rond et creux; il couvrait toute la poitrine. — *Parma* était aussi un bouclier rond, mais plus petit. — *Scutum* (de σχυτος, peau, cuir) était le bouclier long. *Scutis protecti corpora longis.* Virg. — *Umbo* est proprement la bosse du bouclier. — *Pelta* (de πελτη), petit bouclier en croissant. *Ducit Amazonidum lunatis agmina peltis.* Virg. — *Ancile* (de *an* pour *am,* autour, et *cædere,* couper), bouclier échancré des deux côtés.

XXXIX. — *Cogere, colligere.*

Cogere (de *cum agere*) se dit des choses qu'on rassemble ou qu'on épaissit. *Tityre, coge pecus.* Virg. *Frigore mella cogit hyems.* Id. Au figuré, contraindre, forcer. *Nemo te coegit.* — *Colligere* (de *legere cum*), cueillir, ramasser. *Fructus colligere.* Hor. Au figuré : *Colligere animos,* reprendre ses esprits. *Colligere iram,* se mettre en colère.

XL. — *Collis, clivus, mons, jugum, tumulus, agger.*

Collis, colline, éminence. *Exercent vomere colles.* Virg. — *Clivus* (de χλινω, pencher) est la pente d'une colline. *Descendere per clivum.* Ov. — *Mons,* montagne. *Altitudo montium.* Cic. — *Jugum* (de *jungere*). 1° Joug. *Demere juga fatigatis bobus.* Hor. 2° Comme *jugum* se met sur la tête des bœufs, il a signifié figurément le haut d'une montagne. *Summum montis jugum ascendere.* Cæs. — *Tumulus* (de *tumere,* tertre, éminence). *Prope muros tumulus est terreus.* — *Agger* (de *gerere ad*) se dit d'un amas de terre, d'une terrasse. *Fossas aggere complent.* Virg.

XLI. — *Cohibere, continere, coercere, comprimere, frœnare, compescere.*

Cohibere (de *habere cum*), retenir. *Crinem cohibere nodo.* Hor. *Cohibere gradum,* retenir ses pas. — *Continere (tenere cum*), contenir. *Exercitum castris continuit. Cæs. Non potest is exercitum continere, qui seipsum non continet.* — *Coercere* (de *arcere*, repousser, retenir, *cum*), arrêter. *Clausa domo teneor gravibusque coercita vinclis.* Ov. — *Comprimere* (de *premere cum*), presser, serrer ensemble ou avec, comprimer. *Comprimere oculos*, fermer les yeux. *Comprimere vocem*, retenir sa voix. Au figuré : *Comprimere seditionem.* — *Frænare* (de *frenum*), mettre un frein à un cheval, brider. Au figuré : *Spes frenare avidas*, réprimer ses désirs avides. *Frenare impetum*, arrêter son impétuosité. — *Compescere* (de *cum* et de *pascua*), proprement, retenir dans les mêmes pâturages ; usité seulement au figuré ; modérer. *Hunc frenis, hunc tu compesce catenâ.* Hor.

<h3 style="text-align:center">XLII. — Comes, socius, sodalis.</h3>

Comes (*ire cum*), compagnon de voyage. *Ipse comes Niso graditur.* Virg. — *Socius* (de *sequi*), associé, compagnon de fortune. *Periculorum socius.* Cic. — *Sodalis*, compagnon de plaisirs. *Epulabar cum sodalibus.*

<h3 style="text-align:center">XLIII. — Comitia, concilium, concio, cœtus, conventus.</h3>

Comitia (de *cum ire*), les comices, l'assemblée pour élire des magistrats, ou pour établir des lois. *Venio ad comitia sive magistratuum, sive legum.* Cic. — *Concilium*, réunion, assemblée d'un peuple pour délibérer. *Concilio convocato.* Cæs. Il se dit plus spécialement de l'assemblée des grands. *Concilium primorum civium.* — *Concio* (de *ciere cum*), assemblée du peuple ou des soldats. *Vocati sunt cives ad concionem.* — *Cœtus* (de *coire*), assemblée quelconque. *Cœtus matronarum.* Cic. *Cœtus nefarii.* Id. — *Conventus* se dit des personnes assemblées en un même lieu. *Virorum et mulierum conventus.*

<h3 style="text-align:center">XLIV. — Consuetudo, mos, mores, usus.</h3>

Consuetudo (de *suescere cum*), coutume, habitude, familiarité. *In consuetudinem alicujus venire*, se familiariser avec quelqu'un. *Familiaritas quotidiana consuetudine augetur.* Id. — *Mos*, mode, coutume, pratique. *Mos est ita fa-*

ciendi. Cic. *More suo vivebat.* — *Mores* se dit ordinairement des mœurs. *Labuntur ad mollitiem mores.* Cic. Il se prend pour coutumes établies. *Est in patriis moribus post meridiem quiescere.* — *Usus, usage. Si volet usus, si l'usage le veut. Ce que le grand nombre pratique, consuetudo est; ce qui se pratique depuis longtemps, mos est.*

XLV. — *Crassus, densus, spissus.*

Crassus, gros, épais, grossier. *Crassas quippe volvit aquas.* Ov. Il roule des eaux épaisses dans son gouffre. *Crassa mucus, crassus aër, crassus homo.* Au figuré : *Crassâ et pingui Minervâ,* avec le gros bon sens. — *Densus,* condensé, serré. *Densior aëre tellus.* Ov. *Et densos feriens ... Virg. Densa ... crassus aër. — Spissus* se dit d'une forêt, d'un buisson. *Arbor spissa ramis, umbræ spissæ.* Virg. *Caligo spissa.*

XLVI. — *Creare, gignere, generare.*

Creare, créer, donner l'être, faire sortir du néant. *Deus creavit cœlum et terram.* Au figuré : *Creare magistratum.* — *Gignere* (de γίγνομαι), produire. *Ova gignunt pisces. Quæ in terris gignuntur, ad usus hominum omnia creantur.* Cic. — *Generare* (de *genus*), engendrer. *Homines hominum causâ generati sunt.* Cic.

XLVII. — *Credere, confidere, committere.*

Credere, qui veut dire proprement croire, ajouter foi, comme nous le considérons ici, est l'effet de l'estime; et *confidere* l'effet de la confiance. Cette phrase de Tite-Live nous le fait comprendre : *Et consules magis non confidere, quàm non credere militibus suis.* Les consuls avaient moins de confiance dans les soldats, qu'ils ne doutaient de leur courage. *Credere sese campo.* Virg. *Confidere prudentiæ alicujus.* — *Committere* (de *mittere cum*), commettre, abandonner. *Arbitrio alicujus aliquid committere. Committere se fluctibus.*

XLVIII. — *Crepitus, fremitus, strepitus, stridor, murmur, susurrus.*

Crepitus (de *crepare*, craquer), craquement, bruit. *Crepitus dentium*. Cic. *Forium crepitus*. Pl. *Viridis materiæ crepitus*. Liv. — *Fremitus* (de *fremere*), frémissement, bruit effrayant. *Maris murmurantis fremitus*. Cic. *Horribilis fremitus armorum*. Id. — *Strepitus* (de *strepere*), bruit rude et confus. *Ingens valvarum strepitus*. Cic. *Strepitus armorum*, le fracas des armes. — *Stridor*, bruit aigu. *Stridor serræ*. Cic. *Stridorque rudentum*. Virg. — *Murmur*, bruit, gazouillement, murmure. *Maris murmur*. Cic. *Jucundo labentes rivi murmure*. Ov. *Ventosi ceciderunt murmuris auræ*. Id. — *Susurrus*, petit bruit que l'on fait en parlant tout bas. *Lenes sub noctem susurri*. Gazouillement des eaux. *Lympharum susurrus*. Hor.

XLIX. — *Crimen, culpa, delictum, peccatum, scelus, facinus, flagitium, nefas.*

Crimen (de κρίνω), signifie accusation, reproche. *Crimen diluere*, se justifier d'une accusation. Il se prend quelquefois dans le sens de crime. *Vitasque et crimina discit*. Virg. Il apprend la vie et les crimes de chacun. — *Culpa* est une faute légère ou de faiblesse. *Si quâ culpâ tenemur, à scelere certè liberati sumus*. Si nous avons commis quelques fautes, nous ne sommes point coupables de grands crimes. — *Delictum* (de *linquere de*) est une faute où l'on omet ce que l'on devrait faire. — *Peccatum* est celle où l'on fait ce que l'on ne devrait pas faire. *Necesse est qui velit peccare, aliquando primùm delinquere*. Il faut que celui qui pèche par action, ait d'abord péché par omission. — *Scelus* est un grand crime. *Solvere breves pœnas magnis sceleribus*. Sen. Expier de grands forfaits par de légers châtiments. — *Facinus* (de *facere*) est en général une action hardie, audacieuse. L'adjectif auquel il est joint le fait prendre en bonne ou en mauvaise part. *Aliquo negotio intentus præclari facinoris*. Sall. Appliqué à quelque grande action. S'il n'y a pas d'adjectif ou d'autres mots déterminatifs, il se prend en mauvaise part. *Homines ad vim, ad facinus cædemque detecti.* Cic. Des hommes surpris à des actes de violence, à des crimes et à des assassinats. — *Flagitium* (de *flagitare*, solliciter) signifie proprement demande pressante, bruit, tumulte, désordre; et par extension, faute, crime honteux. *Quod facinus à manibus unquàm tuis, quod flagitium à toto corpore abfuit.* Cic. — *Nefas* (*non fas*), action spécialement défendue par les lois divines. *Nefas est scelus impii et sacrilegi.*

L. — *Cruor, sanguis.*

Cruor est le sang qui coule d'une blessure. *Arma nondùm expiatis uncta cruoribus.* Hor. Les armes teintes d'un sang que l'on n'a point expié. — *Sanguis* est le sang qui coule dans les veines. *Sanguis per venas in omne corpus diffunditur.* Cic.

LI. — *Cultus, ornatus, munditiæ, ornamentum.*

Cultus (de *colere*, cultiver), proprement culture. Au figuré, manière d'honorer, culte. Synonyme d'*ornatus*, il a pour objet les habits, l'or, les pierreries, etc., et se règle par l'éclat et la magnificence. — *Ornatus* consiste dans le soin des cheveux, du visage et de tout le corps, et se règle sur la mode et la décence. *Cultus in auro et argento et gemmis et vestibus deputatur; ornatus in capillis et cute.* Tert. — *Munditiæ* (de *mundus*) se dit de la propreté. *Munditiæ, et ornatus, et cultus, hæc fœminarum insignia sunt, his gaudent et gloriantur.* Liv. — *Ornamentum* se dit de tout ce qui orne en général. *Hæc domus erat ornamento civitati.* Cic. *Ornamenta orationis.* Id.

LII. — *Cupere, concupiscere, optare, avere, desiderare, velle.*

Cupere, souhaiter, se dit des choses éloignées. *Tuâ virtute frui cupimus.* Cic. — *Concupiscere* (fréquentatif de *cupere*), convoiter, marque plus d'empressement. *Divitias concupiscere.* Cic. — *Optare* marque du choix, du discernement. *Tuum est, o regina, quid optes dicere.* Virg. — *Avere*, avoir envie, marque du sentiment et du goût. *Valdè aveo scire quid agas.* Cic. — *Desiderare*, désirer ce qu'on a eu, regretter, attendre. *Neque enim vires desidero adolescentis.* Cic. — *Velle*, vouloir, marque de la connaissance et de la réflexion. *Cupio omnia quæ vis.* Hor.

LIII. — *Curiosus, diligens, attentus, sedulus, studiosus, officiosus.*

Curiosus (de *cura*), soigneux, curieux, qui veut tout savoir. *Ad investigandum curiosior.* Cic. — *Diligens* (de *diligere*), diligent, exact avec discernement. *In omni genere diligens.* Cic. — *Attentus* (de *tendere ad*), attentif, appliqué. *Attentiores ad rem senes omnes sunt.* — *Sedulus*, plein de soin. *Assideat custos sedula semper anus.* Tib. — *Studiosus*, 1° qui aime l'étude, 2° attaché, zélé. *Democritus studiosus erat notabilitatis.* Cic. — *Officiosus*, officieux, obligeant. *Officiosus et liberalis vir.* Cic.

LIV. — *Damnosus, perniciosus, exitiosus, exitialis, capitalis.*

Damnosus (de *demere*), dommageable, qui cause du dommage. *Damnosus pecori, damnosior agris.* Ov. — *Perniciosus* (de *per* et de *nex*), pernicieux, qui cause la ruine ou la mort. *Motus civiles multis sunt perniciosi.* — *Exitiosus* et *exitialis*, désastreux. Il se dit spécialement des villes et des états. *Exitiosa civitati fuit conjuratio. Exitialis eventus.* — *Capitalis* (de *caput*), mortel, funeste, criminel. *Nulla capitalior pestis quàm voluptas.* Cic.

LV. — *Dare, dedere, tradere.*

Dare, donner, faire don, accorder. *Tibi dabo librum quem desideras.* — *Dedere* (de *dare*), livrer, abandonner. *Dedere se hostibus.* — *Tradere* (*trans dare*), faire passer. *De manu in manum tradere.* Cic.

LVI. — *Decipere, deludere, fraudare, fallere, frustrari.*

Decipere (*capere de*), attraper, duper. *Neque decipitur ratio, nec decipit unquàm.* Man. — *Deludere* (*ludere de*), jouer, se jouer de. *Deludi vos diutius patiemini?* Cic. — *Fraudare,* faire quelque chose qui blesse la probité, ne pas payer ce qui est dû. *Fraudare creditores,* duper ses créanciers. — *Fallere,* induire l'esprit en erreur, tromper dans ses paroles. *Fallere vulgus blandis sermonibus.* — *Frustrari* (de *frustrâ*), frustrer, abuser. *Nihil exspecto; noli me frustrari.*

LVII. — *Delirare, desipere, insanire, furere.*

Delirare (de *de* et *lira,* sillon), proprement, sortir du sillon. Au figuré, extravaguer, s'écarter de la droite raison. *Multos ego deliros senes, sed qui magis quàm Phormio deliraret, neminem vidi.* Cic. — *Desipere* (de *sapere,* sentir, avoir du goût, et *de,* qui marque le contraire), s'écarter du bon sens, de la sagesse, se livrer à quelque folie. *Nimio gaudio, vel nimiâ tristitiâ penè desipere.* Cic. — *Insanire* (*non sanus*), devenir fou, être fou. *Insanire amore.* Plin. Aimer jusqu'à la folie. — *Furere,* être en fureur. *Eò commotus erat, ut insanire omnibus, ac furere videretur.* Cic.

LVIII. — *Desidia, socordia, segnities, inertia, ignavia, otium, pigritia, mollities.*

Desidia (de *sedere,* être assis) est l'état d'un homme qui reste les bras croisés; inaction, fainéantise. *Desidiam puer iste sequi solet, odit agentes.* Ov. — *Socordia* (*sine corde*), l'état d'un homme sans cœur, sans âme; nonchalance, indolence. *Ubi te socordiæ tradideris, nequicquam deos implorabis.* — *Segnities* (*sine igne*), défaut d'ardeur, indolence. *Nunc locus non est segnitiei et socordiæ.* — *Inertia* (*sine arte*), manque d'habileté, inertie. *Sunt qui in turpi inertiâ capiunt voluptatem.* Cic. — *Ignavia* (*non navus,* non actif), lâcheté, poltronnerie. *Ignaviam fortitudo odit et aspernatur.* Cic. — *Otium,* loisir, repos. *Otium scribendi non est.* Je n'ai pas le temps d'écrire. *Otium dulce. Otium triste.* — *Pigritia,* paresse, haine du travail. *Pigritia est odium et metus laboris.* — *Mollities,* mollesse, manque de vigueur. *Sunt qui officium deserunt mollitie animi.* Cic.

LIX. — *Despicere, spernere, fastidire, temnere, contemnere, aspernari, negligere.*

Despicere (de *spicere*, regarder, *de*, de haut en bas), regarder au dessous de soi. *Omnes despicere; præ se neminem putare.* Cic. — *Spernere*, proprement, rejeter. *Spernere voluptates.* Cic. — *Fastidire*, dédaigner, mépriser avec hauteur. *Fastidire preces alicujus.* Liv. — *Temnere* (de τεμνω, couper), voir avec mépris. *Si genus hominum, et mortalia temnitis arma.* Virg. *Jejunus stomachus raro vulgaria temnit.* Hor. — *Contemnere* ajoute à l'idée de *temnere*. *Despiciunt nos et contemnunt.* Cic. — *Aspernari*, rejeter avec mépris. *Gustus quod valdè dulce est aspernatur et despuit.* Cic. — *Negligere* (*non legere*), faire peu de cas, négliger. *Imperium alicujus negligere.* Cæs. *Injurias negligere.* Cic.

LX. — *Confligere, dimicare.*

Confligere (de l'inusité *fligere*, frapper, et *cum*), se heurter, se choquer, en venir aux mains. *Venti confligunt. Confligere acie.* — *Dimicare* (*diversim micare*), proprement, faire briller les épées, combattre. *Dimicare gladiis.* Virg.

LXI. — *Dilacerare, dilaniare, discerpere.*

Dilacerare (*diversim lacerare*), déchirer, lacérer de divers côtés. *Feris alitibusque dilaceratur.* Cat. — *Dilaniare* (de *lanius*, boucher), couper en morceaux comme font les bouchers. *Clodii cadaver nocturnis canibus dilaniandum reliquisti.* Cic.

LXII. — *Dirigere, digerere, ordinare, disponere, dispensare.*

Dirigere (*diversim regere*), rendre droit de plusieurs côtés, diriger. *In quincuncem dirigere ordines arborum.* Cic. — *Dirigere* (*diversim gerere*), porter de différents côtés, arranger. *Digerere stercus in agros.* Col. Répandre l'engrais sur les champs. *Digerere pœnam in omnes.* Ov. Répartir la peine sur tous. — *Ordinare*, mettre en ordre. *Ordinare milites.* Liv. — *Disponere* (*diversim ponere*), placer de différents côtés, disposer. *Vigilias per urbem disponere.* Liv. — *Dispensare* (de *diversim* et de *pensare*, peser), proprement, distribuer par poids. *Dispensare panes æquis partibus.*

LXIII. — *Discernere, distinguere, secernere.*

Discernere (*diversim cernere*), voir de plusieurs côtés, discerner, démêler, distinguer. *Alba ab atris discernere.* Cic. — *Distinguere* (*diversim* et l'inusité *stinguo*, marquer), diversifier, parsemer, entremêler, séparer, distinguer. *Distinguere gemmis pocula.* Cic. Enrichir des vases de pierreries. *Planitiem crebris rivis distinguunt.* La plaine est entrecoupée de ruisseaux. *Vera a falsis distinguere.* Cic. — *Secernere* (*seorsim cernere*), voir à part, séparer. *Secernere taurum ab grege.* Séparer un taureau du troupeau. *Secerni blandus amicus a vero potest.* On peut distinguer un ami véritable d'un ami complaisant.

LXIV. — *Disertus, eloquens, facundus.*

Disertus (de *diversim* et *serere*, semer) est un homme qui sait et qui dit beaucoup de choses d'une manière facile, claire et élégante. — *Eloquens* (de *ex* et *loqui*) est un homme disert, qui a du nerf dans l'expression, de l'élévation dans la pensée et de la chaleur dans le sentiment; un homme qui émeut, qui touche, qui persuade. — *Facundus* (de *fari*) est un homme qui s'énonce en beaux termes et avec agrément.

LXV. — *Disputare, disserere, disceptare.*

Disputare (*diversim putare*), raisonner pour ou contre sur divers objets. *Disputare de omni re in contrarias partes.* Cic. — *Disserere* (*diversim serere*), traiter un sujet avec quelque étendue, discourir, disserter. *Illi disputabant, ego contra disserebam.* Cic. — *Disceptare* (de *dis* et *captare*, examiner), examiner, discuter les raisons dans une affaire contentieuse) pour arriver à une décision. *Disceptare controversias inter se.* Vider ensemble ses différends.

LXVI. — *Diversorium, hospitium, hospitalitas.*

Diversorium (*diversìm vertere*), lieu où l'on s'arrête en voyage, hôtellerie, auberge. *Diversoria nota sunt petenda.* — *Hospitium*, hospice, maison où les étrangers sont reçus. Comme il n'y avait point d'hôtelleries publiques chez les anciens, on allait loger chez ses amis. *Te hospitio agresti accipiemus.* Cic. — *Hospitalitas*, l'hospitalité, l'action de bien recevoir les étrangers. *Rectè laudata est hospitalitas.* Cic.

LXVII. — *Dives, locuples, opulentus.*

Dives (*quasi divus*), celui qui ne manque de rien. *Quem inveniemus divitem?* Cic. Par extension, celui qui a beaucoup de biens. *Dives agris, dives positis in fœnore nummis.* Hor. — *Locuples* (*quasi locis plenus*), riche en fonds de terre. *A possessionibus locorum locupletes sunt appellati.* Cic. — *Opulentus* (d'*opes*), opulent. *Reges Asiæ opulentissimi.*

LXVIII. — *Doctor, magister, præceptor, pædagogus.*

Doctor (de *docere*), maître qui enseigne un art, une science. *Panœtius Possidonii doctor fuit.* Cic. — *Magister* se dit de celui qui a de l'autorité, et qui joint l'exemple aux leçons. *Magister philosophiæ fuit Aristoteles.* — *Præceptor* (de *præcipere*), celui dont l'enseignement a pour objet principal de donner des règles de conduite. *Aristoteles Alexandri Magni fuit præceptor et magister.* — *Pædagogus* (de παῖς, enfant, et αγειν, conduire), celui qui est chargé de conduire les enfants. *Inter probos pædagogi sunt eligendi.*

LXIX. — *Donum, munus, præmium.*

Donum est un don pur, indépendant de toute espèce d'obligation. *Dona quæ conveniunt regi, vasa aurea argenteaque data sunt.* — *Munus* se prend ordinairement pour un présent que l'usage, les circonstances ou des intérêts particuliers engagent à faire. *Munera, crede mihi, iratos homines placant.* — *Præmium* est une récompense de la supériorité, de la victoire. *Sunt hic etiam sua præmia laudi.* Virg. Ici le mérite a aussi sa récompense.

LXX. — *Epistola, littera.*

Epistola (d'επιστελλω, envoyer), lettre, épître. *Epistola copiose et suaviter scripta.* — *Littera,* lettre de l'alphabet. Il n'est synonyme d'*epistola* qu'au nombre pluriel. Il veut avec lui le nombre distributif, et *epistola* le nombre cardinal. On dit *binæ litteræ,* et *duæ epistolæ.*

LXXI. — *Execrari, detestari, abominari, horrere, abhorrere, odisse.*

Execrari (d'*ex* et *sacer*), avoir en exécration, maudire. *Omnes te oderunt, te execrantur.* — *Detestari* (de *testis* et *de*), proprement, prendre à témoin ce qu'il y a de plus sacré pour affirmer qu'une chose n'est pas; par extension, détester, rejeter avec indignation. *Procacem linguam detestor.* — *Abominari* (d'*ab* et *omen*), avoir en abomination. *Abominandæ sunt iniquitates.* — *Horrere,* au propre, se hérisser. *Comæ horruerunt.* Ov. Au figuré, éprouver une frayeur qui empêche d'approcher. *Te negligit, aut horret.* Hor. *Minas illius horreo.* Cic. — *Abhorrere* (*horrere ab*), avoir de l'horreur, et, par suite, de l'éloignement. *Abhorreo famam nebulonis.* — *Odisse,* avoir de la haine.

LXXII. — *Exhibere, ostendere, ostentare, monstrare, demonstrare.*

Exhibere (*habere ex*), produire. *Vires exhibere.* Ov. — *Ostendere* (*quasi os tendere*), montrer, faire voir. *Ostende mihi, quæso, epistolam tuam.* — *Ostentare* (fréquentatif d'*ostendere*), montrer souvent, faire parade, montrer avec soin. *Opes sidonias ostentat Dido.* Virg. — *Monstrare* (de *monstrum*), désigner, faire connaître. *Erranti monstrare viam.* Cic. — *Demonstrare,* démontrer, mettre en évidence.

LXXIII. — *Exigere, expellere, ejicere, depellere.*

Exigere (*agere ex*), faire sortir, chasser d'un lieu. *Exigere reges e civitate.* Cic. — *Expellere* (*pellere ex*), repousser (semble marquer l'emploi des forces pour chasser). *Expel-*

lere hostes finibus. Cic. — *Ejicere (jacere ex),* jeter dehors, chasser, renvoyer. *Ejicere ex senatu.* — *Depellere,* chasser, pousser d'un lieu élevé. *Hostes loco superiore depellere.*

LXXIV. — *Exilis, tenuis, gracilis, macer.*

Exilis, menu, mince. *Exiles artus.* Ov. *Exilis vox.* — *Tenuis,* délié, fin, délicat. *Tenuia ovium vellera. Natura oculos membranis tenuissimis vestivit.* Cic. — *Gracilis,* grêle, effilé. *Quidam arctissimè vinciunt corpus, ut graciles sint.* — *Macer* (de μαχρος, long), maigre. *Macra cavum repetes, quem macra subisti.* Hor. Maigre tu es entrée, maigre il te faut sortir.

LXXV. — *Expugnare, debellare, vincere, superare.*

Expugnare, prendre de force une ville, une place, et quelquefois assiéger. *Carthaginem Romani expugnaverunt.* — *Debellare,* terminer la guerre par des victoires. *Debellatum est cum Græcis.* La guerre avec les Grecs est terminée. Au figuré : *Debellare superbos,* abattre les superbes. — *Vincere,* vaincre, se rendre maître du champ de bataille. *Funditùs hostes vincere.* Cic. Au figuré : *Vinci a voluptate.* Cic. *Labor improbus omnia vincit.* Virg. — *Superare (super ire),* passer, franchir, surpasser. *Superant montes et flumina tranant.* Synonyme des autres, il signifie surmonter, vaincre les obstacles. *Constantiâ aliquem superare.* Cic. *Dolores superare. Injurias fortunæ superare.*

LXXVI. — *Extremus, ultimus, postremus.*

Extremus (superlatif de *exterus*), le plus extérieur, le plus en dehors ; il est opposé à *intimus,* le plus en dedans. *Extrema Galliæ civitas.* — *Ultimus* (superlatif d'*ultra, ulterior*), le plus reculé au commencement ou à la fin. *Mors pars ultima vitæ.* — *Postremus* (superlatif de *posterior*), celui qui vient après tous les autres. *In cursu postremus.*

LXXVII. — *Facere, agere, gerere.*

Facere, faire, être l'auteur, produire. *Facere versus,* faire des vers. *Facere cædem*, commettre un meurtre. — *Agere*, agir, être en action, jouer un rôle, pousser, avancer, traiter. (Il exprime non le principe ni l'auteur, comme *facere*, mais une suite de soins et d'activité.) *Agere negotium*, traiter une affaire. *Agere navem*, diriger un vaisseau. *Agere cuniculos*, conduire des mines, miner. *Agere diem*, passer le jour. — *Gerere*, au propre, porter un fardeau; au figuré, faire les choses dont on est chargé. *Gerere magistratum*, exercer une magistrature. *Gerere rempublicam*, gouverner la république. *Gerere bellum*, faire la guerre.

LXXVIII. — *Facultas, ops, divitiæ, copia.*

Facultas (de *facere*), faculté, puissance. *Facultas dicendi*, le talent de la parole. *Facultas vindictæ.* Ov. Le pouvoir de se venger. Au pluriel, il désigne aussi les biens, la fortune des particuliers. *Sunt mihi omnino modicæ facultates.* Je n'ai que très-peu de ressources. Au figuré : *Facultates ingenii.* Cic. — *Ops*, secours, aide. *Ad te confugimus, a te opem petimus.* Cic. Au pluriel, il signifie ordinairement richesses, pouvoir. *Magnas inter opes inops.* Hor. Pauvre au milieu de grandes richesses. *Vos juvabo opibus meis.* — *Divitiæ*, grande fortune, biens, richesses. *Divitiis affluere*, regorger de biens, *Divitiæ apud sapientem virum in servitio sunt, apud stultum in imperio.* Sen. — *Copia* (cum et *ops*), abondance. *Copia frugum*, abondance de récoltes. *Copias suas in hanc provinciam attulerunt.* Cic.

LXXIX. — *Fama, rumor.*

Fama (de φήμη, bruit) et *rumor* (de ρέω) diffèrent en ce que *fama* se dit de la renommée, de la réputation, et suppose plus d'importance. *Fama super æthera notus.* Virg. Au lieu que *rumor* est simplement un bruit qui court. *Nihil aliud, nisi rumor, ad aures venit.*

LXXX. — *Fari, loqui, dicere, perhibere.*

Fari (de φημί, parler), user de la faculté de parler, de produire ses idées, ne fût-ce que par un mot. De là *infans* (de in, priv., et *fans*, part. prés.), enfant qui ne parle pas. *Fari* a quelque chose de plus noble que *loqui* et *dicere*. — *Loqui* (de λογος), parler avec intelligence. *Sit mihi fas audita loqui.* Virg. *Haud ignota loquor.* Id. — *Dicere* (de δειχω, montrer), exposer une suite de pensées. *Quidam cùm permulta locuti sunt, pauca tamen dixisse videntur. Loqui* convient aux dialecticiens,, et *dicere* aux orateurs. — *Perhibere*, dire avec assurance. *Perhibent te vatem optimum.* On assure que vous êtes un excellent devin.

LXXXI. — *Ferax, fertilis, fecundus, uber.*

Ferax (de *ferre*), qui se plaît à produire. *Terra ferax Cerere, multòque feracior uvis.* Ov. — *Fertilis* (de la même racine), qui est capable de produire. *Ager, quamvis fertilis, sine culturâ fructuosus esse non potest.* Cic. — *Fecundus,* fécond, qui peut produire beaucoup. *Tellus Ægypti frugibus fecundissima. Pisces sunt ovorum fecundissimi.* — *Uber* se dit d'un fonds excellent, de ce qui est très-abondant. *Niveis arbor uberrima pomis.*

LXXXII. — *Ferre, portare, vehere.*

Ferre, porter, supporter, soit qu'on demeure en place, soit qu'on passe d'un lieu à un autre. Il se dit de même des choses physiques et morales. *Ferre jugum.* Hor. *Lecticâ per oppidum ferri.* Cic. *Ferre dolorem.* Id. — *Portare* (de πορος, passage), porter d'un lieu à un autre. Il ne se dit que des choses matérielles, ou considérées comme telles. *Naves portabant legatos Romam.* Liv. — *Vehere,* voiturer de quelque manière que ce soit. *Vehere fructus ex agris.* Liv. *Curru vehi.* Cic.

LXXXIII. — *Fessus, defessus, fatigatus, defatigatus, lassus.*

Fessus (de *fatiscere*, s'épuiser), épuisé, affaibli. *Fessus vulnere, cursu.* Liv. *Fessus ætate.* Cic. — *Defessus,* qui est si épuisé qu'il se rend. — *Fatigatus,* fatigué, harassé. *Ludo et somno fatigatus. Fessus onere ; longo itinere fatigatus.* — *Defatigatus* ajoute à l'idée de *fatigatus*. — *Lassus,* las, abattu.

Iisdem laboribus lassi sumus. La continuation d'une même chose lasse, le travail fatigue. Quand on est las, *lassi,* il faut suspendre ou changer le travail. Quand on est fatigués, *fatigati,* il faut se reposer ; et quand on est harassés, *defatigati,* il faut se rétablir.

LXXXIV. — *Finis, modus, terminus, limes, meta.*

Finis, fin, terme. *Operum longorum finis.* Hor. *Ad extremum finem Galliæ.* Cæs. Au figuré : *Intrà fines naturæ vivere.* — *Modus* signifie 1° Manière. *Modus vivendi.* Cic. 2° Règle, mesure. *Est modus in rebus, sunt certi denique fines, extrà citràque nequit consistere rectum.* Il est une mesure dans les choses, il y a des limites déterminées, en deçà et au delà desquelles le bien ne saurait être. 3° Fin, borne. *Ponere modum orationi,* mettre fin à un discours. — *Terminus* (de *termes,* branche qui sert de borne), borne qui sépare un champ. *Non de terminis, sed de totâ possessione inter nos contentio est.* Cic. Au figuré : *Angustus ævi terminus.* V. — *Limes,* pierre qui sert de borne. *Limes agro positus.* Il signifie aussi sentier, chemin de traverse. *Lato te limite ducam.* Virg. — *Meta,* borne en forme de pyramide autour de laquelle devaient tourner les chariots sans y toucher. *Meta fervidis evitata rotis.* Hor.

LXXXV. — *Fluvius, flumen, amnis, torrens.*

Fluvius et *flumen* s'emploient fréquemment l'un pour l'autre ; cependant on doit remarquer que *fluvius* est le mot propre pour désigner un fleuve, une masse d'eau coulant dans le même lit ; au lieu que *flumen* signifie plutôt un flux très-abondant, soit d'eau, soit d'autres matières.— *Amnis* (de *am* et *nare*) donne l'idée d'un grand fleuve. *Spumosus amnis.* — *Torrens,* un torrent formé par l'abondance des pluies.

LXXXVI. — *Fulgere, splendere, lucere, nitere, coruscare, radiare, rutilare, micare.*

Fulgere, briller d'un vif éclat. *Fulgentes auro et purpurâ.* — *Splendere,* briller d'un éclat pur. *Virtus lucet in tenebris, splendet verò per sese.* Cic. *Fulgere* est plus l'effet de l'art, et *splendere* l'effet de la nature. — *Lucere*, luire, produire de la lumière. *Luna lucet alienâ luce.* Cic. — *Nitere*, briller d'un éclat doux, comme ce qui est poli. *Galea nitens.* — *Coruscare* (de κόρυς, casque), reluire. *Flamma inter nubes coruscat.* — *Radiare*, rayonner, jeter des rayons. *Lunæ radiantis imago.* Virg. — *Rutilare*, avoir l'éclat de l'or. *Aurum rutilat.* — *Micare* (de *mica*, petits grains qui brillent dans le sable), briller, étinceler. *Crebris micat ignibus æther.* Virg.

<h3 style="text-align:center">LXXXVII. — Gaudere, lætari.</h3>

Gaudere marque une joie plus intérieure et plus modérée. *Gaudere intrâ se*, se réjouir en soi-même. — *Lætari* marque une joie qui éclate au dehors. *Lætaris tu in gaudio communi.*

<h3 style="text-align:center">LXXXVIII. — Generosus, animosus, fortis, strenuus.</h3>

Generosus (de *genus*), regarde la naissance; de naissance illustre. *Stirpe generosâ profectus.* Cic. Il se prend pour généreux, magnanime. — *Animosus* (d'*animus*) marque la disposition vigoureuse de l'âme. *Animosus rebus angustis.* Hor. Inébranlable dans l'adversité. — *Fortis* s'applique aux actes qui naissent de cette vigueur. *Fortis ad pericula*, brave dans les dangers. *Fortia facta*, actes de courage. — *Strenuus*, courageux, vaillant, brave. *Sin minus fortis, attamen strenuus.* Cic.

<h3 style="text-align:center">LXXXIX. — Gens, familia.</h3>

Gens (de *genus*) était comme le tronc, la souche qui contenait souvent plusieurs familles. — *Familia* était comme les branches, et comprenait le père, la mère, les enfants, les esclaves, etc. Ainsi, dans la race des Cornélius, *gens Cornelia*, il y avait la famille des Cornélius Scipion, des Cornélius Lentulus, des Cornélius Dolabella, des Cornélius Rufinus, etc. — *Familia* se prend aussi quelquefois pour l'ensemble des valets d'une maison. *Convocat familiam, et plures jubet occidi.*

<h3 style="text-align:center">XC. — Gens, natio.</h3>

Gens, synonyme de *natio*, comprend la race entière. *Gens trojana, gens romana, gens gallica.* — *Natio* (de *natus*) est un peuple particulier sorti de la race dont on parle. *Majorem Germamaniæ partem Suevorum gens obtinet, propriis nationibus nominibusque distincti.* Tac.

XCI. — *Gestire, exilire, exultare.*

Gestire (de *gestus*), manifester ce que l'on sent par quelque mouvement du corps. *Aviculi gestiunt evolare*, les petits oiseaux brûlent d'envie de sortir de leurs nids. — *Exilire* (de *ex* et *salire*), sortir en sautant. *Domo levis exilit.* Hor. Au figuré, tressaillir. *Exilire gaudio.* — *Exultare* (*saltare ex*), bondir. *In herbis exultat juvenca.* Ov.

XCII. — *Gressus, gradus, passus, incessus.*

Gressus (de *gradior*), le pas, la démarche. *Gressus ad mœnia tendit. Veniebat gressu delicato et languido.* Ph. — *Gradus* (de *gradior*), degré, marche d'un escalier. *Scalarum gradus.* Cic. Il se prend pour le pas, la marche. *Accelerare gradum.* Liv. *Revocare gradum.* Virg. — *Passus* (de *pandere*), un pas, l'espace de cinq pieds. *Ut ab urbe abesset mille passus.* Cic. Il signifie aussi les pas que l'on fait en marchant. *Subsequitur patrem non passibus æquis.* Hor. — *Incessus* exprime une démarche fière et noble. *Vera incessu patuit dea.* Virg.

XCIII. — *Gurges, vorago, barathrum, præcipitium, abyssus.*

Gurges, gouffre, endroit profond d'un fleuve où l'eau se rassemble et tournoie. *Mater, Cyrene mater, quæ gurgitis hujus ima tenes.* V. — *Vorago* (de *vorare*), ouverture de terre, tournant d'eau, abîme. *Turbidus hic cœno vastaque voragine gurges æstuat.* V. Ce gouffre bouillonne, troublé par la vase et par un vaste tourbillon. — *Barathrum* (de βαθος, creux), lieu profond et escarpé, gouffre où l'on précipitait les criminels chez les Athéniens. — *Præcipitium* (de *præ* et de *caput*), précipice, lieu escarpé de toutes parts. — *Abyssus*, abîme, profondeur immense.

XCIV. — *Habitus, vestitus.*

Habitus (de *habere*), manière d'être, port, contenance, tenue, dehors, extérieur. *Habitus corporis*, la tenue du corps. *Habitus animi*, l'état de l'âme. — Synonyme de *vestitus*, il comprend tout ce qui sert à orner le corps; tandis que *vestitus* ne comprend que les vêtements. *Vestitu et cætero habitu insignis erat.*

XCV. — *Homo, vir.*

Homo est le terme générique, et s'applique aux deux sexes. *Homines nati sunt ad laborem.* — *Vir* se dit de l'homme par rapport à la femme. *O uxor tali viro dignissima!* Il désigne aussi un homme de cœur, un homme de mérite. *Hic vir, hic est tibi quem promitti sæpiùs audis.* Virg.

XCVI. — *Horribilis, horrendus, horridus, horrificus.*

Horribilis (de *horrere*, être hérissé), horrible, qui fait horreur, effrayant. *Horribilis visu Cacus erat.* — *Horrendus*, dont on doit avoir horreur, redoutable. *Monstrum horrendum.* Virg. — *Horridus*, hérissé, inculte, grossier, horrible. *Glacie riget horrida barba.* Virg. *Deformis atque horridus homo.* Cic. — *Horrificus* (*horrorem faciens*), qui fait horreur, qui jette l'épouvante. *Horrificum bellum.* Cic.

XCVII. — *Hortari, suadere, convincere, persuadere.*

Hortari (d'ὁράω, exciter), exhorter, porter à quelque chose. *Ad pacem hortari non desino.* Cic. — *Suadere*, conseiller en apportant des raisons plausibles. *Bellum suadere*, conseiller la guerre. — *Convincere* (synonyme de *persuadere*), convaincre, faire croire ou admettre la vérité par les preuves que l'on en donne. *De immortalite animarum multis rationibus te convincam.* — *Persuadere*, persuader, c'est-à-dire agir sur le cœur, sur la volonté, de telle sorte qu'on la détermine à suivre la chose que l'on conseille. *Suasi tibi, sed persuadere non potui.* Cic. Je vous ai conseillé, mais je n'ai pu vous persuader.

XCVIII. — *Hostia, victima.*

Hostia (de *hostis*), hostie, victime, animal que chacun pouvait immoler avant ou après la victoire. *Multa tibi ante aras nostrâ cadet hostia dextrâ.* J'immolerai beaucoup de victimes au pied de tes autels. — *Victima* (de *victor*), victime qui n'était immolée qu'après la victoire, et par celui qui avait vaincu l'ennemi.

XCIX. — *Humare, sepelire, tumulare.*

Humare (de *humus*), proprement, couvrir de terre. *Humare hostium cadavera.*—*Sepelire* (de *sepes*), ensevelir, mettre dans le tombeau. *Corpora sepulta quiescunt.* Ov. — *Tumulare* (de *tumulus*, tertre, éminence), proprement, amonceler la terre sur l'endroit où est le corps.

C. — *Humus, terra, tellus, solum.*

Humus, terre, sol, champ, terroir. *Spargite humum foliis.* Virg. Jonchez la terre de feuillage. — *Terra*, la terre en général et tout ce qu'elle contient. *Terra sita est in medio mundo.* — *Tellus* (diminutif de *terra*), terrain, terre cultivable. *Tellus habitabilis olim.* Ov. — *Solum* est proprement une base solide. Il se prend pour la terre même, le sol. *Nec sterilis culto surgat arena solo.* Ov.

CI. — *Ignominia, infamia, dedecus, opprobrium, probrum.*

Ignominia (*in* priv. et *nomen*), ignominie, grand déshonneur. *Ignominia notare aliquem.* Cic. — *Infamia* (*in* priv. et *fama*), infamie, mauvaise réputation. *Effugere infamiam crudelitatis.* Cic. — *Dedecus* (de *decus*, honneur, et *de*, qui marque le contraire), déshonneur. *Omnibus suis fuit dedecori.* — *Opprobrium* (de *ob* et *probrum*, crime honteux), reproche, opprobre. *Fugere opprobria sceleris.* — *Probrum*, action déshonnête, crime honteux. *Probris vitam suam dehonestare.*

CII. — *Illaqueare, illigare, irretire, implicare, impedire.*

Illaqueare (de *laqueus*, lac, filet), proprement, prendre dans un filet. Il est plus usité au figuré. — *Illigare* (*ligare* in), lier, attacher. *Illigare manus.* Cic. — *Irretire* (de in et *rete*, filet), envelopper dans un filet. Il se dit mieux au figuré. *Corruptelarum illecebris irretitus.* Cic. — *Implicare* (de *plicare*, plier, et *in*), entrelacer, envelopper. *Implicare lacertos circum colla.* Ov. — *Impedire* (de *in* et *pedes*), embarrasser, retenir par les pieds. *Impedire se in plagis.* Se prendre dans des filets.

CIII. — *Regnum, imperium, principatus, dominatio.*

Regnum (de *regere*) signifie royaume. *Regnum Hispaniæ.* Il signifie aussi royauté, domination. *Qui regnum occupare voluerunt.* Cic. — *Imperium* (de *imperare*), signifie empire, vaste état composé de différentes nations. *Imperium romanum.* Il signifie aussi ordre, commandement, et plus souvent la souveraine puissance. *Appius non modo auctoritatem, sed imperium in suos habebat.* Cic. — *Principatus* (de *primum caput*), la première place, principauté. *In eâ civitate de principatu contendebant.* Cæs. — *Dominatio et dominatus*, domination, action de dominer, gouvernement. *Cum dominatu unius omnia tenerentur.* Cic.

CIV. — *Improbus, malus, pravus.*

Improbus (*non probus*), sans probité. *Improborum facta suspicio insequitur.* Cic. — *Malus*, méchant, mauvais par nature. *Mala mens, malus animus.* — *Pravus*, au propre, tordu, contrefait, difforme. *Pravis fultum male talis.* Hor. Mal appuyé sur des talons difformes. Au figuré, vicieux, méchant, dépravé.

CV. — *Improvisus, inopinatus, insperatus.*

Improvisus (*non visus pro*), imprévu. *Nova res atque improvisa nunciatur.* Cic. — *Inopinatus* (*non opinatus*), non imaginé, inopiné, qui arrive quand on y pense le moins. *Im-*

provisa et inopinata graviora sunt. Cic. — *Insperatus (non speratus)*, inespéré. *Insperata victoria.*

CVI. — *Incautus, improvidus, imprudens, inconsultus, inconsideratus.*

Incautus (non cautus, de *cavere,* prendre garde), qui ne prend pas garde, qui n'est pas sur ses gardes. *Incautos hostis invasit.* — *Improvidus* (de *non videre pro*), qui ne voit pas d'avance, imprévoyant. *Aliud (malum) improvida pectora turbat.* Virg. — *Imprudens,* qui ne sait pas, qui ne connaît pas. *Illud imprudens feci.* — *Inconsultus* (de *non consultus*), qui agit sans conseil, qui n'a pas été conseillé, imprudent, étourdi. *Inconsulti juvenes.* — *Inconsideratus,* inconsidéré, qui n'examine pas les choses. *Inconsideratus homo.* Cic.

CVII. — *Incipere, cœpisse, inchoare, ordiri.*

Incipere et *cœpisse,* commencer. *Tempus est incipiendi, et tempus finiendi. Eum pœnitere cœpit.* — *Inchoare,* ébaucher, mettre la première main. *Multa inchoare, sed non perficere.* Cic. — *Ordiri,* proprement, ourdir, faire une trame. *Ordiri telam,* commencer une toile. Au figuré : *Tum sic orsa vates.* Virg.

CVIII. — *Incolumis, salvus, sanus, sospes.*

Incolumis (quasi in columine), sans atteinte, qui a conservé tous ses avantages. *Incolumes genæ.* Hor. Visage qui a conservé toute sa fraîcheur. *Virtutem incolumem oderunt improbi.* — *Salvus,* sans accident pour la vie, sain et sauf. *Salvum te advenisse gaudeo.* Cic. — *Sanus,* sain de corps et d'esprit. *Ecce sanus factus es, sed noli amplius peccare.* — *Sospes,* échappé au péril. *Sospites omnes Romam advenerunt.*

CIX. — *Incorruptus, sincerus, integer.*

Incorruptus (non corruptus), qui n'est point corrompu. *Caro incorrupta. Frumentum incorruptum. Sanitas incorrupta.* Cic. *Incorruptus testis.* Id. — *Sincerus* (de *sine cerâ,* sans cire, sans mélange), signifie pur, net, sans mélange. *Sincerum nisi fas, quodcumque infundis acescit.* Hor. Si un vase n'est pas pur, tout ce que vous y versez se corrompt. — *Integer* (de *in* priv. et *tangere*), qui n'a point été touché, entier. *Integra caro, integer cibus*. Au figuré, pur, chaste, intègre, irréprochable. *Integer judex*, juge impartial.

CX. — *Intelligere, percipere, concipere.*

Intelligere (*legere inter*), voir une chose parmi d'autres, la comprendre. *Non tam multa intelligo, quàm multa dixisti.* — *Percipere* (de *capere per*), au propre, cueillir. *Fructus percipere.* Au figuré, percevoir une chose, la saisir, la comprendre. *Diligenter quæ dicuntur percipere.* Cic. *Percipere* dit plus que *intelligere* ; l'un suppose un esprit net, et l'autre un esprit pénétrant. *Id si minùs intelligitur quanta vis amicitiæ sit, ex discordiis percipi solet.* Cic. — *Concipere* (de *capere cum*), proprement, prendre, recevoir, contenir. *Concipere humorem*, recevoir l'humidité. *Concipere morbum*, contracter une maladie. Au figuré, concevoir, entendre, comprendre. *Concipere scelus in se.* Cic. Méditer un forfait. *Quod mens mea concepit, volo fieri.*

CXI. — *Invenire, reperire, nancisci, comperire.*

Invenire (de *venire in*), venir sur, rencontrer, trouver, se dit proprement des choses qui se présentent à nous, soit en cherchant, soit par hasard. *Quem quæritabam filium meum inveni. Multas res inveni quæ te oblectare possunt.* — *Reperire* (de *pario* et *rursùs*), découvrir, trouver, se dit des choses inconnues, ou que nous cherchons. *Multa reperies, quæ nondum fuerant comperta. Invenire* marque la fécondité de l'esprit, et *reperire* la pénétration. — *Nancisci*, trouver par hasard, rencontrer. Il se dit des chasseurs. *Belluas immanes venando nacti sumus.* Cic. *Nactus occasionem*, ayant trouvé une occasion. — *Comperire* (de *cum* et *pario*), découvrir avec certitude, s'assurer. *Cæsar comperiit per exploratores Gallos Rhodanum trajecisse.*

CXII. — *Invitus, coactus.*

Invitus (*non volens*) a rapport à la volonté de celui qui exécute, malgré sa volonté, malgré lui. *Id invitus feci.* — *Coactus* (de *cogere*, rassembler par la force comme le pâtre rassemble son troupeau), forcé, contraint. *Sapiens nihil facit invitus, nihil dolens, nihil coactus.*

CXIII. — *Iter, via, semita, callis, trames.*

Iter (ab *eundo*), chemin, route. *Hâc iter Elysium nobis.* Virg. Il se prend pour la marche. *Quo tenetis iter?* Où dirigez-vous vos pas? — *Via* (quasi *vehia*, de *vehere*) se dit d'un chemin large par où les voitures peuvent passer. *Ibam forte via Sacra.* J'allais par hasard dans la voie Sacrée. — *Semita* (quasi *semi-iter*), chemin étroit. *De viâ in semitam digredi.* Pl. — *Callis* (de *callum*, cal, peau endurcie), sentier frayé. *Rara per occultos ducebat semita calles.* De rares chemins conduisaient dans des sentiers cachés. — *Trames* (de *trans meare*), sentier détourné. *Non egrediar viâ, sed tramitibus.*

CXIV. — *Jus, æquitas, justitia.*

Jus, le droit; l'objet de la justice, l'objet de la loi. *Jus consulare*, le droit des consuls. *Jus domini in servos.* — *Æquitas* (de *æquus*, uni, aplani, égal), au propre, ce qui est plat, uni, égal; au figuré, équité. C'est la justice exercée avec une égale modération. *Æquitas pugnat contra iniquitatem.* — *Justitia*, justice, ou conformité des actions avec le droit. *Justitia propter sese colenda est.*

CXV. — *Labor, opus, opera.*

Labor, travail, fatigue d'esprit ou de corps. *Ad laborem nati sumus.* — *Opus*, ouvrage, ce qui est produit par l'ouvrier. *Deum agnoscimus ex operibus ejus.* Cic. — *Opera*, la façon, le travail. *Operæ nimium celeris versus.* Hor. Vers faits trop à la hâte.

CXVI. — *Lætus, hilaris.*

Lætus, joyeux, content, satisfait. *Lætus in præsens animus.* Virg. — *Hilaris*, gai, enjoué. *Hilari vultu atque læto.* Cic.

CXVII. — *Languere, languescere, marcere, marcescere, torpere, torpescere.*

Languere, languir, être faible. *Languens de viâ,* affaibli par la route. — *Languescere,* devenir languissant. *Corpus meum languescit.* — *Marcere,* au propre, être flétri, fané; au figuré, être lâche, énervé, abattu. *Marcere vino, somno.* Liv. Être appesanti par le vin, par le sommeil. — *Marcescere,* devenir lâche, appesanti, languissant. *Marcescere desidiâ et otio.* Cic. — *Torpere,* être engourdi. *Pigritiâ torpere.* — *Torpescere,* devenir engourdi. *Membra torpescunt gelu.*

CXVIII. — *Lapis, saxum, silex, cautes, calculus.*

Lapis est le mot générique; il se dit de toutes sortes de pierres. — *Saxum* se dit en général des pierres dures et d'une grosseur plus qu'ordinaire. *Circumlita musco saxa.* Virg. — *Silex,* pierre de la nature du caillou, silex, pierre à fusil. *Durus silex.* — *Cautes,* pierre dure, rude et raboteuse. *Cautes obnoxia ventis.* — *Calculus,* petit caillou rond.

CXIX. — *Lar, penates, genius.*

Les Lares ou Pénates étaient les dieux protecteurs des maisons, des villes et des empires. Ainsi, outre les lares domestiques, il y en avait de publics, dont les uns présidaient aux chemins, *viales;* les autres aux carrefours, *compitales;* d'autres à chaque ville, *urbani. Lar* est un mot étrusque; il se prend pour la maison même. *Parvo sub lare.* Hor. — *Genius* était regardé comme le dieu protecteur de chaque homme; c'était comme son génie particulier, qui avait ses inclinations, naissait et mourait avec lui. On lui en donnait même deux, un bon et un mauvais génie.

CXX. — *Latus, spatiosus, laxus, prolixus.*

Latus, large, étendu. *Lata via.* Cic. *Latum mare.* Id. — *Spatiosus,* spacieux, qui a beaucoup d'étendue. *Spatiosum ædificium,* vaste édifice. *Spatiosus campus,* vaste plaine. — *Laxus,* lâche, qui n'est pas serré, large, ample. *Laxus arcus.*

Virg. *Laxa tunica.* Ov. — *Prolixus*, prolixe, étendu en long.
Prolixa barba. Liv. Longue barbe. Au figuré, libéral, abondant, prolixe, diffus. *Prolixa oratio.*

CXXI. — *Lectus, cubile, thalamus, stratum, torus.*

Lectus, lit, meuble où l'on repose, où l'on se couche. *Lectus ad quietem datus.* Cic. — *Cubile* (de *cubare*) se dit du lit et du lieu où l'on se retire pour passer la nuit. *Cubile non erat instratum*, le lit n'était pas fait. — *Thalamus* (de θαλαμος), lit nuptial; par extension, chambre à coucher. — *Stratum* (de *sternere*), tout ce qu'on étend, tapis, couverture, lit. *Dura strata.* Ov. — *Torus*, au propre, signifie une corde formée de plusieurs lanières dont on se servait pour tendre les lits. De là vient qu'il se prend dans le sens de lit. *Sternere torum.* Ov.

CXXII. — *Legio, cohors, manipulus, turma, caterva,
phalanx.*

Legio, légion. La légion romaine était un corps de trois mille fantassins et de cent cavaliers, sous Romulus; sous les consuls, de quatre mille fantassins et deux cents cavaliers. Depuis elle fut de six mille hommes de pied et de trois cents cavaliers. — *Cohors.* La cohorte répondait à notre régiment d'infanterie. C'était la dixième partie de la légion. — *Manipulus* signifie proprement une gerbe. On a donné ce nom à une compagnie de soldats, parce que, sous Romulus, le drapeau était une botte de foin au bout d'une pique. Chaque cohorte était divisée en trois manipules. — *Turma*, compagnie de cavalerie de trente hommes seulement. — *Caterva*, corps d'armée qui, chez les Gaulois, répondait à la légion. Il se prend pour une troupe quelconque, un cortège. — *Phalanx*, la phalange, bataillon à la macédonienne, composé de 8, 16, 20, 24 mille hommes.

CXXIII. — *Lenire, mitigare, mulcere, placare, sedare.*

Lenire (de *lenis*, doux) se dit proprement du toucher; ôter ce qui est raboteux, rude. Il ne s'emploie guère qu'au figuré.

Lenire dolorem. Lenire animos, calmer les esprits. — *Mitigare* (de *mitis*), proprement, mûrir. *Fructus mitigat autumnus.* Au figuré, adoucir, amollir, mitiger. *Mitigare cibum.* Cic. Digérer les mets. *Mitigare vinum,* tremper le vin, l'adoucir. *Mitigare feritatem animalium,* apprivoiser les animaux.. — *Mulcere* (de μαλχεω, amollir), rendre doux. *Mulcere vinum,* faire du vin miellé; par extension, caresser, flatter de la main. *Mulcere caput,* passer doucement la main sur la tête. *Mulcere aures,* flatter les oreilles. *Mulcere corda.* — *Placare,* apaiser, adoucir. *Æquora tumida placat Jupiter.* Virg. *Placare iram, furorem.* — *Sedare* (*quasi sedi dare*), faire cesser, calmer, adoucir. *Sedare bellum. Sedare sitim. Sedare mala.*

CXXIV. — *Lepos, sal, facetiæ.*

Lepos, finesse, agrément. *Magnus in jocando lepos.* Plaisanterie pleine de finesse. *Sermonis lepos.* Agrément de la conversation. — *Sal,* au propre, sel; au figuré, ce qu'il y a de piquant dans les plaisanteries, mots piquants. *Salibus vehemens.* Juv. Fort en reparties ingénieuses. — *Facetiæ,* facéties, enjouement, soit dans les paroles, soit dans les actions. *Sale et facetiis Cæsar vicit omnes.* Cic.

CXXV. — *Levare, allevare, elevare, sublevare, extollere, erigere.*

Levare, lever, dresser, mettre debout. *Levare membra cubito.* Ov. Au figuré : *Levare pretia frugum,* faire baisser le prix des blés. *Levare aliquem ære alieno.* Cic. Payer les dettes de quelqu'un. — *Allevare* (*levare ad*), lever en haut. — *Elevare* (*levare ex*), lever de terre. Au figuré, le plus souvent, rabaisser, affaiblir, amoindrir. Ce sens est tiré de la balance, dont le bassin le plus léger s'élève. *Elevare auctoritatem.* Cic. Diminuer l'autorité. *Elevare ægritudinem.* Id. Adoucir le chagrin. — *Sublevare* (*levare sub*), soulever. *Sublevare humeris.* Pl. Porter sur ses épaules. Au figuré, soulager, secourir, aider. *Sublevare alicujus inopiam. Vicinos facultatibus sublevare.* — *Extollere,* hausser en élevant. *Extollere oculos ad sidera.* Au figuré : *Fortunam meam deprimitis, vestram verò extollitis.* Cic. — *Erigere* (de *regere ex*), dresser, rendre droit. *Erigere scalas ad mœnia.* Liv. *Erigere animum alicujus,* relever le courage de quelqu'un.

CXXVI. — *Linquere, relinquere, derelinquere, deserere, destituere.*

Linquere, quitter, laisser. *Linquens terram quam hostis servaverat.* Cic. — *Relinquere* (retrò *linquere*), laisser derrière soi, après soi. *Mihi turpe relinqui est,* Hor. Il est honteux pour moi d'être laissé en arrière. — *Derelinquere,* laisser, abandonner. *Communem causam derelinquere.* Cic. — *Deserere* (de *de* et *serere,* lier, enchaîner), proprement, détacher de, rompre la liaison. *Deserere vitam.* Hor. *Omnes noti me atque amici deserunt,* Tac. *Deserere* dit moins que *derelinquere.* — *Destituere* (*statuere de*), abandonner. *Et freta destituent nudos in littore pisces.* Virg. Et les mers laisseront les poissons à sec sur le rivage.

CXXVII. — *Lituus, tuba, cornu, buccina, classicum.*

Lituus, clairon, cor, instrument recourbé. *Lituo tubæ permixtus sonitus.* Hor. Le son de la trompette mêlé à celui du clairon. — *Tuba* (de *tubus*), trompette, instrument droit, d'airain, ou de bois, ou de corne. *Clangorque tubarum.* V. — *Cornu,* espèce de trompette faite de corne. *Rauco strepuerunt cornua cantu.* V. — *Buccina* (de *bucca*), instrument recourbé, semblable à un cor de chasse, mais plus petit. — *Classicum* (de *classis*) est proprement le son de la trompette qui appelle les soldats. *Vocatis classico militibus.*

CXXVIII. — *Locare, conducere.*

Locare (de *locus*), placer. *Fundamenta locant alii.* Virg. *Locare* signifie aussi donner à loyer, faire marché pour un ouvrage. *Xenonis fundus erat colono locatus.* Cic. — *Conducere* (*ducere cum*), conduire dans un même lieu. *Conducere cohortes dispersas.* Il signifie prendre à loyer, faire prix pour un ouvrage. *Cœlius conduxit domum in monte Pala-tino.*

CXXIX. — *Lucrum, quæstus, compendium, emolumentum.*

Lucrum, gain auquel on ne s'attendait pas. *Apponere lu-cro*, mettre à profit. — *Quæstus (quasi quæsitus)*, gain qu'on a recherché. *Quæstui sunt omnia munia*, toutes les fonctions sont vénales. — *Compendium* (de *pendere cum*), gain, profit qui vient de son épargne. Il est opposé à *dispendium*, dé-pense. *Compendium famuli facere.* Pl. Economiser un valet. — *Emolumentum* (de *emolo*, moudre), le profit que l'on retire d'un moulin. Il se dit de tout profit.

CXXX. — *Lumen, lux.*

Lumen est la cause, ce qui donne la lumière. *Dum quæ-runt lumen, fur evasit.* — *Lux*, clarté, jour. *Hæc scripsi ante lucem.* Au figuré, gloire, splendeur.

CXXXI. — *Lustrum, olympias.*

Lustrum, le lustre était un espace de cinq ans (de *lustrare*, faire une revue), parce que tous les cinq ans les censeurs faisaient la revue de l'armée et le dénombrement du peuple. *Lustrum* était aussi un sacrifice expiatoire, une cérémonie religieuse qui se faisait tous les cinq ans. *Octavum lustrum.* Hor. L'espace de quarante ans. — *Olympias*, olympiade, l'espace de quatre ans qu'il y avait d'une célébration des jeux olympiques à une autre célébration.

CXXXII. — *Luxuria, luxus.*

Luxuria et *luxuries*, trop grande abondance, sumptuosité, profusion. *Luxuria vitis*, la trop grande abondance de sar-ments dans une vigne. Il signifie aussi vie molle et sensuelle. *Diffluere luxuriâ*, vivre au sein des délices. — *Luxus*, luxe dans les habits, les meubles, la table, etc. *Domus regali splen-dida luxu.* Virg.

CXXXIII. — *Magnus, ingens, grandis, amplus, procerus, vastus.*

Magnus est le terme général qui désigne toute espèce de grandeur. *Magnus acervus.* Cic. *Magnum ingenium.* Id. — *Ingens* dit plus, il exprime une grandeur extraordinaire. *Monstrum horrendum, informe, ingens.* Virg. — *Grandis* (de *gradior*) se dit de la grandeur, tant au propre qu'au figuré. *Grandis adolescens. Grandem pecuniam alicui credere.* Cic. — *Amplus* se dit de l'étendue. *Amplus locus; ampla civitas.* Cic. *Amplis honoribus aucti.* Hor. — *Procerus*, fort haut, fort long. *Arbor procera. Procerum corpus. Proceros odisse lupos.* Hor. — *Vastus*, vaste, d'une très-grande étendue. *Vastosque volvunt ad littora fluctus.* Virg.

CXXXIV. — *Manare, labi, fluere.*

Manare désigne un écoulement plus lent, moins abondant, une matière moins fluide. *Sudor ad imos manabat talos.* Hor. — *Labi*, dont le premier sens est tomber, glisser, exprime un écoulement plus facile. *Labitur ripâ sinistrâ Tiberis*, le Tibre inonde sa rive gauche. *Fugaces labuntur anni.* Hor. — *Fluere* désigne un écoulement plus prompt. *Variis fluit cursibus amnis.*

CXXXV. — *Mandare, jubere, imperare, præcipere.*

Mandare (quasi *manu dare*), donner des ordres, une commission. *Cuidam servulo hæc omnia mandavit.* Au figuré : *Mandare memoriæ, animis.* — *Jubere*, exprimer la volonté, le désir. *Non jubeo ut abeas, suadeo tantum.* — *Imperare* désigne avec plus de force l'exercice de l'autorité ; commander pour être obéi. *Qui bene imperat, bene paruit. Jubeo, cogo atque impero.* Ter. — *Præcipere* (*capere præ*, prendre d'avance), enseigner comment on doit faire, conseiller, commander, instruire, enseigner. *Præcipe lugubres cantus, Melpomene.* Hor.

CXXXVI. — *Manere, remanere, commorari, habitare.*

Manere (de *manè*) signifiait d'abord se coucher, passer la nuit dans un endroit. *Plerùmque in tabernaculo maneo*, je couche le plus souvent sous ma tente. Il signifie, par extension, rester, demeurer. Au figuré : *Manere in officio*. Cic. — *Remanere* (*retrò manere*), rester en arrière, après. *Illi qui valetudinis causâ remanserant*. Cæs. — *Commorari* (de *mora*, retard), séjourner, passer quelque temps dans un lieu. — *Habitare*, y faire constamment sa demeure. *Commorandi natura diversorium nobis, non habitandi dedit*. Cic.

CXXXVII. — *Manubiæ, præda, spolium, exuviæ.*

Manubiæ (de *manus*) se prend 1° pour les dépouilles des ennemis ; 2° pour le prix, l'argent qui revient des dépouilles. — *Præda* se dit non seulement des effets enlevés à l'ennemi, mais de toute espèce de butin. — *Spolium* désigne aussi les dépouilles enlevées à l'ennemi ; il se dit proprement de l'armure. *Spolia opima*, les dépouilles opimes, celles qu'un général romain avait enlevées au général ennemi qu'il avait tué dans le combat. Il se prend aussi pour toute espèce de dépouilles. *Aliorum spoliis suas opes augere*. Cic. — *Exuviæ* (d'*exuere*), dépouilles. *Qui redit exuvias indutus Achillis*. Virg. *Spolia* renferme l'idée accessoire de violence ou de pillage qu'*exuviæ* ne renferme pas.

CXXXVIII. — *Mare, æquor, pontus, pelagus, fretum, salum.*

Mare, la mer. *Terrâ marique aliquem conquirere*. Cic. — *Æquor* (d'*æquus*), une plaine, une surface plane, une surface liquide. *Quid tam planum, quàm mare placidum ? Ex quo etiam æquor illud poetæ vocant*. Cic. — *Pontus*. Ce mot, selon les uns, désigne la partie de la mer depuis les Palus-Méotides jusqu'à Ténédos, et par métonymie, il désigne la mer en général. Selon d'autres, il serait tiré de *Pontus*, dieu de la mer, plus ancien que Neptune. Il se prend pour la mer : *Hyems aspera ponti*. Virg. — *Pelagus* désigne une

mer profonde, la pleine mer. *Ut pelagus tenuere rates.* Virg.
— *Fretum* (*ab undarum fremitu*), un détroit, lieu où la
mer est resserrée entre deux terres. — *Salum* (de *sal* ou de
σαλευω, agiter) est une mer agitée. *Spumante salo fit sonitus.*
Virg.

CXXXIX. — *Maturus, tempestivus.*

Maturus, mûr, se dit proprement des fruits, du blé. *Uvæ
maturæ.* V. *Matura poma.* Cic. Au figuré : *Maturus animi,*
qui a un esprit mûr, développé. — *Tempestivus* (de *tempus*),
qui est, qui se fait, ou arrive à temps. *Ludum tempestivum
pueris.* Cic. *Carpere fructus tempestivos.* Id.

CXL. — *Mediocris, modicus.*

Mediocris (de *medius*), qui tient le milieu entre le grand et
le petit. *Ingenium mediocre.* — *Modicus* (de *modus*), modi-
que, modéré, mesuré. *Cantharis modicis potare.* Hor. Boire
dans de modestes coupes. *Exercitationibus modicis utendum.*
Cic.

CXLI. — *Metuere, timere, vereri, formidare, tremere,*
pavere.

Metuere se dit d'une crainte éloignée. *Metuensque futuri.*
Hor. — *Timere,* craindre un danger prochain. *Timor est metus mali appropinquantis.* Cic. — *Vereri* se dit d'une crainte
respectueuse. *Metuebant eum servi, verebantur liberi.* Cic.
— *Formidare* se dit d'une crainte vive et continuelle. *Formidare malos fures, incendia, servos.* Hor. — *Tremere,* trem-
bler de peur. — *Pavere* se dit d'une frayeur qui trouble l'esprit. *In tenebris pavitant pueri.*

CXLII. — *Ministrare, præbere, suggerere, suppeditare.*

Ministrare, servir, présenter. *Pocula ministrare.* Cic. *Furor arma ministrat.* — *Præbere* (*habere præ*), tenir prêt,
fournir, donner. *Præbere materiam igni.* Liv. Alimenter le
feu. *Præbere aures conviciis.* Cic. Prêter l'oreille à des outra-
ges. — *Suggerere* (*gerere sub*), suggérer, fournir. *Suggerere rei
sumptus.* Ter. Faire les dépenses d'une chose. *Suggerere mate-*

riam criminis. Fournir matière à une accusation. — *Suppeditare* (*sub pedes dare*), au propre, mettre sous les pieds. Il ne s'emploie qu'au figuré : donner, fournir ; par extension, être suffisant. *Rerum omnium copiam alicui suppeditare.* Cic. *Suppeditant hæc ad victum.* Id.

CXLIII. — *Miser, miserabilis, miserandus, infelix.*

Miser, qui est dans la misère, misérable. *Ego miseris et laborantibus nihil possum negare.* Cic. — *Miserabilis* enchérit sur *miser*, digne de pitié, déplorable. *Nihil est tam miserabile, quàm ex beato miser.* Cic. *Voces miserabiles mulierum exaudiebantur.* Liv. — *Miserandus*, qu'il faut déplorer. *Hæc mihi videntur misera atque miseranda.* Cic. — *Infelix* (*non felix*), qui n'est pas heureux. *Infelix ego homo !*

CXLIV. — *Moderari, regere, gubernare.*

Moderari (de *modus*, mesure), modérer, prescrire des bornes, retenir. *Animo et verbis moderari, cùm sis in irâ, non mediocris est ingenii.* Cic. — *Regere* (de *rectà agere*), proprement, mener droit, dresser. Au figuré, conduire, régler. *Regere dictis animos*, gouverner les esprits par son éloquence. — *Gubernare* (de κυϐερνᾶν, diriger un vaisseau), proprement, tenir le gouvernail ; et par extension, gouverner, conduire, administrer. *Animi motus ratione gubernare.*

CXLV. — *Mœstus, tristis.*

Mœstus, triste, morne, qui a la douleur dans l'âme. *Mœstus atque anxius senex.* — *Tristis*, triste, qui a la douleur peinte sur le visage. *Tristis, capite demisso, terram intueri.* Cæs.

CXLVI. — *Monumentum, sepulchrum, tumulus.*

Monumentum (de *monere*), monument, se dit de tout ce qui sert à faire souvenir, comme un édifice public, des vers, une histoire, et plus spécialement un tombeau. *Suis monumentum, et pignus amoris erexerat.* — *Sepulchrum* (de *sepe-*

lire), qui renferme les os ou les cendres d'un mort. *Ossa parentis sepulchro condita sunt.* — *Tumulus* est proprement de la terre amoncelée; il signifie aussi tombeau, parce qu'on élève de la terre sur un mort. *Et tumulum facite, et tumulo superaddite carmen.* Virg.

CXLVII. — Morari, tardare.

Morari (de *mora*), arrêter, s'arrêter, tarder. *Belli celeritatem morari.* Cic. — *Tardare,* retarder. *Impetum inimici tardare.* Cic.

CXLVIII. — Mori, oppetere, perire, interire, occidere, obire, occumbere.

Mori, mourir d'une mort naturelle. *Moriendum certè est, et id incertum, an eo ipso die.* Cic. — *Oppetere* (de *ob* et *petere,* sous-ent. *mortem,* aller au-devant de la mort) se dit d'une mort qu'on n'a pas évitée, à laquelle on s'est exposé. *O terque, quaterque beati, queis antè ora patrum contigit oppetere.* Virg. — *Perire* (*ire per*), périr, se perdre. *Meo vitio pereo.* Cic. — *Interire* (*ire inter*), se dissiper, se dissoudre, mourir. *Interiit fame. Interire* est plus général et plus fort que *perire.* — *Occidere* (de *cadere ob*), tomber en avant, faire une chute. *Signa de cœlo occidunt.* Par extension, tomber mort, mourir, être tué. *Occidere ferro,* mourir d'un coup d'épée. Au figuré, être ruiné, détruit, s'éteindre, disparaître. *Occidit spes omnis.* Hor. Tout espoir s'est évanoui. — *Obire* (*ire ob*), faire le tour, environner. *Obit limbus chlamydem.* Ov. Une frange entoure son manteau. C'est dans ce sens qu'on dit : *diem supremum obire,* aller devant son dernier jour; c'est-à-dire, mourir. — *Occumbere* (de *cubare ob*), proprement, se coucher devant, et par extension, mourir. *Occumbere morti, occumbere ferro.* Ov.

CXLIX. — Mortalis, lethalis.

Mortalis, mortel, sujet à la mort. *Vultus mortalis.* Au figuré : *Mortales inimicitias habere.* Cic. — *Lethalis,* qui donne la mort. *Frigus lethale. Venenum lethale.*

CL. — *Munerari, remunerari, retribuere.*

Munerari (de *munus*), faire un présent. *Me liberaliter muneratus est.* — *Remunerari*, reconnaître un bienfait, récompenser. *Utinam possim te remunerari munere simillimo.* — *Retribuere* (de *tribuere* et *re* pour *rursùm*), donner une chose qui est due, rétribuer. *Quid tibi retribuam pro omnibus quæ mihi tribuisti?*

CLI. — *Munus, officium, munia, pensum.*

Munus, don, présent, faveur. *Acceptissima semper sunt munera.* Synonyme des autres, il signifie emploi, charge. *Munus imperatoris, munus consulare.* — *Officium*, devoir, obligation. *Tuum est munus, tuum officium.* — *Munia*, fonctions, emploi. *Obire regis munia*, remplir les fonctions royales. *Sunt belli pacisque munia.* — *Pensum* (de *pendere*, peser), proprement, un certain poids de laine ou de fil qu'on donnait à filer chaque jour aux esclaves; par extension, tâche, besogne que l'on donne à faire à quelqu'un, occupation. *Pensum absolvere*, remplir sa tâche.

CLII. — *Murmurare, mutire, mussare, mussitare, susurrare.*

Murmurare, faire un bruit sourd. *Fremitus murmurantis maris.* Cic. Par extension, grommeler, marmotter entre ses dents, murmurer. — *Mutire*, se plaindre en murmurant. — *Mussare* (fréquentatif de *mutire*), parler tout bas. — *Mussitare* (fréquentatif de *mussare*), marmotter tout bas. — *Susurrare*, dire en secret, dire à l'oreille, chuchoter. *In aurem susurrare.* Ov.

CLIII. — *Narrare, enarrare, memorare, commemorare.*

Narrare, raconter, faire le récit. *Narrare historiam.* — *Enarrare*, raconter par ordre et en détail. *Rem omnem enarravit ordine.* — *Memorare*, rapporter, faire mention, rappeler. *Musa, mihi causas memora.* Virg. — *Commemorare* marque plus d'ostentation.

CLIV. — *Nasci, oriri.*

Nasci, naître, venir au monde. *Omnes nati sumus ad laborem.* Cic. — *Oriri,* tirer son origine. *Præclaris parentibus ortus est.*

CLV. — *Navis, navigium, ratis, scapha, linter, phaselus, cymba.*

Navis, vaisseau, se dit ordinairement d'un grand vaisseau. *Appellere naves,* aborder. — *Navigium,* navire, se dit d'un vaisseau moins considérable. — *Ratis,* radeau, n'est autre chose que des poutres jointes ensemble. — *Scapha* (de σκαπτειν, creuser), petite chaloupe, tronc d'arbre creusé. — *Linter,* petit bateau qui n'a ni mâts, ni voiles. — *Phaselus,* bateau long à l'usage des Campaniens. — *Cymba,* barque, bateau de pêcheur.

CLVI. — *Negotium, res.*

Negotium (non *otium*) signifie 1° Peine, travail. *In otio sumus, potius quam in negotio.* 2° Affaire. *Aliena negotia curare.* — *Res,* chose, se dit indifféremment de tout. *Res tua agitur. Res secundæ, res adversæ.*

CLVII. — *Nescire, ignorare.*

Nescire, ne pas savoir; *ignorare,* ne pas connaître. *Nescire* se dit plus spécialement des choses, et *ignorare* des personnes. *Nescire latine loqui. Ignorare patrem suum. Nescire* signifie aussi ne pas savoir ce qu'on a pu apprendre, ou ne pas savoir du tout; *ignorare,* ignorer ce qu'on doit savoir, ne pas savoir assez.

CLVIII. — *Nomen, prænomen, cognomen, agnomen.*

Nomen était le nom propre qui distinguait la race d'où l'on sortait, comme Pompée, Manlius, Cornélius. — *Prænomen* était le premier nom qui distinguait chaque personne, comme Marcus, Lucius, Publius. — *Cognomen* était le surnom qui désignait la famille d'où l'on était, comme Scipion, Lentulus,

Dolabella, branche des Cornélius. — *Agnomen* se donnait à cause de l'adoption, ou pour quelque grande action ; par exemple : Publius Cornélius Scipion l'Africain. Publius est *prænomen ;* Cornélius, *nomen ;* Scipion, *cognomen ;* l'Africain, *agnomen.*

CLIX. — *Notio, notitia, cognitio, perceptio.*

Notio, notion, idée que l'on a d'une chose. *Habere notiones quasdam rerum naturalium. — Notitia,* connaissance plus parfaite. *Notitia Dei, notitia antiquitatis.* Cic. — *Cognitio* (de *noscere cum*) indique l'action de connaître, et par extension, la connaissance. *Cognitio rerum occultarum. — Perceptio* (*capere per*), récolte, l'action de cueillir. *Perceptio frugum, fructuum.* Cic. Au figuré, perception ou impression qui se produit dans notre âme à la vue des objets. *Animi perceptio.* Cic.

CLX. — *Novus, recens.*

Novus, nouveau. *Nihil erat novi in tuâ epistolâ.—Recens,* frais, récent. *Litteræ recentissimæ,* lettre que l'on vient d'écrire ou de recevoir. *Novæ* ne s'emploierait que par rapport à d'autres précédentes.

CLXI. — *Nubes, nimbus, nebula, caligo.*

Nubes, nuée, désigne une grande quantité de vapeurs répandues dans l'air, et promettant de l'orage. — *Nimbus,* nuage, désigne un amas de vapeurs, un nuage très-condensé. — *Nebula* (de νεφελη, nuage), vapeur sombre et élevée. *Resolvuntur nebulæ ventis et sole.* Ov. — *Caligo,* brouillard qui rase la surface de la terre.

CLXII. — *Nuntiare, indicere.*

Nuntiare, porter une nouvelle, annoncer. *Nuntiatum est mihi vim parari.* Cic. — *Indicere* (*dicere in*), fixer à jour marqué, indiquer, déclarer. *Concilium, ferias indicere.* Liv.

CLXIII. — *Obedire, obtemperare, obsequi, parere*.

Obedire (quasi ob audire), obéir ponctuellement. *Meum est imperare, tuum obedire.* — *Obtemperare* (de *temperare*, régler, et *ob*, devant), obéir par esprit de soumission, comme un enfant obéit à son père. *Sic mihi semper obtemperavit, tanquàm filius patri.* Cic. — *Obsequi (sequi ob)*, se conformer à la volonté des autres, avoir de la déférence. *Juvenes œquum est senibus obsequi.* — *Parere*, se soumettre. *Parere legibus.*

CLXIV. — *Obitus, occasus, interitus*.

Obitus (de *ire ob*), proprement, cours, révolution. *Obitus stellarum.* Cic. C'est dans ce sens qu'il se prend pour mort, ruine. *Ante obitum felix nemo dici debet.* Cic. — *Occasus (cadere ob)*, chute, décadence. *Occasus imperii.* Cic. *Ortus et occasus solis.* Id. — *Interitus (ire inter)*, ruine, dissolution, destruction, mort. *Legum interitus.*

CLXV. — *Obligare, devincire*.

Obligare (de *ligare*, lier, et *ob*), lier devant, autour, bander. *Vulnus obligare.* Au figuré, lier moralement, engager, obliger. *Obligare suam fidem*, donner sa foi. *Obligare aliquem sibi beneficio*, s'attacher quelqu'un par un bienfait. — *Devincire (vincire de)*, lier, enchaîner. *Catenis aliquem devincire.* Au figuré : *Homines caritate devincire*, attacher les hommes par les liens de l'amitié.

CLXVI. — *Obsidere, oppugnare*.

Obsidere (sedere ob), assiéger. *Mœnia obsident Romani.* — *Oppugnare (pugnare ob)*, attaquer, donner l'assaut à une ville. *Consiliis ab oppugnanda urbe ad obsidendam versis.* Liv. (*Expugnare* signifierait *prendre d'assaut*.)

CLVII. — *Obstare, officere*.

Obstare (stare ob), être, se tenir devant. Au figuré, être un obstacle, un empêchement, s'opposer. *Conatibus alicujus obstare.* Ov. — *Officere (de facere ob)*, mettre un obstacle. *Terræ umbra soli officit.* Cic. Au figuré : *Libertati officere.* Liv. *Qui officit, contrà facit ; qui obstat, contrà stat*, l'un nuit, l'autre arrête.

CLXVIII. — *Obtendere, obtegere, obducere.*

Obtendere (*tendere ob*), présenter devant. *Proque viro nebulam et ventos obtendit inanes.* Au figuré : *Matris preces obtendebat.* Tac. Il s'excusait sur les prières de sa mère. — *Obtegere* (*tegere ob*), couvrir en face, par devant. *Seque servorum libertorumque suorum corporibus obtexit.* Cic. Au figuré : *Culpas adolescentiæ suæ obtegere.* Cic. — *Obducere* (*ducere ob*), conduire, tirer devant. *Obducere rebus tenebras*, répandre les ténèbres sur un objet. *Cicatrix obducta*, une plaie fermée.

CLXIX. — *Occidere, necare, interficere, adimere, interimere, perimere, trucidare, jugulare, obtruncare.*

Occidere (de *cædere*, couper, et *ob*), tuer de quelque manière que ce soit. *Occidit inimicum. Multos veneno occidit.* Cæs. — *Necare* (de *nex*), faire mourir d'une mort violente. *Ferro necare. Multi gladio necati sunt.* — *Interficere* (de *facere inter*), proprement, séparer, et par extension, faire mourir. *Equitem romanum interficiunt.* — *Adimere* (de *emere*, ôter), et les autres composés de *emere*, comme *interimere*, *perimere*, ont tous la signification commune d'ôter la vie ; la préposition seule en fait la différence. — *Trucidare* (de *trux*, féroce, cruel), maltraiter affreusement en perçant, mutilant, coupant. *Suppliciis cruciatos trucidando occidit.* Liv. — *Jugulare* (de *jugulum*, gorge, gosier), couper la gorge. *Ut jugulent homines surgunt de nocte latrones.* Hor. — *Obtruncare* (d'*ob* et *truncus*), couper la tête.

CLXX. — *Odium, simultas, inimicitia.*

Odium, haine, ressentiment d'un cœur irrité. *Odium est ira inveterata.* Cic. — *Simultas* (de *simulare*, feindre), ressentiment, haine cachée, qui se dissimule. *Simultates exercere odiosum est.* — *Inimicitia*, inimitié, brouillerie qui survient entre les amis.

CLXXI. — *Studium, officia, merita, beneficia.*

Studium, zèle, bonne volonté. *Tua in me studia mihi sunt jucundissima.* — *Officia*, bons offices, services. *Tua erga me officia plena sunt humanitatis.* — *Merita*, services qui méritent de la reconnaissance. *Magna ejus in nos officia, seu potiùs merita.* — *Beneficia*, bienfaits, actes libres et spontanés.

CLXXII. — *Omnis, totus, cunctus, universus.*

Omnis est le terme employé pour désigner tous les individus, toutes les espèces, toutes les parties d'une chose, soit qu'on les considère comme réunies ou comme séparées. *Omnis exercitus, omnes milites, omnes homines.* — *Totus* signifie un tout par rapport à ses parties, un tout complet, une totalité. *Totus exercitus*, l'armée tout entière. — *Cunctus* se dit de l'assemblage de tous les individus, de toutes les espèces. *Cuncta civitas, cuncta familia.* — *Universus* ajoute à l'idée de *cunctus*; il ne désigne pas seulement les objets réunis, mais tous à la fois, et tous sans exception. *Universi clamare cœperunt*, tous sans exception s'écrièrent à la fois.

CLXXIII. — *Orare, rogare, precari, obsecrare, obtestari, supplicare.*

Orare (d'os), proprement, parler. D'où le mot *orateur*. *Talibus orabat Juno.* V. Il signifie le plus souvent prier, demander avec prières. *Talibus orabat dictis.* V. — *Rogare*, demander comme une grâce. *Submissa voce rogabat auxilium.* — *Precari*, faire des prières pour obtenir ce qu'on désire. *Animoque et voce Deum precari.* — *Obsecrare* (de *ob* et *sacer*), prier au nom de la Divinité, conjurer instamment. *Pro meâ vos salute non rogavit solùm, verùm etiam obsecravit.* Cic. — *Obtestari* (de *ob* et *testis*), conjurer quelqu'un par une chose qui lui est chère. *Oro obtestorque te pro vetere nostrâ conjunctione.* Cic. — *Supplicare* (de *plicare*, plier, et *sub*, sous), supplier à genoux. *Hunc ipsum orabo, etiamque supplicabo.*

CLXXIV. — *Oratio, sermo.*

Oratio (d'*orare*) se dit d'un discours, d'une harangue. *Ornatus orationis.* Cic. — *Sermo* (de *serere*), discours familier, conversation. *Ex tuis litteris et sermonibus illud intellexi.* *Sermo* convient à tout le monde ; *oratio* ne convient qu'à l'orateur.

CLXXV. — *Pandere, aperire, reserare, recludere, patefacere.*

Pandere, proprement, étendre, étaler. *Ulmus pandit ramos.* Cic. *Pandere vela.* Ov. C'est dans ce sens que Virgile a dit : *Panduntur portæ*, parce qu'une porte s'étend quand elle s'ouvre. — *Aperire*, ouvrir, découvrir. *Aperire litteras*, ouvrir une lettre. *Aperire iter ferro*, se frayer un chemin par le fer. — *Reserare* (*quasi seram retrahere*), ouvrir la serrure, la fermeture. *Reserare januam.* — *Recludere* (*claudere retro*), montrer le dedans, ôter la clôture, ouvrir. *Portas recludere. Ensem recludere*, tirer l'épée. Au figuré : *Ebrietas operta recludit.* Hor.— *Patefacere* (*patens facere*), ouvrir, faire une ouverture, donner jour, faire voir. *Viam hostibus patefecerunt.* Au figuré : *Patefacere aures assentatoribus.* Cic.

CLXXVI. — *Parcere, ignoscere, indulgere.*

Parcere, épargner tant au physique qu'au moral. *Supplicibus parcere.* Hor. *Dolori et iracundiæ parcere.* Cic. — *Ignoscere* (*non noscere*), détourner son esprit de la faute, ne s'y point attacher, pardonner. *Ignoscite mihi*, pardonnez-moi. — *Indulgere* (*in* priv. et *urgere*, presser), avoir de la complaisance, accorder par bonté, excuser la faute. *Multi sibimet nimium indulgent.*

CLXXVII. — *Parens, pater, genitor.*

Parens se dit du père et de la mère. *Qui tanti talem genuere parentes?* Virg. — *Pater*, père. *Ingenuo patre natus.* Hor. — *Genitor* (de *gignere*), père par la naissance seulement. *Dubio genitore creatus.* Ov. Dieu est *genitor*, parce qu'il nous a créés, et *pater*, parce qu'il prend soin de nous.

CLXXVIII. — *Paries, murus, mœnia.*

Paries se dit ordinairement des murs d'un temple, d'une maison. *Interiores templi parietes.* Cic. — *Murus* est un mur qui entoure une ville, un camp, un jardin. *Amplectitur latior murus urbem.* Hor. — *Mœnia* (de *munire*), remparts, fortifications. *Hostes mœnia obsident.*

CLXXIX. — *Pascere, pasci, vesci.*

Pascere, paître et faire paître. *Ovis pascit in prato. Boves pascere.* Cic. — *Pasci*, se repaître, convient proprement aux bêtes. *Sues glandibus pascuntur.* Au figuré, il se dit aussi des hommes. *Qui scelere et maleficio pascuntur.* Cic. — *Vesci*, se nourrir, convient aux hommes. *Vescor pane.*

CLXXX. — *Paternus, patrius.*

Paternus, paternel, qui vient du père. *Animus paternus est in filio*, le fils a l'esprit de son père. — *Patrius*, de père, s'entend non seulement du père, mais encore des aïeux ; il est plus général que *paternus*.

CLXXXI. — *Patina, lanx, patella, patera, calix, poculum, cyathus, cantharus, scyphus, cupa.*

Patina (de *patere*), vase creux dont les anciens se servaient pour faire cuire ou mettre leurs ragoûts. — *Lanx* était plus large et moins profond que *patina;* il servait pour les viandes rôties ou bouillies. — *Patella*, espèce d'assiette. — *Patera* (de *patere*) était la coupe dont on se servait dans les sacrifices et pour les libations. — *Calix* (de χυλιξ, coupe ronde), coupe, tasse de verre, de terre ou de métal. — *Poculum*, coupe pour boire. — *Cyathus* (de χυαθος), gobelet dont on se servait pour mesurer le vin et l'eau que l'on versait dans les tasses. Il se dit d'un verre à boire. — *Cantharus* était une coupe un peu plus grande, en forme d'escargot; c'était la coupe de Bacchus. — *Scyphus*, gobelet dont se servaient les anciens ; petit vase qui n'avait ni pied, ni anse. — *Cupa* (de *caupo*), vase à boire dont on faisait usage dans les cabarets.

CLXXXII — *Patruus, avunculus.*

Patruus, l'oncle paternel, le frère du père. — *Avunculus*, l'oncle maternel, le frère de la mère.

CLXXXIII. — *Pauper, indigens, egenus, mendicus, inops.*

Pauper est celui qui n'a que le strict nécessaire et ne peut jouir des commodités de la vie. *Manlius pauper fuit; habuit enim ædiculas in Carinis, et fundum in Labicono.* Cic. — *Indigens* (de *in* et *egens*), qui manque, qui est dans l'indigence; il enchérit sur *pauper* et désigne le manque de plusieurs choses nécessaires. — *Egenus* (de *egere*) est celui qui est dans la disette, qui manque de tout, de vivres, de vêtements, etc. *Omnium egenus.* — *Mendicus* (*quasi manu indicans*), qui tend la main, qui est réduit à la mendicité. *Sapientes, si mendici, at divites animo.* — *Inops* (*sine ope*), qui a besoin de secours, dépourvu, sans ressource.

CLXXXIV. — *Pellere, fugare, eliminare.*

Pellere, pousser, chasser, *Pellere aciem, atque in fugam convertere.* Cæs. Au figuré : *Curas gaudio pellere.* — *Fugare*, mettre en fuite. *Hostes fugare.* Cic. — *Eliminare* (de *ex* et de *limen*), mettre à la porte. *Extra ædes eliminare.* Enn.

CLXXXV. — *Pendere, pensare, pensitare.*

Pendere, peser, se prend dans le sens actif et neutre. *Cyatus pendit drachmas decem.* Pl. *Pendere mercedes.* Par extension, payer. *Pendere tributum*, payer le tribut. Au figuré, apprécier, estimer. *Pendere rem suo pondere*, estimer une chose ce qu'elle vaut. *Pendere aliquem non ex fortunâ, sed ex virtute.* Cic. — *Pensare* (fréquentatif de *pendere*), peser plusieurs fois, peser exactement; au figuré, apprécier. *Pensare amicos ex factis.* *Pensitare* (fréquentatif de *pensare*), peser souvent, peser scrupuleusement. *Pensitare æquâ lance*, peser dans une juste balance.

CLXXXVI. — *Peragrare, percurrere, pervagari.*

Peragrare (*quasi per agros ire*), littéralement, aller à travers les champs, parcourir. *Rura peragrabant.* Cic. — *Percurrere* (*currere per*), courir à travers, traverser en courant. *Percurrit omnem agrum Æduorum*, il traverse en courant tout le territoire des Eduens. - *Pervagari*, courir çà et là, se répandre de différents côtés. *Milites quàm latissimè pervagabantur.*

CLXXXVII. — *Percontari, interrogare, sciscitari.*

Percontari, s'informer, se mettre en quête. *Ille me de nostrâ republicâ percontatus est.* Cic. Il a plus de rapport aux nouvelles publiques, aux bruits qui courent. — *Interrogare* (*rogare inter*), interroger, a plus de rapport au sentiment, à l'opinion de celui qu'on interroge. *Quid me sæpiùs interrogas?* — *Sciscitari* (de *scire*), s'enquérir pour savoir quelque chose de positif, de certain. *Non desino per litteras sciscitari.* Cic.

CLXXXVIII. — *Pernicies, exitium, ruina.*

Pernicies (de *per* et de *nex*), perte entière. *In perniciem suam incurrere.* — *Exitium* (de *exitus*), fin tragique, fléau, ruine. *Catilina multis civibus fuit exitio.* — *Ruina* (de *ruere*), ruine, chute. *Ruinam dare*, tomber en ruine. *Prætermitto ruinas fortunarum tuarum.* Cic.

CLXXXIX. — *Petere, postulare, expostulare, flagitare, efflagitare, poscere, deposcere, exposcere.*

Petere, demander. *Peto à te, vel si pateris, oro.* Cic. — *Postulare*, demander comme une chose due. *Postulabat magis quàm petebat.* — *Expostulare* ajoute à l'idée de *postulare*. *Expostulas à me quod vix alius auderet postulare.* — *Flagitare*, demander d'une manière pressante ou avec importunité, comme une chose due. — *Efflagitare* ajoute à l'idée de *flagitare*. *Pro labore suo pactum præmium efflagitabat.* — *Poscere*, demander comme prix ou comme salaire. *Parentes pretium pro sepulturâ poscebat.* Cic. — *Deposcere* se dit en particulier d'un transfuge, ou d'autres personnes que l'on réclame. *Aliquem ad supplicium deposcere.* Cic. — *Exposcere* ajoute plus d'instance; il signifie demander avec ardeur la chose que l'on désire. *Victoriam a diis exposcere.* Cic.

CXC. — *Pinguis, opimus, obesus.*

Pinguis, gras. *Pingues agni.* V. *Pingues boves.* — *Opimus*, charnu, qui a de l'embonpoint. *Opimum corpus.* — *Obesus* (de *ob* et *edere*) donne l'idée de rondeur, de grosseur. *Venter obesus.*

CXCI. — *Polliceri, pollicitari, promittere, spondere, despondere.*

Polliceri, (de *liceri*, offrir le prix), promettre, offrir, *Is mercedem nobis pollicitus est, et dabit profecto.* — *Pollicitari* (fréquentatif), faire beaucoup d'offres et de promesses. *Pollicitando omnium animos allicis.* — *Promittere* (*mittere pro*), envoyer, mettre en avant, et par extension, promettre, engager sa parole. *Ad cœnam mihi promisit venire.* — *Spondere* (de σπενδω, faire un traité), promettre avec gage et assurance. *Illud facturum promittit et spondet. Spondeo digna tuis ingentibus omnia cœptis.* Virg. — *Despondere* ajoute à l'idée de *spondere*.

CXCII. — *Porta, janua, fores, valvæ, ostium, limen.*

Porta (de *portare*). Anciennement, quand on bâtissait une ville, on en traçait l'enceinte avec la charrue, et celui qui était chargé du plan portait cette charrue, en la soulevant, dans l'endroit où devait être l'entrée. *Aratrum sustulit,* dit Caton, *et portam vocavit. Porta* est l'ouverture de la muraille, la porte. Il se prend dans les poëtes pour la porte suspendue et portée sur ses gonds. — *Janua* (de *Janus*) est l'entrée d'une maison, la porte d'entrée. — *Ferire januam* ou *ad januam,* frapper à la porte. — *Fores (quæ foras aperiuntur)* se dit proprement d'une porte suspendue, portée sur des gonds, et s'ouvrant du dehors. *Fores portarum semi-apertæ.* Cic. — *Valvæ* (de *volvere*) se dit des battants des portes ou des fenêtres. *Valvæ bifores.* Ov. Portes à deux battants. — *Ostium* (d'*os*), porte d'une chambre ou d'un appartement. *Aperto ostio dormire.* Cic. — *Limen,* le seuil ou le linteau d'une porte. Il se prend pour la porte entière. *Limen carceris.* Cic.

CXCIII. — *Prælium, pugna, certamen, dimicatio.*

Prælium, bataille. *Committere prælium.* — *Pugna* (de *pugnus*, poing). Les premiers hommes, n'ayant point d'armes, se servaient de leurs poings. *Pugna* est un combat de près, une action plus singulière que *prælium*, qui désigne une action générale. Les combats livrés à Cannes entre Annibal et les Romains, à Pharsale entre César et Pompée, sont dits *prælia*; mais l'action des Horaces et des Curiaces est dite *pugna*. — *Certamen* (de *certare*) se dit de toute rivalité où chacun tâche de l'emporter. *In certamen cum aliquo venire.* Cic. *Certamen gladiatorium.* Id. — *Dimicatio* (de *dis* et *micare*), combat décisif. *Nos autem jam in aciem dimicationemque veniamus.* Cic.

CXCIV. — *Prævidere, providere.*

Prævidere (*videre præ*), voir d'avance, prévoir les choses avant qu'elles arrivent. *Prævidebam rem malè cessuram.* — *Providere* marque une prévoyance plus éloignée. *Multum in posterum providere.* Cic. Il signifie, par extension, pourvoir. *Providere rei frumentariæ*, pourvoir aux approvisionnements de blé.

CXCV. — *Primores, proceres, optimates.*

Primores (de *primus*), les premiers, les plus distingués. *Primores civitatis.* Cæs. — *Proceres* (de *procerus*), les grands, ceux qui sont plus élevés que les autres. *Misit ad me proceres senatûs.* — *Optimates* (d'*optimus*), ceux qui ont le premier rang dans un Etat.

CXCVI. — *Priscus, pristinus, antiquus, vetus.*

Priscus se dit des choses et des siècles passés, qui n'existent plus. *Prisca illa severitas.* Cic. — *Pristinus* (*quod prius stetit*), qui a été auparavant, autrefois; se dit des choses qui ne sont pas susceptibles de vétusté. *Dignitas pristina.* Cic.

— *Antiquus*, ancien, antique. *Antiquissimi Macedonum reges*. Cur. - *Vetus*, vieux, opposé à *recens*. Il ne désigne pas une aussi grande ancienneté qu'*antiquus*.

CXCVII. - *Prodigium, portentum, ostentum, monstrum.*

Prodigium est le terme général, et se dit de tous les prodiges. *Multa sæpe prodigia vim numinis ostendunt.* — *Portentum* se dit particulièrement des prodiges qui arrivent sur la terre et dans l'eau, une pluie de pierres, de l'eau changée en sang, etc.—*Ostentum* est une vision, une apparition.—*Monstrum* se dit des productions contre nature; par exemple, un bœuf qui aurait la tête d'un cheval.

CXCVIII. — *Progenies, proles, soboles.*

Progenies (de *pro* et de *gignere*), progéniture, race. *Progeniem sed enim trojano à sanguine duci audierat.* Virg. — *Proles* (de *pro* et *olere*, croître) est proprement la nouvelle pousse de l'olivier ou des autres arbres. — *Soboles* (de *sub* et *olere*) est le rejeton qui pousse au pied de la souche. Ces deux noms se sont appliqués aux hommes, par métaphore, pour désigner la race, la lignée, les enfants.

CXCIX. — *Pronus, supinus, cernuus.*

Pronus, qui penche en avant. *Pronus in mensam.* — *Supinus*, renversé en arrière. *Cubat in faciem, deindè supinus*, il se couche sur le visage, puis sur le dos. — *Cernuus*, courbé, prosterné. *Veneremur cernui.*

CC. — *Propagare, prolatare, porrigere.*

Propagare (de *pro* et *pangere*), ficher au loin, étendre, provigner. *Vites propagare. Propagare religionem*, au figuré. — *Prolatare* (de *pro* et de *ferre*), étendre plus loin, prolonger. *Prolatare imperium.* Quint. Reculer les bornes de l'empire *Prolatare vitam*, prolonger la vie. — *Porrigere* (de *regere porrò*), étendre en allongeant. *Manum in mensam porrigere.* Cic. *Porrigere pocula*, présenter à boire.

CCI. — *Pulcher, formosus, venustus, speciosus, bellus.*

Pulcher (de πολύς et χάρις, grâce), beau, bien fait. *Pulchra facies, pulchrum corpus.* Au figuré, il a une signification très-étendue. *Pulchra libertas. Pulcherrima prœmia,* etc. — *Formosus* (de *forma*) comprend le visage et toute la personne ; d'une belle figure, d'une belle apparence. *Mulier formosa supernè.* Hor. *Formosi pecoris custos, formosior ipse.* V. — *Venustus* (de *Vénus*, déesse de la beauté), gracieux, qui a de l'agrément. *Facies ad aspectum venusta. Gestus corporis venustus.* Cic. — *Speciosus* (de *species*), apparent, spécieux. *Introrsùm turpis, speciosus pelle decora.* Hor. — *Bellus* (diminutif de *benus*, pour *bonus*), gentil, joli. *Bella puella, bella epistola, bellum convivium.* Cic.

CCII. — *Pyra, rogus, bustum.*

Pyra (de πῦρ, feu) est un amas de bois pour brûler ; par extension, bûcher, pile de bois sur laquelle on brûlait les morts. *Innumeras struxere pyras.* Virg. — *Rogus* (de *rogare*, parce que c'était alors qu'on faisait les prières), le bûcher, lorsqu'il est en feu. *Cùm ascenderet in rogum ardentem.* Cic. — *Bustum* (*quasi benè ustum*), le lieu où le mort a été brûlé. *Semiustaque servant busta.* Virg.

CCIII. — *Querela, querimonia, questus, lamentatio, plangor, planctus, gemitus.*

Querela et *querimonia*, plainte, mécontentement, avec cette différence que *querela* est une plainte souvent déplacée, une querelle, au lieu que *querimonia* est une plainte fondée. *Assurgere haud justis querelis.* Virg. *Magnâ omnium querimoniâ discesserunt.* Cic. — *Questus*, plainte, expression de la peine ou de la douleur. *Et mœstis latè loca questibus implet.* Virg. — *Lamentatio* est le ton plaintif d'un homme qui exprime sa douleur. *Lugubris lamentatio.* Cic. — *Plangor* et *planctus* (de *plangere*, frapper), lamentations accompagnées de coups sur la poitrine ou ailleurs. — *Gemitus*, cris qui partent d'un cœur oppressé par la douleur.

CCIII bis. — *Quicumque, quilibet, quivis, quisquis.*

Il y a une différence assez délicate entre *quicumque, quivis* et *quilibet* : *quicumque* a plus de rapport à la nature, aux qualités des personnes ou des choses ; *quivis* et *quilibet* à la distinction de nombre ou de rang. Ainsi, l'on dit : *Quamcumque rem gesseris ; quicumque sit iste.* Au lieu qu'on dira : *Quivis ex numero ; quilibet ex senatoribus.* — *Quisquis,* qui que ce soit, diffère de *quicumque* en ce qu'il a toujours un verbe après lui. *Quisquis est ille, si modo est aliquis.* Cic. Au lieu que *quicumque* en manque quelquefois.

CCIII ter. — *Quidam, quispiam, aliquis, quisquam.*

Quidam désigne une personne ou une chose déterminées. *Quidam de collegis.* Cic. *Certis quibusdam verbis.* Cic. — *Quispiam* et *aliquis* désignent au contraire une personne ou une chose indéterminées. *Quæret fortasse quispiam. Aliquis vir eligendus est.* Cic. — *Quisquam* se met lorsqu'on interroge ou quand il y a une négation. *Et quisquam numen Junonis adoret prætereà?* Virg. *Nec est quisquam, qui,* etc. Cic.

CCIII quater. — *Quietus, tranquillus.*

Quietus (de *quies,* repos), qui est en repos, paisible. *Gentes agitare quietas.* Virg. *Honores quos, quietâ republicâ desperant, turbatâ consequi se posse arbitrantur.* Cic. — *Tranquillus,* calme, tranquille ; se dit proprement de la mer. *Maris tranquillitas. Cætera videntur esse tranquilla, tranquillissimus autem animus meus.* Cic. *Quietus* se dit des choses et des personnes, *tranquillus* ne se dit que des choses et de l'état de l'âme.

CCIV. — *Reparare, reficere, recreare, relevare.*

Reparare (de *parare rursùs*) signifie proprement acquérir de nouveau. *Amissas res reparare.* Hor. Et par extension, rétablir, remettre en son premier état. *Reparare vires,* rétablir ses forces. — *Reficere* (*rursùs facere*), refaire, rebâtir. *Reficere navem,* radouber un vaisseau. Au figuré : *Sesé*

ex laboribus reficere. — *Recreare* (de *rursus creare*), proprement, créer de nouveau. *Recreare consulat.* Cic. Au figuré,
ranimer, rassurer, récréer. *Me reficit et recreat tuus in me
amor.* Cic. — *Relevare* (*rursùs levare*), relever. *E terrâ corpus relevare.* Ov. Au figuré, alléger, soulager, délivrer. *Relevare sitim, relevare ægrum.*

CCV. — *Repens, repentinus, subitus.*

Repens (de *repo*, ramper), qui se traîne, qui rampe à terre.
Repens humi. Pl. Au figuré, qui arrive sans être attendu.
Repens hostium adventus. Cic. — *Repentinus* ne se dit qu'au
figuré : qui n'a point été prévu. *Leviora sunt ea quæ repen-
tino motu accidunt.* Cic. — *Subitus* (de *subire*), qui arrive
soudain. *Magis subita tempestas, quàm antè provisa, terret
navigantes.*

CCVI. — *Repere, reptare, serpere.*

Repere se dit des animaux qui marchent sur le ventre,
ramper. *Vulpecula per rimam repserat.* Hor. — *Reptare,*
son fréquentatif, marque encore plus de lenteur. — *Serpere,*
serpenter, se dit des animaux sans pieds. *Vipera serpit
humi.* Ov.

CCVII. — *Reprehensio, criminatio, vituperatio.*

Reprehensio (de *prehendere retrò*), tirer en arrière. Il ne
s'emploie qu'au figuré : l'action de reprendre quelqu'un en
faute, réprimande. *Reprehensionem patris accipere.* — *Criminatio* (de *crimen*, accusation), l'action d'accuser. *Falsa
criminatio.* — *Vituperatio*, l'action de blâmer, blâme. *In
vituperationem venire.* Cic. Encourir le blâme.

CCVIII. — *Reprobare, repudiare, respuere, rejicere.*

Reprobare (de *probare* et *re* pour *retrò*), réprouver, dés-
approuver. *Reprobavit tuam agendi rationem.* — *Repudiare*
(de *retrò* et *pudor*), répudier, renvoyer comme une chose
honteuse. *Repudiare uxorem.* — *Respuere* (de *spuere*, cra-
cher, et *retrò*), proprement, rejeter en crachant, repousser ;
au figuré, rejeter avec mépris, dédaigner. *Respuere aliquid,*

et pro nihilo putare. Cic. — *Rejicere* (de *jacere retrò*), rejeter, repousser, éloigner ; au figuré, rebuter, renvoyer. *Rejicere aliquem,* mépriser, rebuter quelqu'un.

CCIX. — *Reus, nocens, sons.*

Reus s'appliquait généralement à tous ceux qui avaient quelque contestation, soit civile, soit criminelle. Il se prend généralement pour *accusé* dans les bons auteurs. *Si haberes nocentem reum.* Cic. — *Nocens* (de *nocere*), nuisible, préjudiciable, malfaisant. *Ferro nocentius aurum.* Ov. Il signifie, par extension du premier sens, coupable, criminel. *Nocens, nisi accusatus, condemnari non potest.* Cic. — *Sons* (de σινω, *noceo*), un coupable, un criminel. *Punire sontes.* Cic.

CCX. — *Rex, tyrannus.*

Rex (de *regere*), roi. *Magni reges.* Hor. *Rex convivii.* Plaute. Le maître du festin. — *Tyrannus* (de τυραννος), maître absolu, souverain. Dans la suite, on a attaché à ce mot une idée odieuse : tyran, qui a usurpé le pouvoir, ou qui en abuse.

CCXI. — *Rusticus, rusticanus, agrestis, agrarius, vicanus.*

Rusticus, de la campagne, rustique. *Homo imperitus morum, et rusticus.* Cic. — *Rusticanus* ajoute à l'idée de *rusticus. Marius quidem rusticanus vir, sed planè vir.* Cic. — *Agrestis* (d'*ager*), agreste, qui croît à la campagne. *Arbor agrestis.* Cic. *Auxilium vocat, et duros conclamat agrestes.* Virg. Au figuré, sauvage, grossier. *Rustica vox et agrestis.* Cic. — *Agrarius,* qui concerne les terres. *Agrariam rem tentare.* Cic. Tenter le partage des terres. — *Vicanus* (de *vicus*), un villageois, qui est d'un village ou d'un petit bourg.

CCXII. — *Sacer, sacratus, sanctus, sacrosanctus, religiosus.*

Sacer, sacré. *Ædes sacra.* Il se prend en mauvaise part,

parce que les méchants étaient consacrés aux dieux infernaux. *Sacrabantur, devovebantur diis inferis.* — *Sacratus,* consacré. *Vittasque resolvit sacrati capitis.* Virg. — *Sanctus* (*quasi sancitus*), saint, inviolable. *Sancti legati, quibus nocere nefas est. Sanctæ leges. Virgines sanctæ.* Hor. Les vestales. — *Sacrosanctus* (*sacro sancitus*) ajoute à l'idée de *sanctus;* qu'on ne peut violer impunément. — *Religiosus,* s'applique soit aux choses consacrées par la religion, *quod à communi hominum usu, sanctitate quâdam, removetur;* soit aux personnes : *Vir sanctus et religiosus.* Cic.

CCXIII. — *Salsus, facetus, dicax.*

Salsus (de *sal*), proprement, salé. *Æquora salsa.* Au figuré, plein de sel, d'un esprit piquant. *Salsus vir. Dictum salsum.* Cic. — *Facetus,* plaisant, enjoué. *Salsus erat et facetus.* Cic. — *Dicax* (de *dicere*), diseur de plaisanteries. *In conviviis faceti et dicaces.*

CCXIV. — *Saltus, sylva, nemus, lucus.*

Saltus (de *salire,* sauter), synonyme des autres, est proprement un défilé, un lieu où il faut sauter pour s'en tirer. *Celeriter Pyrenæos saltus occupari jubet.* Cæs. Il se prend ordinairement pour un lieu où il y a des bois et des pâturages. *Saltibus in vacuis pascunt.* Virg. *Sylva* est le mot général, un bois, une forêt. *Genus humanum in montibus ac sylvis dissipatum.* Cic. — *Nemus,* un bois de haute futaie, un bois pour l'agrément. *Nemus quod nulla ceciderat ætas.* Ov. — *Lucus,* un bois sombre consacré à quelque divinité. *Pios errare per lucos.* Virg.

CCXV. — *Salus, valetudo, sanitas, sanatio, salubritas.*

Salus, santé, salut. *Qui medicis suis non ad salutem, sed ad necem utitur.* Cic. — *Valetudo,* santé, soit bonne, soit mauvaise. *Bona, adversa valetudo.* Cic. — *Sanitas,* bonne santé. *Qui incorrupta sunt sanitate.* Cic. — *Sanatio,* guérison, l'action de guérir. *Omnium malorum sanatio.* — *Salu-*

britas, salubrité, se dit de l'air, des aliments, des lieux habités. *Loci salubritas. Cæli aerisque salubritas.*

CCXVI. — *Scena, theatrum.*

Scena (de σκηνή, tente), proprement, un lieu entouré d'arbres touffus; d'où vient cette expression de Virgile : *Tum sylvis scena coruscis.* Lieu ombragé par des bois agités au souffle du vent. Anciennement on représentait les pièces de théâtre à l'ombre des arbres; et c'est de là que ce mot désigne la scène d'un théâtre. — *Theatrum* (de θεᾶσθαι, voir), théâtre, lieu où l'on donne des spectacles.

CCXVII. — *Secessus, recessus, secretum, solitudo.*

Secessus (*seorsim cedere*) se dit d'un lieu à l'écart, d'un lieu paisible. *Carmina secessum scribentis et otia quærunt.* Ov. — *Recessus* (*retro cedere*) semble être un lieu plus éloigné. *Mihi solitudo et recessus provincia est.* Cic. — *Secretum* (*seorsim cernere*) semble plus solitaire, plus à l'abri des importuns et des curieux. *Horrendæque procul secreta Sibyllæ.* Virg. — *Solitudo* (de *solus*), solitude, lieu désert. *Discedere in aliquas solitudines.* Cic.

CCXVIII. — *Seges, messis.*

Seges est proprement le blé en herbe, ou sur pied. *Luxuries segetum.* Cic. — *Messis* (de *metere*, moissonner) désigne du blé moissonné, ou prêt à être coupé. *Gravidis onerati messibus agri.* Virg.

CCXIX. — *Segregare, seponere, semovere, removere, sejungere.*

Segregare (*seorsim a grege* ou *seorsim grex*), séparer du troupeau, écarter. *Oves segregatas ostendit procul.* Phed. — — *Seponere* (*seorsim ponere*), mettre à part, en réserve. *Pecuniam in ædificationem templi seposuit.* Liv. — *Semovere* (*seorsim movere*), séparer par un mouvement, éloigner. — *Removere* (*retro movere*), éloigner en remuant. *Mensæque remotæ.* Virg. — *Sejungere* (*seorsim jungere*), séparer ce qui est joint. *Sejungere tabulas.* Col.

CCXX. — Senes, veteres, antiqui.

Senes, les vieillards qui ont beaucoup d'années, *Longævosque senes, ac fessas æquore matres.* Virg. — *Veteres*, ceux du temps passé, ceux qui étaient avant nous, quand même ils n'étaient pas arrivés à la vieillesse. *Veteres auctores.* Cic. — *Antiqui* se dit des uns et des autres; les anciens. *Plus apud me auctoritas antiquorum valet.* Cic.

CCXXI. — Serus, tardus.

Serus, tardif, qui vient tard. *Sera gratulatio.* Cic. — *Tardus*, lent, paresseux à faire quelque chose. *Tardior ad discendum.*

CCXXII. — Significare, declarare, designare, monstrare, indicare.

Significare (*signum facere*), faire connaître par des signes. *Significare deditionem.* Faire savoir qu'on est prêt à se rendre. Au figuré, faire savoir, avertir, faire entendre. *Id mihi significavit per litteras.* Cic. — *Declarare* (de *clarus*), déclarer, faire connaître clairement. *Hoc tibi non significandum modo, sed etiam declarandum arbitror.* Cic. — *Designare* (de *signum*), désigner. *Notat et designat oculis ad cædem unumquemque nostrûm.* Cic. — *Monstrare*, montrer, faire voir. *Digito indice monstrat.* Hor. — *Indicare* (d'*index*, délateur), indiquer, révéler. *Vultus indicat mores.* Cic.

CCXXIII. — Signum, vexillum.

Signum, pris pour enseigne, était une longue pique au haut de laquelle était attachée en forme de croix une petite planche sur laquelle était inscrit le nom de la cohorte qui suivait: *Cohortis primæ, Cohortis secundæ*, etc., *convenire ad signa jubentur.* Cæs. — *Vexillum* (diminutif de *velum*), étendard, drapeau; c'était une petite bannière où était représentée en or ou en argent l'image des Césars avec le nom de l'empereur.

CCXXIV. — Simulachrum, effigies, imago, statua.

Simulachrum (de *similis*), portrait, se dit uniquement

pour la ressemblance. *Statuæ et imagines non animorum simulachra, sed corporum.* Cic. —*Effigies* (d'*effingere*), effigie. L'effigie tient place de la chose même. *Effigies Neronis.* Au figuré : *Ad effigiem justi imperii.* Cic. — *Imago* (d'εἴγμα, ressemblance, tiré d'εἴχω, je ressemble), image, représentation idéale d'une chose ; il se dit de la peinture et de la sculpture. *Agesilaüs neque pictam, neque fictam imaginem passus est.* Cic. — *Statua* (de *stare*, se tenir debout), statue, figure en relief qui représente le visage et tout le corps ; au lieu que *imago* ne représente que le visage, et ne convient qu'à Dieu et à l'homme. *Statua equestris.* Cic.

CCXXV. — *Singuli, universi.*

Singuli, un à un, l'un après l'autre ; *universi,* tous en général. *Dùm singuli pugnant, universi vincuntur.* Tac. Ne combattant que l'un après l'autre, tous à la fin se trouvent vaincus.

CCXXVI. — *Situs, squalor, sordes, illuvies.*

Situs, synonyme des autres, moisissure. *Situ corrumpi.* Pl. — *Squalor,* malpropreté, crasse. *Obsita squalore vestis.* — *Sordes,* ordure, souillure. *Collecta sorde dolentes auriculæ.* Hor. — *Illuvies* (de *non lavare*), saleté. *Ablue corpus illuvie squalidum.* Curt.

CCXXVII. — *Solvere, persolvere, luere, perluere.*

Solvere, proprement, délier, détacher. *Omne colligatum solvi potest.* Cic. Au figuré : *Solvere aliquem legibus.* Cic. *Solvere pecuniam.* (Les dettes sont un lien moral.) — *Persolvere* ne se dit qu'au figuré : payer entièrement. *Stipendium militibus persolutum.* Cic. — *Luere* (de λυω, je délie, ou de λουω, je lave) a le sens de délier et de laver. *Luere æs alienum,* payer ses dettes. *Luere maculas sanguine. Luere pœnas delicti.* Subir une punition, expier sa faute. — *Perluere* ajoute à l'idée de *luere.*

CCXXVIII. — *Somnus, sopor, somnium, insomnium.*

Somnus, le sommeil. *Somnus est mortis imago.* Cic. —

Sopor, assoupissement, profond sommeil. *Gravitate soporis pressus.* Ov. — *Somnium et insomnium (quasi in somno),* songe, rêve. *Falsa somnia.* Virg.

CCXXIX. — *Sonus, sonitus, fragor.*

Sonus se dit du son en général. *Aures sonum recipiunt.* Cic. Il se dit particulièrement du son de la voix et des instruments. *Sonus vocis.* Cic. — *Sonitus* signifie un son plus éclatant, un grand bruit. *Fracti sonitus tubarum.* Virg. — *Fragor* (de *frangere*), proprement, le bruit que fait une chose en se rompant. *Arbores decidunt cum fragore.* Plus généralement, fracas. *Cœlum tonat omne fragore.* Virg.

CCXXX. — *Species, pulchritudo, venustas, formositas.*

Species (de l'inusité *spicere*) est ce qui paraît au dehors. *Ferre præ se speciem viri boni.* Cic. — *Pulchritudo,* beauté. *Eximiâ pulchritudine species.* Cic. — *Venustas* (de *Venus*), bonne grâce. *Venustas decet mulieres.* Cic. — *Formositas* (de *forma*), beauté, bonne mine, pour ce qui regarde la taille et la personne.

CCXXXI. — *Spectare, speculari, contemplari, considerare.*

Spectare (fréquentatif de l'inusité *spicere*), regarder, considérer pendant quelque temps. *Spectatum veniunt.* — *Speculari* (de *specula,* lieu élevé d'où l'on peut voir), observer de loin, regarder d'un lieu élevé. *Signorum ortus obitusque speculantur.* — *Contemplari* (de *cum* et de *à templo. Id est, à loco qui ex omni parte adspici, vel ex quo omnis pars videri potest, quem antiqui templum nominabant),* regarder fixement un objet, contempler, considérer. *Oculis contemplari cœli pulchritudinem.* Cic. — *Considerare* (de *sidus,* astre), proprement, considérer les astres; par extension, regarder avec réflexion, considérer. *Considerare quid sit agendum.*

CCXXXII. — *Sponsio, pactio, fœdus.*

Sponsio, pactio, fœdus étaient les trois manières dont les peuples étrangers contractaient avec les Romains. *Sponsio* n'exigeait le consentement ni du sénat, ni du peuple; le consentement des généraux suffisait. C'est ainsi que fut conclue la paix des Fourches-Caudines. *Sponsio* signifie aussi gageure. — *Pactio* (de *paciscor*) était une convention solennelle. — *Fœdus* était un traité public.

CCXXXIII. — *Statio, vigilia, excubiæ.*

Statio (de *stare*), poste, corps-de-garde, sentinelle. *Disponere stationes.* Cæs. — *Vigilia*, veille de nuit. Les Romains partageaient la nuit en quatre veilles, et chaque veille comprenait trois heures : la première, depuis six heures jusqu'à neuf, etc. ; de là vient qu'on trouve *prima, secunda, tertia, quarta vigilia.* — *Excubiæ* (*cubare ex*) se dit proprement de la garde qu'on fait pendant la nuit; mais il se prend plus généralement : *Vigilum excubiæ.* Virg.

CCXXXIV. — *Subducere, subtrahere.*

Subducere (*ducere sub* ou *super*), retirer de dessous, conduire dessus. *Aurum terræ subducere.* C'est dans ce sens qu'on dit : *Subducere naves, classem,* parce que la terre est plus élevée que la mer. — *Subtrahere* (*trahere sub*), détourner, soustraire. *Te aspectu ne subtrahe nostro.* Virg.

CCXXXV. — *Tangere, tractare.*

Tangere, toucher. *Tangere aras.* Virg. Au figuré : *Hæc modice me tangunt.* Cic. — *Tractare* (fréquentatif de *trahere*), manier. *Tractare calicem manibus unctis.* Hor. *Ignorans sua se tractare pericla.* Ov.

CCXXXVI. — *Tegere, operire, cooperire.*

Tegere, couvrir, mettre à l'abri. *Fronde teguntur aves.* Ov. — *Operire,* entourer, fermer. *Pellis operit latos humeros.* Virg. *Operire ostium,* fermer la porte. — *Cooperire,* entourer de tous côtés. *Cooperire aliquem lapidibus.* Au figuré : *Coopertus sceleribus.* Cic.

CCXXXVII. — *Telum, hasta, hastile, gesum, sarissa, sparus, lancea, pilum, spiculum, sagitta, jaculum.*

Telum (de τῆλε, loin) est le mot générique; il se dit de toute arme offensive. *Versari incolumis inter hostium tela.* Cic. Il signifie plus spécialement : trait, dard, javelot, flèches lancées de loin. — *Hasta (quod adstans solet ferri)*, lance, pique. *Eminùs hastâ, cominùs gladio uti.* Cic. — *Hastile*, le bois de la pique. — *Gesum*, trait des anciens Gaulois. — *Sarissa*, pique à l'usage des Macédoniens. — *Sparus* (de σπείρω, *spargere*), espèce de dard à l'usage des gens de la campagne. — *Lancea*, lance, sorte de trait fort long. — *Pilum*, le javelot des Romains, dont la hampe était longue et la forme triangulaire. — *Spiculum* (de *spica*, épi), dard, et souvent : pointe d'une flèche, d'une lance. *Hastarum spicula.* Ov. — *Sagitta*, flèche, trait d'arbalète. — *Jaculum* (de *jacere*), trait, javelot.

CCXXXVIII. — *Tempestas, procella.*

Tempestas, tempête, ouragan sur terre ou sur mer. *Tempestas cum grandine ac tonitribus.* Liv. — *Procella* (de *pro* et de l'inusité *cellere*, émouvoir) est un vent impétueux sur mer, un orage. *Procellæ exagitant mare.*

CCXXXIX. — *Toga, stola, peplum, palla, trabea, pallium, sagum, chlamys.*

Toga (de *tegere*), toge, robe des anciens Romains en temps de paix. C'était un grand manteau qui se mettait sur la tunique. — *Stola* était l'habit ordinaire des femmes mariées, des femmes de condition. — *Peplum* (de πεπλος, voile d'une fine étoffe), espèce de robe à l'usage des dames. On en ornait les statues des dieux. Elle était particulièrement consacrée à Minerve. — *Palla*, longue robe portée par les femmes. C'était aussi l'habillement des hommes chez les Gaulois. — *Trabea* (de *trabs*), la trabée, vêtement des rois de Rome, et, après leur expulsion, celui des consuls, des augures et des chevaliers romains. — *Pallium*, longue robe ou manteau à l'usage des Grecs, surtout des philosophes. — *Sagum*, espèce de saye rouge que l'on mettait sur la tunique. C'était l'habit de guerre. — *Chlamys*, tunique de guerre. C'était aussi la robe que portaient les enfants.

CCXL. — *Torquere, angere, cruciare.*

Torquere, proprement, tordre, contourner. *Capillos torquere ferro.* Ov. Au figuré, tourmenter. — *Angere* (d'ἄγχω, serrer), gêner en serrant, serrer étroitement. Au figuré, affliger, chagriner. *Angi animo.* Cic. — *Cruciare* (de *crux*), proprement, mettre en croix. Au figuré, tourmenter cruellement.

CCXLI. — *Transgredi, transire, trajicere, prætergredi.*

Transgredi (*gradi*, marcher, *trans*, au delà), passer outre, franchir, traverser. *Rhenum transgressus est.* Cic. — *Transire* (*ire trans*), passer, aller au delà. *Transiit urbem.* — *Trajicere* (*trans jacere*), jeter au delà, traverser, passer, faire passer. *Trajicere flumen nando.* — *Prætergredi*, côtoyer, passer plus loin.

CCXLII. — *Tributum, vectigal, census, exactio.*

Tributum (de *tribus*, parce qu'on levait les impôts par tribus) était l'argent que payait chaque citoyen à raison de ses revenus. — *Vectigal* (de *vehere*) comprenait tous les droits que l'on payait pour les marchandises qui entraient ou qui sortaient. — *Census* (de *censeo*) était le revenu de chaque particulier ; il désignait aussi le dénombrement des biens et des familles. — *Exactio*, la levée des impôts.

CCXLIII. — *Triumphare, ovare.*

Triumphare, triompher, faire une entrée solennelle après quelque grande victoire. — *Ovare*, recevoir les honneurs du petit triomphe. *Heri me ovantem et propè triumphantem populus romanus in Capitolium tulit.* Cic.

CCXLIV. — *Tueri, tutari, propugnare, protegere, defendere,*

Tueri, protéger, mettre en sûreté. *Ædem Castoris Junius*

habuit tuendam. Cic.—*Tutari,* son fréquentatif, marque plus d'action. — *Propugnare (pugnare pro),* combattre pour la défense. *Propugnare pro æquitate.* Cic. — *Protegere (tegere pro),* mettre à couvert, protéger. *Africanus in acie Halienum scuto protexit.* Cic. — *Defendere* (de l'inusité *fendere,* choquer, éloigner, et *de*), proprement, éloigner ; par extension, défendre.

CCXLV. — *Tumere, tumescere, turgere, turgescere.*

Tumere, être enflé, bouffi. *Corpus tumet omne veneno.* Ov. Au figuré : *Laudis amore tumes,* Hor. — *Tumescere* (inchoatif de *tumere*), devenir enflé, bouffi. *Inflata colla tumescunt.* — *Turgere,* être gonflé. — *Turgescere,* se goufler. *Semen turgescit in agris.*

CCXLVI. — *Turpis, deformis, fœdus.*

Turpis, laid, honteux, se dit du corps et de l'âme. *Turpe caput,* tête difforme. *Turpis fuga,* fuite honteuse. — *Deformis* (de *de* et *forma*), difforme, défiguré. *Hujus corporis partes deformem habent aspectum.* Cic. — *Fœdus,* hideux. *Caput fœdum impexâ porrigine.*

CCXLVII. — *Tutus, securus.*

Tutus (de *tueri*), qui est sans danger, qui n'a rien à craindre, qui est en sûreté. *Ad omnes ictus tutus.* Liv. — *Securus* (*sine curâ*), qui se croit en sûreté, qui est sans crainte. *Securus est, non autem tutus.*

CCXLVIII. — *Vallare, sepire.*

Vallare (de *vallus,* pieu), faire une palissade, entourer d'un rempart. *Castra punica erant vallata.* Liv. — *Sepire* (de *sepes*), proprement, entourer d'une haie. Il se prend plus généralement : *Sepire muris urbem.*

CCXLIX. — *Velare, amicire, obnubere.*

Velare (de *velum,* voile), couvrir d'un voile, voiler. *Caput velare.* Cic. — *Amicire* (de *am* pour αμφι, autour, et *icere* pour *jacere*), mettre un habit autour du corps, couvrir, envelopper. *Croceo velantur amictu.* Ov. — *Obnubere* (d'*ob* et de *nubes*), proprement, couvrir d'un nuage. *Nubes obnubant cœlum.* Var. Il signifie aussi couvrir d'un voile, voiler.

CCL. — *Venter, ventriculus, alvus, abdomen.*

Venter, le ventre, la cavité du corps où sont enfermés les intestins. — *Ventriculus*, le ventricule du cœur. — *Alvus*, le canal, ou la cavité intérieure du ventre. — *Abdomen*, la partie extérieure du bas-ventre.

CCLI. — *Verber, scutica, flagellum, virga, ferula, fustis, lorum.*

Verber, inusité au nomb. sing., fouet ; il se prend pour les coups mêmes. *Necare aliquem verberibus.* Cic. — *Scutica* (de σχύτος, cuir), fouet de lanières de cuir dont se servaient les maîtres d'école. — *Flagellum*, fouet en usage pour punir les esclaves et les criminels. *Ne scuticâ dignum horribili sectere flagello.* Hor. — *Virga*, houssine, verge, baguette. Il était moins honteux d'être frappé de cet instrument que d'être flagellé. — *Ferula*, espèce de plante. La tige servait d'instrument pour châtier les enfants. — *Fustis* était un bâton pour frapper. *Caput lumbosque saligno fuste dolat.* Hor. Il lui caresse la tête et les reins avec un bâton de saule. — *Lorum*, courroie. *Cædere loris.* Cic.

CCLII. — *Vetare, impedire.*

Vetare, défendre, faire défense. — *Lex peregrinum vetat in murum ascendere.* Cic. — *Impedire* (son synonyme, formé de *in*, *pes* et *dare*), mettre obstacle, empêcher. *Gravioribus morbis vitæ jucunditas impeditur.* Cic.

CCLIII. — *Vicis, vicissitudo.*

Vicis (usité à l'acc. et à l'abl. sing., et à tous les cas du pluriel) est un mot très-général ; il signifie le plus souvent tour, fonction, place, état, sort. *Suâ vice*, à son tour. *Alias gerit vices*, il remplit les fonctions d'un autre. — *Vicissitudo*, alternative, vicissitude, révolution.

CCLIV. — *Videre, visere, invisere, revisere, visitare.*

Videre, voir, se rapporte aux regards. — *Visere* concerne la politesse ou la curiosité. — *Invisere*, faire visite, visiter. — *Revisere*, retourner voir. — *Visitare*, visiter souvent.

CCLV. — *Vigilare, excubare.*

Vigilare, veiller, ne point dormir. *Vigilare ad multam noctem.* Cic. — *Excubare* (de *ex*, hors de, et *cubare*), n'être point couché, faire sentinelle. *Excubare ad portas.* Cic.

CCLVI. — *Vindicare, ulcisci.*

Vindicare, proprement, assurer les droits, garantir. *Vindicare in libertatem.* C. Mettre en liberté. *Vindicare libertatem*, recouvrer sa liberté. *Vindicare* signifie aussi venger, parce que, pour assurer les droits, il faut quelquefois punir. *Maleficia vindicare.* Cic. — *Ulcisci*, venger, punir, se dit de toutes sortes de personnes. *Odi istum hominem ; utinam ulcisci possim.* Cic.

CCLVII. — *Vineæ, pluteus, crates, testudo.*

Vineæ, mantelets. C'étaient des machines de guerre faites de bois et de claies, et garnies de terre ; elles étaient mues par des roues. Les assiégeants s'en servaient pour se garantir des traits et des autres projectiles, afin de pouvoir en sûreté saper les murs des ennemis. — *Pluteus*, espèce de machine de guerre en forme de casque, faite d'osier et recouverte de cuir, dont les soldats se couvraient la tête et une partie du corps pour aller à la sape des murailles. Ces machines s'appliquaient aussi aux tours et aux remparts. — *Crates*, claies, espèce de treillis d'osier que l'on couvrait de terre, et qui mettait à couvert les soldats. — *Testudo*, tortue. *Scutis*, dit Tite-Live, *super capita densatis, stantibus primis, secundis submissioribus, tertiis magis et quartis, postremis etiam genu nixis, fastigiatam, sicut tecta, faciebant testudinem.*

CCLVIII. — *Virtus, fortitudo.*

Virtus est le mot général qui désigne la force de l'âme, soit pour entreprendre, soit pour souffrir. *Appellata est à viro virtus.* Cic. — *Fortitudo* est cette force d'âme qui nous fait supporter les peines, les travaux, les périls. *Fortitudo est considerata periculorum susceptio, et laborum perpessio.* Cic.

CCLIX. — *Vis, vires.*

Vis se dit de la force en général. *Vis nostra in animo et corpore sita est.* — *Vires* ne se dit guère que des forces du corps. *Vir maximis viribus.*

CCLX. — *Viscera, intestina, ilia, exta, præcordia.*

Viscera, les entrailles. *Visceribus miserorum et sanguine vescitur atro.* Virg. — *Intestina* (d'*intus*), intestin, boyau. *Reliquiæ cibi per intestina depelluntur.* Cic. — *Ilia,* les flancs, la partie qui est depuis le défaut des côtes jusqu'aux hanches. *Ilia longo singultu tendunt.* Virg. *Ilia ducere,* battre des flancs, être essoufflé. — *Exta* (de *exstare,* être saillant, ou *exsecta,* choses coupées), le cœur, les poumons, le principal organe de la respiration. Il signifie aussi les entrailles. *Exta inspicere,* examiner les entrailles des victimes. — *Præcordia* (de *præ* et de *cor*), les membranes qui séparent le cœur et les poumons du foie et de la rate, et par extension, le cœur, les entrailles. *Redit in præcordia virtus.* Le courage se ranime dans les cœurs.

CCLXI. — *Vocare, appellare, nominare, citare, compellare.*

Vocare (de *vox*), appeler pour faire venir. *Vocare ad arma.* Cic. — *Appellare,* appeler, donner un nom. *Appellare unumquemque suo nomine.* — *Nominare,* nommer, dire le nom pour distinguer. *Suo proprio vocabulo rem aliquam nominare.* Cic. — *Citare* (de *cieo,* exciter), faire mouvoir, faire venir, citer. *Citare senatum in forum.* Cic. — *Compellare,* adresser la parole à quelqu'un, interpeller. *Ultrò verbis compellat amicis.* Virg.

CCLXII. — *Usurpare, nuncupare.*

Usurpare (quasi in usum capere), faire usage, employer ; par extension, s'approprier, usurper. *Ut Solonis dictum usurpem.* Cic. Pour me servir de ce mot de Solon. — *Nuncupare (nomen capere)*, employer les mots consacrés par l'usage ou par les rites. *Collis erat quem vulgus nomine nostro nuncupat.* Ov. Par extension, déclarer, désigner, appeler (1).

(1) Voir, pour plus de détails, les *Synonym es* de Gardin-Dumesnil, dont nous avons fait usage.

TABLE ALPHABÉTIQUE

DES SYNONYMES LATINS.

Nota. — *Le chiffre indique les articles.*

A

G

H

I

T

U

V

SECONDE PARTIE.

DE LA VERSIFICATION LATINE.

La versification, a dit Rollin, est d'une nécessité absolue pour bien entendre les poètes ; jamais on n'en sentira les beautés, si, par la composition des vers, on n'a habitué son oreille au nombre et à la mesure des différentes sortes de pieds employés dans la poésie.

La versification est aussi très-avantageuse comme exercice littéraire ; elle donne plus d'initiative à la pensée, plus de vivacité au sentiment et plus d'essor à l'imagination. En outre, comme le style n'est que la forme extérieure ou l'expression de la pensée, la versification lui donne aussi plus d'élévation et de coloris, en obligeant les jeunes élèves à mettre les mots en rapport avec leurs idées, et, par conséquent, à peindre les choses sous des formes plus belles, plus poétiques ; elle le rend surtout plus harmonieux, en y introduisant le nombre, la cadence et la mesure.

La versification a aussi de l'importance comme exercice grammatical : elle impose aux bons élèves la nécessité de choisir avec discernement les synonymes et les épithètes ; de faire des inversions qui conviennent à la mesure du vers, et donnent à la pensée une forme plus élégante ; d'amplifier leurs idées en les exprimant par des tournures poétiques, par des périphrases, des comparaisons ; de donner de la couleur au style en faisant usage des figures ; elles les met ainsi dans la nécessité de comprendre le latin et de se familiariser avec le génie de cette langue.

NOTIONS PRÉLIMINAIRES.

Les vers sont des assemblages de mots et de syllabes soumis à une mesure déterminée et disposés selon certaines règles.

Les syllabes qui entrent dans la composition des vers sont *longues*, ou *brèves*, ou *communes* (1).

Les syllabes *longues* se prononcent lentement; elles se marquent ainsi : *pāstōrēs.*

Les syllabes *brèves* se prononcent rapidement; elles se marquent ainsi : *făcĭnŏră.*

Les syllabes *communes* sont longues ou brèves à volonté; elles se marquent ainsi : *illĭus.*

REMARQUE. — Il y a des syllabes brèves de leur nature qui deviennent longues par position; ce qui arrive quand elles sont suivies de deux consonnes, l'une finale, l'autre initiale du mot suivant. Ainsi, *a* est bref dans *ăt ego*, mais il devient long dans *āt pater*, parce qu'il est suivi de deux consonnes. Ces sortes de syllabes se nomment *douteuses.*

La réunion de plusieurs syllabes brèves et longues forme ce qu'on appelle un pied.

On distingue six pieds principaux : les uns de deux syllabes, les autres de trois syllabes.

Les pieds de deux syllabes sont :

1° Le *spondée*, formé de deux longues, *gēntēs.*

2° L'*iambe*, formé d'une brève et d'une longue, *dĭēs.*

3° Le *trochée*, formé d'une longue et d'une brève, *Rōmă.*

Les pieds de trois syllabes sont :

1° Le *dactyle*, formé d'une longue et de deux brèves, *cār-mĭnă.*

____

(1) Dans les notes de cette seconde partie, les brèves sont indiquées par des accents graves (ˋ), et les longues par des accents circonflexes (ˆ).

2° L'*anapeste*, formé de deux brèves et d'une longue, *pĭĕtās*.

3° Le *tribraque*, formé de trois brèves, *făcĕrĕ*.

Le dactyle et le spondée sont les pieds les plus usités.

On distingue, dans les pieds qui composent un vers, la *césure* et l'*élision*.

1° DE LA CÉSURE.

La *césure* (de *cœdere*, couper) est une syllabe longue qui finit un mot et commence un pied.

Nōs pătrĭ | æ fĭ | nēs ĕt | dūlcĭă | līnquĭmŭs | ārvă.

Dans ce vers, les syllabes *æ* et *nēs* sont des césures ; car 1° elles sont longues, 2° elles finissent un mot, 3° elles commencent un pied.

Un monosyllabe peut former une césure, quand il est étroitement lié au mot qui précède, tant pour le sens que pour la prononciation (1).

Opprime | dum nova | *sunt,* subi | ti mala | semina | morbi.

Ov.

Dans ce vers, le monosyllabe *sunt* forme une bonne césure.

REMARQUE. — Les *enclitiques*, ou particules ajoutées à la fin d'un mot, comme *que, ve, ne,* sont censées être la dernière syllabe du mot. Ainsi, il n'y a point de césure au cinquième pied du vers suivant (2) :

Os homi | ni su | blime de | dit, cœ | lumque tu | eri.

(1) Dans ce cas, le monosyllabe est considéré comme une sorte d'enclitique, ne formant, pour ainsi dire, avec le mot qui précède qu'une seule expression composée.

(2) Une césure, placée après le troisième pied, suffit, quand celle du second est effacée par les enclitiques *que, ve* ou *ne.*

Le but de la césure est d'établir un enchaînement syllabique entre les premiers pieds, afin de donner au vers une marche harmonieuse. Quand cet enchaînement existe, l'oreille est satisfaite, quand même les règles générales ne seraient pas rigoureusement observées.

2° DE L'ÉLISION.

L'*élision* (de *elidere*, briser, détruire) est le retranchement ou la suppression d'une syllabe à la fin d'un mot.

L'*élision* a lieu quand un mot finit par une voyelle ou une diphthongue, ou un *m*, et que le mot suivant commence par une voyelle. Ainsi, au lieu de dire : *Ille ego, antè alios, cœlicolæ omnes, illum etiam*, etc., on dira : *Ill' ego, ant' alios, cœlicol' omnes, ill' etiam.*

Exemples :
Ille ego qui quondam gracili modulatus avena.
Illum etiam lauri, illum etiam flevere myricæ.
Necdum etiam causæ irarum, sœvique dolores...

Scandez :

Ill' ĕgŏ | quī quōn | dām grăcĭ | lī mŏdŭ | lātŭs ă | vēnā.
Ill' ĕtĭ | ām lāur' | īll' ĕtĭ | ām flē | vērĕ mў | rīcæ.
Nēcd' ĕtĭ | ām cāus' | īrā | rūm sæ | vīquĕ dŏ | lōrēs.

Il faut excepter les interjections *ah, o, heu, heï, pro, io*, qui ne s'élident jamais.

O pătĕr | ō hŏmĭ | nūm dī | vūmq' æ | tērnă pŏ | tēstās.

La voyelle élidée se lit et s'écrit comme si elle ne l'était pas, mais sans aucun signe de quantité ; on ne la retranche qu'en scandant le vers.

REMARQUES. — 1° Il ne faut pas multiplier les élisions, elles nuiraient à l'harmonie du vers ; elles sont défectueuses au cinquième pied, et plus encore au sixième.

2° Il faut éviter, autant qu'on le peut, l'élision des monosyllabes, surtout au commencement du vers (1).

(1) On trouve des monosyllabes non élidés, mais rendus brefs, par hellénisme, au milieu d'un dactyle. Ex. : *Si mè amas, inquit, paulum hic ades.* Hor. On trouve même des polysyllabes sans élision à la fin d'un dactyle. Ex. : *Vàlê, vàlê, inquit Iôla.* Virg. *Sùb Iliô àltô.* Virg.

Les élisions qui se font parmi un concours de voyelles et de consonnes douces à l'oreille, ne sont point désagréables, pourvu qu'elles ne soient pas trop fréquentes ; elles donnent de la variété au vers et de l'agrément au style. Celles des particules *que, ve, ne*, à la fin des mots, sont les plus douces.

CHAPITRE I.

Des différentes sortes de vers.

Il y a plusieurs sortes de vers ; les plus usités sont le vers *hexamètre* et le vers *pentamètre*.

I

DU VERS HEXAMÈTRE.

Le vers *hexamètre* (de εξ, six, et μετρον, mesure) est composé de six pieds. Les quatre premiers sont *dactyles* ou *spondées* ; le cinquième doit être un *dactyle*, le sixième un *spondée* ou un *trochée* (1).

Exemple :

Tĭtўrĕ, | *tū pătŭ* | *læ rĕcŭ* | *bāns sūb* | *tēgmĭnĕ* | *fāgī,*
Sylvēs | *trēm tĕnŭ* | *ĭ mū* | *sām mĕdĭ* | *tārĭs ă* | *vēnā ;*
Nōs pătrĭ | *æ fī* | *nēs ēt* | *dūlcĭă* | *līnquĭmŭs* | *ārvă.*

Le vers *hexamètre* peut avoir trois césures, l'une au second pied, l'autre au troisième, et l'autre au quatrième. A leur défaut, il doit en avoir au moins une au troisième pied ; et, si cela n'était pas possible, il en faudrait deux dans le vers, l'une au second pied, l'autre au quatrième (2), comme on le voit dans le vers suivant :

(1) On rencontre, chez les bons poètes, quelques vers hexamètres où le quatrième pied est un dactyle, le cinquième et le sixième sont des spondées. Par exemple .

Cōnstĭtĭt, ātquĕ ŏcŭlīs phrўgĭa āgmĭnă cĭrcūmspēxĭt, Virg.

Ces sortes de vers sont nommés *spondaïques ;* ils s'emploient pour donner plus de gravité, plus d'étendue à la pensée.

(2) Les vers qui ont deux césures, l'une au second pied, l'autre au quatrième, offrent une heureuse harmonie. Seulement il faut faire en sorte que le troisième pied soit un dactyle suivi d'une césure. Rien ne serait plus désagréable à l'oreille qu'un vers où il y aurait, après la césure du deuxième pied, un mot de quatre syllabes dont la dernière formerait la césure du quatrième pied, comme dans ce vers d'Horace :

Lectorem delectando pariterque monendo.

Dēspĭcĭēns mărĕ vēlĭvŏlūm tērrāsquĕ jăcēntēs.

Les césures rendent le vers plus harmonieux ; il ne faut donc pas craindre de les multiplier. On doit seulement éviter d'en mettre une au cinquième pied, et par conséquent de finir le vers par un mot de quatre syllabes (1).

Le vers hexamètre doit se terminer par un mot de deux ou de trois syllabes. Par exemple :

Cōntĭcŭēre ōmnēs īntēntīque ōră tĕnēbānt ;
Indĕ tŏrō pătĕr Ænēās sīc ōrsŭs ăb āltō.

Il se termine aussi quelquefois par deux monosyllabes, ou par le verbe *est* précédé d'une élision. Par exemple :

Grămmătĭcī cērtānt, ĕt ădhūc sūb jūdĭcĕ līs ēst. Hor.
Quōd sī tāntŭs ămōr mēntī, sī tāntă cŭpīdo ēst. Virg.

Ces cas exceptés, les monosyllabes doivent être proscrits à la fin du vers (2), à moins que l'on ne veuille produire un effet d'harmonie, comme dans ce vers de Virgile :

Stērnĭtŭr, ēxănĭmĭsquĕ trĕmēns prōcūmbĭt hŭmī bōs.

II

DU VERS PENTAMÈTRE.

Le vers pentamètre (de πεντε, cinq, et μετρον, mesure) est composé de cinq pieds. Les deux premiers sont *dactyles* ou *spondées ;* le troisième est un *spondée ;* le quatrième et le cinquième sont *anapestes.*

Sāpĕ sŭ | ō vīc | tōr lē | nĭs ĭn hōs | tĕ fŭĭt.

On peut aussi, pour plus de facilité, diviser le vers pen-

(1) Il est permis de finir le vers par un mot de quatre syllabes, quand ce mot est un nom propre, ou un nom de matière. Par exemple :

Dic mihi, Dâmœtâs, cûjûm pecus ? ân Mĕlibœi ?

(2) On trouve dans les meilleurs poëtes quelques exceptions à cette règle.

tamètre en deux hémistiches renfermant chacun deux pieds
et demi :

Sæpĕ sŭ | ō vīc | tŏr | lēnĭs ĭn | hōstĕ fŭ | ĭt.

Alors les deux pieds du premier hémistiche sont *dactyles*
ou *spondées*. Après eux vient une césure qui a la valeur d'un
demi-pied ; comme :

Sæpĕ sŭ | ō vīc | tŏr

Les deux pieds du second hémistiche doivent être des
dactyles suivis d'une syllabe qui finit le vers, et qui peut
être ou *longue*, ou *douteuse*, ou *commune*. (Le vers finirait
moins bien par une voyelle brève non suivie d'une consonne.)

. . . . *lēnĭs ĭn hōstĕ fŭĭt.*

Le premier hémistiche ne doit pas enjamber sur le second ; ce qui arriverait s'il finissait par un adjectif conjonctif, par une préposition, par une conjonction dont le complément ferait partie du second hémistiche.

Le vers suivant est donc défectueux :

Dīlŭvĭi ūndās quæ | sprēvĕrăt, īgnĕ pĕrit.

Le vers pentamètre doit se terminer par un mot de
deux syllabes, comme *ĕrŭnt, ăvis, mănus;* quelquefois cependant il finit par un monosyllabe précédé d'un autre monosyllabe, par un mot de quatre, de cinq et même de six
syllabes, ou par le verbe *est* précédé d'une élision. Mais il
faut éviter avec soin de finir ce vers par un mot de trois
syllabes, tel que celui-ci :

Cūltŏr ŏdōrātæ dĭvĕs Arăbs sĕgĕtēs. Tib.

En composition, le vers pentamètre et le vers hexamètre
sont joints ensemble pour former un distique. Exemple :

Dōnĕc ĕrīs fēlix mūltōs nŭmĕrābĭs ămīcōs;
Tēmpŏră sī fŭĕrīnt nūbĭlă, sōlŭs ĕris.

270

Dans ce cas, le sens doit finir après chaque distique, afin que le vers pentamètre n'enjambe pas sur le vers hexamètre suivant (1).

CHAPITRE II.

Règles générales de la quantité.

1re RÈGLE.

Une voyelle suivie d'une voyelle dans le même mot est brève, comme dans *Dĕus, pŭer, pĭetas, nĭhil,* etc. (2)

Exemple :

O Melibœæ, dĕus nobis hœc otĭa fecit.

Exceptions.

A est long :
1° devant *e*, dans *āer*, l'air ; *āerius*, aérien.
2° dans *āio*, je dis, aux personnes où *i* est élidé.
3° dans quelques noms propres en *aius* : *Cāius, Grāius,* et d'autres tirés du grec, où cette voyelle est longue, comme *Nāis*, *Lāocoon, āonia, Menelāüs.*
4° dans les anciennes terminaisons en *ai* : *aulāi, pictāi,* pour *aulœ, pictœ.*

E est long :
1° entre deux *i* au génitif et au datif singulier de la cinquième déclinaison : *diēi, speciēi.*
2° dans quelques noms propres qui ont en grec la diphthongue ει, ou la longue η : *Pompēius, Ænēas* (en grec: Ρομπήιος, Αἰνείας).
3° dans l'interjection *ēheu.*

(1) Il n'est pas nécessaire que tous les vers pentamètres soient terminés par un point ; il suffit qu'ils présentent un sens complet, en sorte que l'on puisse à la rigueur se passer de ce qui suit.

(2) La lettre *h* ne compte pour rien dans la quantité ; c'est plutôt une aspiration qu'une consonnante. Les voyelles qu'elles sépare sont donc considérées comme unies immédiatement.

I est long
1° dans le génitif *alīus* (pour *aliīus*); il est commun dans les autres génitifs en *ius* : *unĭus, illĭus, nullĭus*, etc. Il est bref dans *alterĭus*.
2° dans les temps du verbe *fio* où *r* ne se trouve pas : *fiăm, fiĕnt*. Il est bref aux autres temps : *fĭeri, fĭerem*.
3° *I* est commun dans *Orĭon, Dĭana, Marĭa*.

O est long dans les noms qui, en grec, ont un *oméga*, comme *trōes, herōes*, etc. (en grec : τρώες, ἥρωες). Il est commun dans *ŏhe*.

U ne compte pour rien :
1° après la lettre *q* : *quŏd, quāre, equŏs*, etc.
2° après la lettre *g* précédée d'un *n* : *anguĭs, linguă*, etc.
3° après la lettre *s* dans *suādere, suēscere, suētus, suāvis* (on trouve quelquefois *suăvis*).

2e RÈGLE.

Les diphthongues sont longues de leur nature : *cœlum, aūrum, pœna, rosæ*, etc.

Exemple :

Del | phines in | orbem
Æquora | verre | bant caū | dis, œs | tumque se | cabant.

Exception. La préposition *præ* est brève dans les mots composés où elle est suivie d'une voyelle, comme dans *præest, præibat*, etc.

3e RÈGLE.

Une syllabe formée de deux syllabes par contraction (1)

____

(1) Dans ce mot *contraction*, il faut comprendre la *synérèse* ou *crase*, qui a lieu quand deux voyelles sont réunies en une seule par la rapidité de la prononciation, comme *suāvis, suētus, suādes, cui, deēst, antēire*, etc.; la *syncope*, ou suppression d'une syllabe, comme *dī* pour *dii*, *mī* pour *mihi*, *nīl* pour *nihil*, *virûm* pour *virorum*, *amârunt* pour *amaverunt*.

est longue, comme *cōgo* pour *coago*, *jūnior* pour *juvenior*, *nīl* pour *nihil*, *dī* pour *dii*, etc.

Exemples :

Dī prohibele minas, dī talem avertile casum.
. . . . *mori me denique cōges.*

Il faut excepter quelques mots composés, comme *semiă-nimis*, *anteĕo*, où les voyelles finales de *semi* et de *ante* sont considérées comme élidées.

4ᵉ RÈGLE.

Une voyelle est longue, quand elle est suivie, dans le même mot, de deux consonnes, ou d'une lettre double, *j*, *x*, *z* (*j* pour deux *i*, *x* pour *cs*, *z* pour *ds*).

Exemple :

Quāmvis mūlta meis ēxiret vīctima sēptis.

Dans ce vers, *a* est long dans *quāmvis*, parce qu'il est suivi de deux consonnes ; de même *u* dans *mūlta*, *i* dans *vīctima*, *e* dans *sēptis* ; de même aussi *e* dans *ēxiret*, parce qu'il est suivi d'une lettre double.

Exception. Si la seconde des deux consonnes est une liquide (*l* ou *r*), et qu'elles appartiennent toutes deux à la même syllabe (1), comme dans *locuples*, *lacrymas*, *supremus*, *patris*, etc., la voyelle qui précède devient commune. Ainsi, *i*, bref dans *lĭber*, est commun dans *lĭbri* ; *e*, bref dans *pătèr*, est commun dans *pătris* ; il en est ainsi dans *tenĕbræ*, *sŭpremus*, *locŭples*, etc.

A moins toutefois que la voyelle ne soit longue de sa nature. Ainsi, *māter* fait *mātris* ; *frāter*, *frātris* ; *salūber*, *salūbris*, etc. ; parce que, dans ces mots, *a* est naturellement long.

---

(1) Il est facile de reconnaître, à la prononciation, à la décomposition du mot, et à son étymologie, quand les deux consonnes appartiennent à la même syllabe. Ainsi, dans *patris*, la première syllabe est *pa*, et la seconde *tris*. Mais dans *abluo* (composé de *ab* et do *luo*), la première syllabe est *ab* ; par conséquent, les deux consonnes n'appartiennent pas à la même syllabe.

REMARQUE. — Dans les mots composés, la lettre *j* placée en tête du second mot ne change pas la quantité de la voyelle qui précède. Ex. : *Bijugus* (composé de *bis* et de *jugum*), *jurejurando*, etc. (1)

5e RÈGLE.

Une voyelle brève devient longue, quand elle est suivie de deux consonnes, dont l'une finit un mot, et l'autre commence le mot suivant.

Exemple :

Agricolām laudāt jurīs legumque peritus.

Dans ce vers, *a*, dernière voyelle de *agricolam*, qui est brève de sa nature, devient longue par position, parce qu'elle est suivie de deux consonnes, *m* et *l*. Il en est de même de *a* dans *laudat* et de *i* dans *juris*.

CHAPITRE III.

Règles particulières de la quantité.

Les règles particulières de la quantité sont relatives aux créments, aux parfaits et aux supins, aux voyelles et aux consonnes finales, aux mots dérivés et composés.

ARTICLE I.

DES CRÉMENTS.

Le *crément* (de *crescere*, croître) est un accroissement de syllabes qui a lieu dans les noms, les adjectifs et les verbes. *Iter, itineris; miser, miserorum; lego, legebamus; audis, audiveritis.*

Le *crément* n'est jamais la dernière syllabe du mot, mais bien la *pénultième*, si le mot croît d'une syllabe; la *pénul-*

---

(1) La lettre *j*, chez les Latins, était une voyelle double dans le corps des mots; mais, au commencement, c'était un simple consonne.

tième et l'*antépénultième*, si le mot croît de deux syllabes, etc. Ainsi, dans *virtutis*, le crément est la pénultième *tu*; dans *virtutibus*, le premier crément est l'antépénultième *tu*, et le second, la pénultième *ti*.

PARAGRAPHE I.

CRÉMENTS DANS LES NOMS ET LES ADJECTIFS (1).

On distingue, dans les noms et les adjectifs, les créments du singulier et ceux du pluriel.

I

CRÉMENTS DU SINGULIER.

Première déclinaison.

La première déclinaison n'a de crément au singulier que dans l'ancienne forme de génitif en *aï*, comme *aulaï, pictaï*, où *a* crément est long.

Exemple :

Dives equum, dives pictaï vestis et auri. Virg.

Deuxième déclinaison.

Les noms en *us* et en *um* de la deuxième déclinaison n'ont pas de crément au singulier; ceux en *er* en ont un, qui est bref: *puer, puĕri; vir, vĭri; miser, misĕri* (2).

Exemple :

Maxima debetur puĕro reverentia...

Troisième déclinaison.

1ʳᵉ RÈGLE.

A crément du singulier est long dans les noms et les adjectifs de la troisième déclinaison; comme *voluptas, voluptātis ; pietas, pietātis ; audax, audācis*, etc.

(1) Tout ce que nous dirons des créments dans les noms, devra s'entendre aussi des créments dans les adjectifs.

(2) C'est à tort que l'on a excepté *Iber* et *Celtiber*. Le génitif singulier et le nominatif pluriel *Iberi* viennent de *Iberus*; il n'y a donc pas de crément. (QUICHERAT.)

Exemple :

Si te nulla movet tantæ pietātis imago. Virg.

Exceptions.

A crément du singulier est bref :

1° dans les noms neutres en *a* :
{ *poema-ătis.*
diadema-ătis.

2° dans les génitifs en { *adis :* / *aris :* }
{ *Pallas-ădis.*
lampas-ădis.
Cæsar-ăris.
par, păris et ses composés. }

3° dans les noms propres en *al* : *Annibal-ălis.*

4° dans les noms *anas-ătis, Arabs-ăbis, fax-ăcis, trabs-ăbis, sal-ălis, daps* (inusité), *dăpis.*

2ᵉ RÈGLE.

E crément du singulier est bref dans les noms et les adjectifs de la troisième déclinaison ; comme *grex, grĕgis ; seges, segĕtis ; funus, funĕris,* etc.

Exemple :

Et grĕge de intacto septem mactare juvencos. Virg.

Exceptions.

E crément du singulier est long :

1° dans les noms en *en-ēnis : siren-rēnis.*

2° dans les noms en *er* et en *es,* qui ont en grec un η au génitif :
{ *ver-vēris* (en grec ηρ-ηρος).
crater — ēris (en grec κρα-τηρ-ηρος).
tapes — ētis ,
magnes-ētis. }

Joignez-y les **noms** hébreux *Abel-ēlis, Daniel-ēlis,* etc.

3° dans *hær-es, ēdis ; lex, lēgis ; locupl-es, ētis, merc-es, ēdis ; plebs, plēbis ; qui-es, ētis ; rex, rēgis ; verv-ex, ēcis.*

3e RÈGLE.

I et *Y* créments du singulier sont brefs dans les noms et les **adjectifs** de la troisième déclinaison ; comme *hom-o, ĭnis ; carm-en, ĭnis ; mart-yr, ўris,* etc.

Exemple :

Ultima Cumæi venit jam carmĭnis ætas. Virg.

Exceptions.

I crément du singulier est long :	1° dans les monosyllabes	*Dis, Dītis,* Pluton. *glis, glīris,* loir. *lis, lītis,* procès. et dans *vīres,* pluriel de *vis.*

2° dans les noms de peuples : *Quir-is, ītis ; Samn-is, ītis ;* et d'autres noms en *is* ou en *in,* dérivés du grec : *Delph-is* ou *in,* génitif *Delph-īnis ; Salam-in, īnis,* etc.

3° dans les noms et les adjectifs en *ix,* comme *rad-ix, īcis ; fel-ix, īcis,* etc. Exceptez : *cal-ix, ĭcis ; fil-ix, ĭcis ; forn-ix, ĭcis ; nix, nĭvis ; pix, pĭcis ; sal-ix, ĭcis ;* et *vĭcis* (sans nominatif).

Y crément du singulier, ordinairement bref, est long dans *bombyx, ўcis,* ver à soie, et dans quelques autres noms peu usités.

4e RÈGLE.

O crément du singulier est long dans les noms et les adjectifs de la troisième déclinaison ; comme *hon-or, ōris ; serm-o, ōnis ; maj-or, ōris,* etc.

Exemple :

Infandum regina jubes renovare dolōrem. Virg.

Exceptions.

	1° dans les noms neutres qui ont le génitif en *oris* : marm-or, ŏris. eb-ur, ŏris. pect-us, ŏris.

Exceptez os, ōris, bouche, et les comparatifs neutres, comme *maj-us, ōris; utili-us, ōris,* qui suivent la règle générale.

O crément est bref :

2° dans les noms qui ont en grec un omicron au génitif, comme *Hect-or, ŏris; rhet-or, ŏris; trip-us, ŏdis; Strym-on, ŏnis,* etc.

3° dans la plupart des noms de peuples anciens, comme *Sax-o, ŏnis; Æthi-ops, ŏpis.*

4° dans *arb-or, ŏris; bos, bŏvis; comp-os, ŏtis; ops* (inus. au nom.), *ŏpis; inops-ŏpis; lep-us, ŏris; memor-ŏris; præc-ox, ŏcis.*

5e RÈGLE.

U crément du singulier est bref dans les noms de la troisième déclinaison; comme *dux, dŭcis; crux, crŭcis; cons-ul, ŭlis; murm-ur, ŭris,* etc.

Exemple :

Aspice, ventosi ceciderunt murmŭris auræ. Virg.

Exceptions.

U crément est long :

1° dans les noms en *us* dont le génitif est en *udis, uris, utis.* Ex. : *pal-us, ūdis; tell-us, ūris; sal-us, ūtis,* etc. Exceptez : *Ligus* ou *Ligur-ŭris; pec-us, ŭdis; interc-us, ŭtis.*

2° dans les quatre noms *fur, fūris; frux, frūgis; lux, lūcis; Poll-ux, ūcis.*

REMARQUES. — 1° Les noms de la troisième déclinaison qui ont deux créments au singulier, les font brefs au génitif; comme *iter, itĭnĕris; anceps, ancĭpĭtis,* etc.

2° Les créments du singulier de la quatrième et de la cinquième déclinaison suivent la première règle générale qui dit qu'une voyelle suivie d'une voyelle dans le même mot est

brève. Il faut excepter la voyelle *e* placée entre deux *i* au génitif et au datif singulier de la cinquième déclinaison, qui
est toujours longue, comme dans *diēi*, *speciēi*, etc.

II

CRÉMENTS DU PLURIEL.

Les créments du pluriel se connaissent, comme ceux du
singulier, en comparant le nominatif avec les autres cas. Si
l'on trouve au génitif ou dans les cas suivants une syllabe
de plus qu'au nominatif, la pénultième sera crément. Ainsi,
rosæ a deux syllabes, *rosarum* en a trois; la pénultième *sa*
sera donc le crément du génitif pluriel.

1re RÈGLE.

Les créments du singulier conservent la même quantité au
pluriel. Ainsi, *ō* long au crément du singulier dans *labō-
ris*, est également long dans *labōres*, *labōrum*, etc.

Exemple :

Sed nova per duros instruxit membra labōres.

2e RÈGLE.

A, *e*, *o* créments du pluriel sont toujours longs : *musārum,
diērum, dominōrum.*

Exemple :

Plena fides damnis verisque dolōribus adsit.

3e RÈGLE.

I et *u* créments du pluriel sont toujours brefs. Ex. : *mon-
tĭbus, portŭbus,* etc.

Exemple :

Vidimus undantem ruptis fornacĭbus Ætnam.

PARAGRAPHE II.

CRÉMENTS DANS LES VERBES.

Pour connaître les créments dans les verbes, il faut comparer le nombre des syllabes de la seconde personne du sin-

gulier de l'indicatif présent avec le nombre de syllabes des autres personnes du verbe. Autant il y aura de syllabes de plus, autant il y aura de créments. Ainsi, *legis* a deux syllabes, *legitis* en a trois ; il y a donc un crément, la pénultième *gi* ; *legebatis* en a quatre ; il y a donc deux créments, la pénultième *ba* et l'antépénultième *ge* ; *legeremini* a cinq syllabes, il y a donc trois créments, *ge*, *re* et *mi*.

Pour trouver le crément dans les verbes déponents, on leur suppose une seconde personne de l'indicatif présent actif. Ainsi, *imitas*, seconde personne supposée de *imitor*, a trois syllabes, *imitabamur* en a cinq ; il y a donc deux créments : *ta* et *ba*.

1re RÈGLE.

A crément des verbes est long : *amāmus, audiebātis, monebātur*, etc.

Exemple :

Pastores, hedera crescentem ornāte poetam.

Exception. A est bref au premier crément du verbe *dare* et de ses composés : *dămus, circumdăbant*, etc. ; mais il est long au second crément : *dăbāmus, dăbātur.*

2e RÈGLE.

E crément des verbes est long : *legēbam, monērem, docērēmur, scripsērunt*, etc.

Exemple :

Conticuēre omnes, intentique ora tenēbant.

Exceptions.

E crément desverbesest bref :
1° dans les temps en *ĕram, ĕro, ĕrim : fuĕram, monuĕro, legĕrim.*

2° aux secondes personnes du futur passif en *bĕris, bĕre : amabĕris, imitabĕre.*

3° devant **r** au premier crément de la troisième conjugaison (au présent de l'ind. et de l'inf., à l'impératif, et à l'imparfait du subjonctif) : *legĕre, legĕrem, legĕris* (1). Il est long au second crément : *legĕrēris.*

<hr>

(1) Les Latins faisaient à peine sentir dans la prononciation la lettre *e*

REMARQUE. — *E* est quelquefois abrégé, par licence, à la troisième personne du pluriel des parfaits en *ērunt*, dans les verbes *dederunt, steterunt, miscuerunt*, et dans quelques autres qui, sans cette licence, n'auraient pu entrer dans un vers, comme *contŭlĕrunt, profŭĕrunt*.

3ᵉ RÈGLE.

I crément des verbes est bref, comme dans *legĭmus, amabĭtis, docebĭmĭni*, etc.

Exemple :

Discĭte justitiam monĭti, et non temnere divos.

Exceptions.

I est long :

1° au premier crément des verbes de la quatrième conjugaison : *audīmus, venītis* (1), etc. (*I* est bref dans *audĭunt, audĭam, audĭerim*, etc., parce qu'il est suivi d'une voyelle.)

2° au premier crément des parfaits en *ivi*, et des temps qui en sont formés : *audīvĭmus, quæsīvĕram.*

Mais *I* est toujours bref dans *ĭmus* terminaison du parfait, que ce soit le premier ou le second crément.

3° au subjonctif présent des verbes *volo, nolo, malo, sum* et ses composés : *velīmus, nolītis, sīmus, possītis*, et dans *nolīto, nolīte.*

I crément s'allonge quelquefois, pour la facilité du vers, dans les finales en *rimus, ritis*, des verbes attributifs.

Exemple :

Accepisse, simul vitam dĕdĕrītis in unda. Ov.

---

suivie de *r*, aux temps et aux modes que nous avons indiqués; souvent même ils la supprimaient, comme il est facile de le voir dans les verbes contractes. Voilà pourquoi cette voyelle est le plus souvent brève devant *r*.

(1) C'est évidemment à cause de la contraction : *audīmus*, pour *audiimus*; de même *audīrem*, pour *audierem*; *audīre*, pour *audiere*.

4e RÈGLE.

O crément des verbes est long : *estōte, legitōte,* etc.

Exemple :

Venturæ memores jam nunc estōte senectæ. **Ov.**

Il faut excepter la forme irrégulière *fŏre, fŏrem,* du verbe *sum* et de ses composés.

5e RÈGLE.

U crément des verbes est bref : *sŭmus, volŭmus,* etc.

Exemple :

Sic patriæ volŭmus, sic nobis vivere cari.

Il faut excepter les participes futurs en *rus, ra, rum,* qui ont la pénultième longue : *lectūrus, auditūrus,* etc.

ARTICLE II.

DES PARFAITS ET DES SUPINS.

I

PARFAITS.

1re RÈGLE.

Les parfaits de deux syllabes, et les temps qui en sont formés, ont la première syllabe longue, comme *vēni, vīdi, vīci, vēneram, vīdissem,* etc. Il en est ainsi dans leurs composés : *devēnerim, provīdissem,* etc.

Exemples :

Vēnit summa dies, et ineluctabile tempus. **Virg.**
Vīdisset lacrymas, vultus vīdisset amantis.

Exceptez les sept parfaits suivants : *bĭbi, dĕdi, fĭdi* (de *findo*), *scĭdi* (de *scindo*), *stĕti* (de *sto*), *stĭti* (de *sisto*), *tŭli* (de *fero*), et, suivant la règle générale, ceux qui ont une voyelle devant *i*, comme *rŭi, fŭi, lŭi*.

2ᵉ RÈGLE.

Les parfaits qui ont un redoublement font les deux premières syllabes brèves; comme *cĕcĭdi* (de *cado*), *pĕpŭli* (de *pello*), *dĭdĭci* (de *disco*), etc.

Exemple :

Felix qui dĭdĭcit contentus vivere parvo.

Il faut excepter *cĕcīdi* (de *cædo*) et *pĕpēdi* (de *pedo*), qui ont la seconde syllabe longue, de même que ceux où le crément est suivi de deux consonnes, comme *fĕfēlli, cŭcūrri, tĕtēndi*.

Les autres verbes conservent au parfait la quantité du présent : *hăbeo, hăbui; dŏceo, dŏcui; sūdo, sūdavi*, etc. Exceptez : *divīsi* (de *divĭdo*), *pŏsui* (de *pōno*).

II

SUPINS.

1ʳᵉ RÈGLE.

Les supins de deux syllabes, et les participes qui en sont formés, ont la première syllabe longue, comme *mōtum, mōtus; vīsum, vīsus, vīsurus*, etc.

Exemples :

Quos ego... sed mōtos præstat camponere fluctus. Virg.
Vīsuri Æneadas, pars et certare parati. Virg.

Exceptez les neufs suivants : *dătum, cĭtum* (de *cieo*), *ĭtum* (de *eo*), *lĭtum* (de *lino*), *rătum* (de *reor*), *sătum* (de *sero*), *sĭtum* (de *sino*), *stătum* (de *sisto*), et *rŭtum* (de *ruo*). Ces deux derniers n'ont que des participes composés : *constĭturus, dirŭturus*.

2ᵉ RÈGLE.

Les supins de plus de deux syllabes en *atum, etum, otum, utum*, ont la pénultième longue : *amātum, delētum, amōtum, solūtum*.

Exemple :

Hei mihi, qualis erat? quantum mutătus ab illo
Hectore, qui redit exuvias indūtus Achillis! Virg.

3e RÈGLE.

Les supins en *itum* ont la pénultième longue dans les verbes qui ont le parfait en *ivi*, comme *audītum, petītum,* etc.

Exemple :

Nulla tuarum audīta mihi, neque visa sororum. Virg.

Les autres supins en *itum* ont la pénultième brève : *sĕnĭtum, monĭtum,* etc.

ARTICLE III.

DES VOYELLES FINALES.

I

A *final.*

A est bref à la fin des mots, comme dans *rosă, templă, sanctă,* etc.

Exemple :

Ostiă jamque domus patuere ingentiă centum. Virg.

Exceptions.

A final est long :

1° à l'ablatif sing. de la première déclin. : *rosā, filiā.*

2° au vocatif des noms en *as* tirés du grec : *Æneas,* vocatif *Æneā; Pallas,* vocatif *Pallā.* (Ceux en *es* abrégent *a* final au vocatif : *Orestes,* vocat. *Orestă.*)

3° à l'impératif des verbes en *āre : amāre, amā; laudāre, laudā* (1).

4° dans les adverbes et les prépositions qui finissent en *a,* comme *ā, circā, suprā, infrā, frustrā, ultrā* (2).

Il faut excepter ces quatre mots : *eiă, ită, quiă* et *pută* (adverbe), qui suivent la règle.

(1) *Ama* est pour *amae;* il y a donc une contraction.

(2) Ces mots étaient primitivement des ablatifs. Ainsi, *supra, infra,* sont pour *superâ, inferâ parte,* etc.

A final est commun, mais le plus souvent long, dans les nombres cardinaux : *trigintă, quadragintă,* etc.

II

E *final.*

E est bref à la fin des mots, comme dans *dominĕ, sororĕ, amarĕ, legitĕ, propĕ, facilĕ,* etc.

Exemple :

Incipĕ, Mopsĕ, prior ; tu deindĕ sequerĕ, Menalca. Virg.

Exceptions.

E final est long :

1° aux nominatif, vocatif et ablatif des noms en *e* et en *es* de la première déclinaison : *musicē, Anchisē.*

2° à l'ablatif des noms de la cinquième déclinaison : *rē, diē,* etc., et de leurs composés, *quarē, hodiē,* etc. Ajoutez *famē,* ablatif de l'ancienne forme *fam-es, ei,* et les noms qui ont en grec un η, comme *cetē, tempē.*

3° à l'impér. des verbes en *ēre, eo : monē, timē.* Il est commun dans *cavĕ,* et quelquefois bref dans *vide, vale.*

4° dans les adverbes formés des adjectifs de la deuxième déclinaison, comme *verē, œgrē, indignē.* Exceptez : *benĕ, malĕ.* Il faut ajouter les adverbes *ferē, fermē,* et l'interjection *ohē.*

5° dans les monosyllabes *ē, mē, tē, sē, dē, nē* (de peur que).

III

I *final.*

I final est long, comme dans *dominī, sororī, accepī, dicī, ferī.*

Exemple :

Cura piis diī sunt, et quī coluere coluntur. Ov.

Exceptions.

I final est bref :
1° au vocatif des noms en *is* imités du grec, comme *Daphnis, Daphnĭ; Alexis, Alexĭ.*
2° dans *nisĭ, quasĭ.* (On trouve quelquefois *ī* long chez les vieux poètes.)

I final est commun :
1° aux datifs grecs en *i* : *Pallădĭ, Paridĭ.*
2° dans *mihĭ, tibĭ, sibĭ, ibĭ, ubĭ.* (*Cui*, monosyllabe long, se rencontre quelquefois en deux syllabes brèves, *cŭĭ*, et même en une brève et une longue, *cŭī.* De tels exemples ne sont pas à imiter.)

IV

O final.

O final est long :
1° aux datifs et ablatifs de la deuxième déclinaison : *dominō, templō;* et aussi dans les adverbes qui en sont formés : *rarō, primō, meritō, profectō,* etc. Exceptez *citŏ* et *modŏ,* qui sont brefs.
2° dans les gérondifs en *dō,* qui sont de véritables datifs ou ablatifs : *amandō.*
3° dans les noms qui ont en grec un oméga à la dernière syllabe, comme *Cliō, Didō.*
4° dans les adverbes *quō, eō,* et leurs composés : *quōvis, quōlibet, adeō, ideō,* etc.
5° dans les monosyllabes *ō, dō, prō, proh, quō, nō* (de *nare*), *stō* (de *stare*); dans l'interjection *iō,* dans *ergō* mis pour *causā.*

O final est commun :
1° dans les noms, au nominatif et au vocatif : *homŏ, leŏ, carŏ,* etc.
2° dans les verbes, aux personnes qui finissent en *o* : *habeŏ, finiŏ, legitŏ,* etc.

Nous faisons remarquer ici que, dans ces deux cas, les poètes du siècle d'Auguste faisaient *o* final long, quand la pénultième était longue, comme dans *virgō, sērmō, cāntō, ĭbŏ*, etc. *O* final précédé d'une longue n'est devenu commun qu'à une époque postérieure. Il en fut ainsi de *quandŏ* et ses composés *aliquandŏ*, etc. ; de *ambŏ*, *octŏ*.

O final est génér. bref :
> dans *egŏ*, *duŏ*; dans les adverbes *citŏ*, *modŏ* et ses composés *dummodŏ*, *quomodŏ*, etc. ; dans *sciŏ*, *nesciŏ*, *putŏ*, *volŏ*, *cedŏ* (mis pour *da* ou *dic*); dans l'interjection *ehŏ*.

V

U *final.*

U est long à la fin des mots, comme *tū*, *diū*, *manū*, *cornū*, (genit., dat. et abl.) (1), *dictū*.

Exemple :

Afflictus vitam in tenebris luctūque trahebam. Virg.

REMARQUE. — Les ablatifs de la quatrième déclinaison, le noms neutres en *u* et les supins éprouvent une contraction. Ainsi, *manū* est pour *manue*; *cornu* au datif est pour *cornui*, à l'ablatif pour *cornue*; le supin *dictu* est pour *dictui*. Ces mots sont donc naturellement longs à la dernière syllabe.

VI

Y *final.*

Y final ne se trouve que dans un très-petit nombre de mots dérivés du grec. Cette voyelle suit en latin la quantité du primitif; elle est brève ou longue selon que la finale grecque en υ admet l'une ou l'autre de ces quantités.

---

(1) La quantité des noms neutres en *u*, au nominatif, au vocatif et à l'accusatif, ne saurait être bien déterminée. Les poètes latins ont généralement élidé cette finale, ou l'ont placée à la fin du vers. Virgile l'a allongée dans plusieurs endroits; par exemple : *Nuda genu, nodoque sinus collecta fluentes*, etc.

ARTICLE IV.

DES CONSONNES FINALES.

I

Finales B, D, T.

Les finales en *b*, en *d* et en *t* sont naturellement brèves, comme *ŏb, ăd, quĭd, capŭt, movĕt,* etc.

Exemple :

Sæpe tener nostris ăb ovilibus imbuĕt agnus. Virg.

Exceptions. B est long dans quelques mots grecs et hébreux, où cette finale est longue, comme *Jōb* (en grec Ιώ6), *Jacōb* (en grec Ιαχώ6), etc.

II

C *final.*

Les finales en *c* sont longues, comme *sīc, hōc, dūc, hīc* (adverbe).

Exemple :

Sīc ait, et dicto citius tumida æquora placat. Virg.

Il faut excepter *nĕc, donĕc, făc,* où la finale est brève, et *hĭc* (pronom), où elle est commune.

III

L *final.*

Les finales en *l* sont brèves, comme dans *tribunăl, semĕl, procŭl, nihĭl,* etc.

Exemple :

Cum semĕl effluxit, non est revocabilis hora.

Il faut excepter *sāl, sōl, nīl* (pour *nihil*), et les noms hébreux, comme *Daniēl, Michaēl, Nabāl.*

IV

M *final.*

Les finales en *m* sont brèves de leur nature; mais, dans les vers, elles deviennent longues devant une consonne, et s'élident devant une voyelle.

Exemple :

Tantum infelicēm nimiūm dilexit amicum. Virg.

V

N *final.*

Les finales en *n* sont longues ou brèves.

N final est long :

1° dans les noms en *ēn*, gén. *enis : rēn, renis; sir-ēn, enis; hym-ēn, enis.*
2° dans les noms qui ont en grec une longue pour finale, comme *Titān, Anchisēn, Salamīn, Æneān, Athōn,* etc.
3° dans *ēn, nōn, quīn, sīn, deīn, exīn.*

N final est bref :

1° dans les noms en *ēn* qui font *inis* au génitif, comme *num-ĕn, inis; flum-ĕn, inis,* etc.
2° dans les noms qui ont en grec un omicron à leur finale, comme *Peliŏn, Iliŏn.* Ajoutez les accusatifs grecs des noms en *is : Daphnĭn, Parĭn,* et quelques accusatifs fém. en *ăn,* comme *Maiăn, Æginăn.*
3° dans *ăn, ĭn, tamĕn* et leurs composés : *forsăn, dĕĭn* (et mieux *deīn,* par contraction), *attamĕn;* dans *vidĕn, nostĭn,* pour *videsne, nostine,* et autres semblables.

VI

R *final.*

Les finales en *r* sont brèves, comme dans *puĕr, labĭr, vĭr, datŭr,* etc.

Exemple :

Fortitĕr ille facit qui misĕr esse potest. Mart.

R final est long :

1° dans les monosyllabes *cūr, fūr, fār, lār, nār, vēr, pār* et ses composés *impār, dispār.*

2° dans les noms en *er* qui ont un êta en grec, comme *aēr, œthēr, cratēr, Celtibēr.*

REMARQUE. — *Patĕr* et *matĕr* ont la finale brève, quoiqu'ils aient en grec un êta (1).

VII

S *final.*

Les mots qui se terminent par *s* sont très-nombreux. Pour plus de facilité, nous les diviserons en deux catégories.

1° AS, ES, OS *finals.*

Les finales en *as, es, os,* sont longues, comme dans *pietās, diēs, animōs, amās, audiēs,* etc.

Exemple :

Rumpe morās omnēs, et turbata arripe castra. Virg.

Exceptions :

1° AS final est bref :

1° dans les noms en *as, adis,* dérivés du grec : *Arc-ăs, adis; Pall-ăs, adis,* etc.; joignez-y *anăs-atis; văs, vadis.*

2° à l'accusatif pluriel des noms grecs de la troisième déclinaison : *heroăs, Arcadăs,* etc.

2° ES final est bref :

1° dans les noms qui ont le crément bref, comme *div-ĕs, ĭtis; seg-ĕs, ĕtis.* (Exceptez les six suivants : *abiēs, ariēs, Cerēs, pariēs, rēs, pēs* et ses composés *bipēs,* etc.)

2° dans *penĕs,* dans *ĕs* et ses composés : *potĕs, adĕs, prodĕs,* etc.

3° au nominatif et au vocatif pluriels des noms dérivés du grec, comme *Troĕs, Arcadĕs.* (Ces noms font *ēs* long à l'accusatif.)

(1) Ces deux noms, qui ont pris à tous les cas la forme latine, en ont pris aussi la quantité.

3° *OS* final est bref :

> 1° dans *compŏs, impŏs, ŏs* (génitif *ossis*) et son composé *exŏs*.
>
> 2° dans les noms qui, en grec, ont un omicron, comme *Samŏs, Chiŏs, Rhodŏs, melŏs.* Ajoutez les génitifs grecs en *os* de la troisième déclinaison : *Arcadŏs, Palladŏs,* etc.

2° IS, US, YS.

Les finales en *is, us, ys,* sont brèves : *orbĭs, sanguĭs, legĭs, Deŭs, manŭs, Tiphӯs, chlamӯs,* etc.

Exemple :

Hei mihi, qualĭs erat! quantum mutatŭs ab illo ! Virg.

Exceptions.

1° *IS* final est long :

> 1° aux datifs et ablatifs pluriels : *dominīs, templīs, meīs, nobīs,* etc.
>
> 2° dans les quatre monosyllabes *Dīs, Dītis,* Pluton; *glīs, glīris,* loir; *līs, lītis,* procès; *vīs,* au pluriel *vīres ;* ajoutez *Samn-īs, Simoīs,* et quelques autres peu usités qui ont en grec une finale longue.
>
> 3° à la deuxième personne du sing. indic. des verbes de la quatrième conjugaison, comme *audīs, dormīs,* etc. (1); dans *vīs* (de *volo*) et ses composés *mavīs, quivīs, quamvīs;* dans *sīs* et ses composés *adsīs, possīs ;* dans *fīs* (de *fio*); dans les subj. irrég. *velīs, nolīs, malīs, ausīs, faxīs.*
>
> 4° dans les adverbes *gratīs* et *forīs.*

REMARQUE. — Les poëtes allongent quelquefois *is* final au futur antérieur et au parfait du subjonctif. C'est une licence qui résulte du besoin de la césure.

____

(1) *Audīs* est pour *audiis*, il y a donc une contraction.

2° *US* final
est long :

1° dans les noms de la troisième déclinaison qui ont *ŭ* long pour crément : *virt-ūs, ūtis ; sal-ūs, ūtis ; rūs, rūris,* etc.

2° au génitif singulier, au nom., voc. et accus. pluriels de la quatrième déclinaison (1) : *man-ūs, fruct-ūs,* etc.

3° dans les noms qui, en grec, finissent en ους, comme *Jesūs* (en grec Ἰησους), *tripūs* (composé de πους), etc.

REMARQUE. — Il ne faut pas confondre les finales en *us* et en *eus.* Celles-ci, dérivées de noms grecs en ευς, forment une diphthongue qui est toujours longue.

3° *YS* final est long dans *Tethys, Erinnys,* et d'autres noms en *ys* dérivés de mots grecs en υς long (2).

ARTICLE V.

1° Des mots composés.

RÈGLE GÉNÉRALE.

Les mots composés conservent généralement la quantité qu'ils ont en dehors de la composition, quand même il y a changement de voyelles. Ainsi *prŏbus* (bref) fait *imprŏbus* ; *lĕg-o, is,* *perlĕgo* ; *lēg-o, as,* *delēgo* ; *lādo, illīdo* ; *cădo, incīdo* ; *æquus, inīquus* ; *claudo, reclūdo* ; *facio, effĭcio* ; *cădo, incĭdo* ; *rătus, irrĭtus* ; *rĕgo, erĭgo* ; *stătuo, instĭtuo* ; *quătio, concŭtio* ; etc.

(1) C'est que, dans tous ces cas, les noms de la quatrième déclinaison éprouvent une contraction. Ainsi *man-ûs,* au génitif sing., est pour *manuis,* et au pluriel *manûs* est pour *manues.*

(2) Les noms grecs en υς et en υ, dont le génitif est en ος pur, et qui n'ont pas l'accent tonique sur la dernière syllabe, comme τῖφυς, πίφυος, abrégent les finales υς et υ. Si l'accent est sur la dernière syllabe, comme τηθύς, ὑος, ces finales sont longues. (LE CHEVALIER.)

Nous faisons remarquer ici les exceptions suivantes :

Ce sont les composés de

- *jūro : dejĕro, pejĕro* (les autres composés ont *ū* long).
- *dīco : causidĭcus, maledĭcus, fatidĭcus.*
- *nūbo : innŭba, pronŭba, subnŭba.*
- *sōpitus : semisŏpitus.*
- *nōtus : cognĭtus, agnĭtus.*
- *băculus : imbēcillus.*
- *hīlum* (inus.) *: nihĭlum.*
- *ubī* et *ibĭ : ubīque, ibīdem,* et *ubĭvis, ubĭcumque.*

Il faut aussi excepter les composés dans lesquels une préposition terminée par une voyelle est jointe à un mot commençant aussi par une voyelle ou un *h*. Dans ce cas, ou la préposition devient brève, comme dans *prœire, dĕhiscere, dĕambulare ;* ou bien elle s'élide, comme dans *seōrsim* (pour *sĕōrsim*), *deēsse* (pour *dĕēsse*), *dehīnc* (pour *dĕhīnc*), etc.

RÈGLES PARTICULIÈRES.

1° Les prépositions *ā, ē, dĕ, dī* (pour *diversim*), *sē* (pour *seorsim*), *trā* (pour *trans*), qui sont longues par elles-mêmes, conservent leur quantité en composition : *āmitto, ērumpo, dēduco, dīmitto, sējungo, trāduco.*

Il faut excepter *dĭrimo* (de *diversim* et *emo*) et *dĭsertus* (de *diversim* et *sero*), qui font *ĭ* bref.

2° Les autres prépositions qui sont brèves de leur nature, comme *ăb, ăd, ĭn, ŏb, sŭb, pĕr, antĕ, circŭm, intĕr, prœtĕr, supĕr,* etc., restent brèves en composition, à moins qu'elles ne soient suivies de deux consonnes. Par exemple : *ăbeo, ădimo, ŏmitto* (o pour *ob*), *ĭnuro, antĕcedo, circŭmago, circūmduco, īnfero, ābduco,* etc.

3° La particule *re* (pour *retrŏ* ou *rursŭm*) est brève en composition, quand elle n'est pas suivie de deux consonnes, comme dans *rĕduco, rĕpono,* etc. Elle est longue, quand elle est suivie de deux consonnes dont la seconde n'est pas une liquide, comme dans *rēspicio, rēscindo.*

Mais quand la seconde des consonnes est une liquide,

comme dans *recreo, reflecto, reclamo,* la particule *re* est généralement brève ; quelquefois elle est commune, comme dans *rĕcludo, rĕflecto, rĕclino,* etc. Il faut, à cet égard, consulter le dictionnaire, et suivre l'usage des bons poëtes.

REMARQUES. — 1° Dans l'impersonnel *rēfert, rē* (venant de *res*) est toujours long.

2° Au lieu de *rĕligio, rĕliquiœ. rĕpulit. rĕperit, rĕtulit,* les poëtes disent quelquefois : *rēlligio, rēlliquiœ, rēppulit, rēpperit, rēttulit.*

4° La préposition *pro* est généralement longue dans les mots composés : *prōsum, prōmitto, prōfero,* etc.

Elle est brève dans *prŏcella, prŏceres, prŏfanus, prŏfugus, prŏfundus, prŏfestus, prŏfugio, prŏficiscor, prŏfiteor, prŏfari, prŏfecto, prŏnepos, prŏneptis, prŏpitius, prŏtervus, prŏpero, prŏpago* (dans le sens de race ; elle serait longue dans le sens de rejeton de vigne, provin), *prŏpheta, Prŏpontis,* et généralement dans les mots composés où *pro* remplace la préposition grecque προ, *antè. Pro* est commun dans *prŏcuro, prŏpino, prŏpago* (verbe) et *Prŏserpina.*

2° Des mots dérivés.

Les dérivés conservent généralement la quantité de leurs primitifs. Ainsi, *ănĭmare, ănĭmosus, ănĭmal,* ont les deux premières syllabes brèves, parce qu'ils dérivent de *ănĭmus ; nātūralis* a les deux premières syllabes longues, parce qu'il vient de *nātūra,* dérivé lui-même de *nātus.* La seconde syllabe est brève dans *vīrgĭneus, sānguĭneus,* parce qu'elle est brève dans *virgĭnis, sanguĭnis,* etc.

Cette règle souffre néanmoins plusieurs exceptions que l'usage apprendra. Telles sont : *ăcerbus, ăcerbĕ,* de *ācer ; fĭdere, fĭducia,* de *fĭdes ; dĭcax,* de *dīco ; rēgula,* de *rĕgo ; sŏpor,* de *sōpio ; mŏlestus,* de *mōles ; mācero,* de *măcer ;* etc.

Les mots dérivés du grec conservent en général leur quantité primitive : Σωκράτης, *Sōcratēs ;* Αἰνείας, *Æneās ;* Ἴλιον, *Ilĭŏn ;* Διδώ, *Didō ;* Φοῖβος, *Phœbus ;* μοῦσα, *mūsa ;* πυραμίς (ŭ long), *pȳramis ;* Ζέφυρος, *Zĕphȳrus,* etc.

Cette règle souffre aussi des exceptions. Ainsi :

1. Les finales en *or* sont brèves en latin, quoiqu'elles

aient en grec une voyelle longue; comme Νέστωρ, *Nestŏr;* ῥήτωρ, *rhetŏr,* etc.

2. Les noms en *a* pur ont généralement la finale longue en grec, et brève en latin : Θεά, *deă;* λύρα, *lyră,* etc.

3. *O* final est bref dans *egŏ* et long dans εγώ; il est commun dans les verbes latins, bien que, dans le grec, il y ait un oméga, comme *tremŏ,* de τρεμω; *edŏ,* de ἔδω, etc. De même, dans *ergŏ,* du grec ἐργῳ; dans *Milŏ,* de Μίλων; dans *Plutŏ,* de Πλούτων, etc.

CHAPITRE IV.

De la composition des vers.

Le premier exercice que l'on a coutume de faire, pour apprendre les règles de la versification, consiste à retourner les vers, c'est-à-dire à disposer convenablement les mots qui doivent entrer dans leur formation.

I

MANIÈRE DE RETOURNER LES VERS HEXAMÈTRES.

Ce qui offre le plus de difficultés dans la composition du vers hexamètre, ce sont les deux derniers pieds, dont l'un doit être un *dactyle,* et l'autre un *spondée* ou un *trochée.* Il faut donc, avant tout, se livrer à la recherche de ces deux derniers pieds. On en viendra facilement à bout, si l'on suit la méthode que nous allons indiquer.

Il faut voir d'abord si, dans la matière donnée pour faire le vers, il n'y a pas un mot de trois syllabes dont la première soit brève et la deuxième longue, comme *prŏcēllă, hŏnōrēs, fĕrēbānt,* etc.; ou bien un monosyllabe bref, comme *ăd, ĭn, sĕd, ăb,* suivi d'un disyllabe dont la première

soit longue, comme *ăb āurīs*, *pĕr ōrbĕm*, *ĭn āurās*, etc. Si
de tels mots s'y trouvent, on commencera par les écrire à
la fin du vers, en faisant de la première syllabe la fin du
cinquième pied, et le sixième pied des deux autres syllabes :

fĕr | ēbānt.
ĭn | āurās.

Ensuite on cherchera un mot de deux syllabes, dont la
première soit longue et la seconde brève, comme *prātă*,
lātă, etc., pour achever le dactyle du cinquième pied :

| prātă fĕ | rēbānt.
| dīctă pĕr | āurās.
| vūltŭs ĭn | hōstĕm.

S'il n'y avait pas de disyllabe ayant la quantité voulue, il
faudrait avoir recours à un mot de trois et même de quatre
syllabes, dont la pénultième fût longue et la finale brève,
comme *ēxtrēmă*, *rĕdĭmītă*, *pŏpŭlātŭr*, et achever ainsi le
dactyle :

ēx | trēmă fĕ | rēbānt.
ŭī | rēsquĕ sĕ | cūndās.
pŏpŭ | lātŭr hŏ | nōrēs.

Si la matière ne renfermait pas des mots de ce genre, mais
qu'il y eût un ou plusieurs dactyles, il faudrait choisir celui
qui conviendrait le mieux pour le sens et l'harmonie du
vers, et le mettre au cinquième pied, comme :

frīgŏrĕ | mēmbră.
sīdĕră | pālmās.
Mæs | tīssĭmŭs | Hēctor.
ēf | fūndĕrĕ | flētūs.
fŭ | rēntĭbŭs | āustrīs.

Quand on aura disposé ainsi les deux derniers pieds, il
faudra chercher dans la matière de quoi faire un pied et
demi, depuis la césure du troisième pied, jusqu'au dactyle

du cinquième. Ce pied et demi pourra être formé de trois syllabes longues, comme *sŭblīmēs, mōx quærūnt;* ou de deux longues et de deux brèves, comme *mītīssĭmă, nōn sŭstĭnĕt;* ou bien encore de deux brèves et de deux longues, comme *rŭtĭlāntēs, sĕd ĭn āurās.* Par exemple :

> . . . . . *sōl | vūntūr | frĭgŏrĕ | mēmbră.*
> . . . . *tēn | dēns ād | sīdĕră | pālmās.*
> . . . . *lār | gōsque ēf | fūndĕrĕ | flētūs.*
> . . . . *flāmmă fŭ | rēntĭbŭs | āustrĭs.*

Cela fait, il ne restera plus que les deux pieds et demi du commencement, qui, pouvant être dactyles ou spondées, offriront peu de difficultés.

In sĕgĕ | tēm vĕlŭ | tī quūm | flāmmă fŭ | rēntĭbŭs | āus-
Extēmplo | Ænē | æ sōl | vūntūr | frĭgŏrĕ | mēmbră, [trĭs.
Ingĕmĭt | ēt dŭplĭ | cēs tēn | dēns ād | sīdĕră | pālmās.
Vīsŭs ăd | ēssĕ mĭ | hī lūr | gōsque ēf | fūndĕrĕ | flētūs.

La raison de ces trois divisions que nous venons d'indiquer, savoir : la fin du vers qui comprend les deux derniers pieds, le milieu qui renferme un pied et demi, et le commencement, deux pieds et demi, c'est d'abord la difficulté que présentent les deux derniers pieds, dont l'un doit être dactyle; c'est ensuite la césure qui doit se trouver au commencement du troisième pied.

S'il n'était pas possible de mettre une césure au troisième pied, il en faudrait nécessairement deux dans le vers, l'une au second pied, et l'autre au quatrième, comme on le voit dans le vers suivant.

Dēspĭcĭ | ēns mără | vēlĭvŏ | lūm, tēr | rāsquĕ jă | cēntēs.

Mais, dans ce cas, il faut faire en sorte que le troisième pied soit un dactyle suivi d'une césure; autrement le vers serait dur à l'oreille, comme le suivant :

Sī cŭ | rāt cōr | spēctān | tīs tĕtĭ | gīssĕ quĕ | rēlā. Hor.

Ce serait pire encore, si, après la césure du second pied,

il y avait un mot de quatre syllabes longues, comme dans cet autre vers :

Lecto | rem de | lectan | do, pari | terque mo | nendo.

REMARQUE. — Le vers hexamètre se termine quelquefois par deux monosyllabes, ou par le verbe *est* précédé d'une élision. Par exemple :

Quŏd sī tāntŭs ămŏr mēntī, sī tāntă cŭpido ēst. Virg.
Grāmmătĭci cērtānt, ĕt ădhūc sŭb jūdĭcĕ līs ēst.

Il y a plusieurs choses à observer dans la composition d'un vers :

La première, c'est de voir si la dernière lettre d'un dactyle est une consonne ou une voyelle. Si c'est une consonne, il faut avoir bien soin que le mot suivant commence par une voyelle ou une diphthongue ; autrement la dernière syllabe de ce dactyle deviendrait longue par position. Ainsi, après le verbe *cŏndĕrĕt*, si l'on mettait *muros* au lieu de *urbem*, la dernière syllabe, *ret*, deviendrait longue, et il n'y aurait plus de dactyle. Il en serait ainsi de tout autre mot qui finirait par une voyelle brève et une consonne, et qui serait suivi d'un mot commençant par une consonne, comme dans ce vers :

Agrico | lām lau | dāt ju | rīs le | gumque pe | ritus.

Les finales de *agricolam*, de *laudat*, de *juris*, qui sont brèves de leur nature, deviennent longues par position.

Si, au contraire, la dernière lettre d'un dactyle était une voyelle, il faudrait nécessairement que le mot suivant commençât par une consonne ; autrement il se ferait une élision de la dernière syllabe. Ainsi, après *cōgĕrĕ*, si l'on mettait *āgmen*, la mesure se réduirait à quatre syllabes : *cŏgĕr āgmen.*

La seconde chose à observer, celle à laquelle nous attachons le plus d'importance, c'est de ne jamais se permettre des transpositions forcées, des déplacements de mots qui nuiraient à la liaison des idées, et obscurciraient le sens de la phrase (1).

______

(1) Les jeunes élèves négligent trop souvent le sens des mots et la liaison des idées, pour s'attacher uniquement au mécanisme du vers. De là une construction purement arbitraire où l'on voit des adverbes éloi-

Si la matière donnée pour le vers est séparée par une virgule, il faut avoir soin de mettre au commencement tout ce qui est avant la virgule, sans jamais mélanger les mots qui précèdent avec ceux qui suivent, à moins que le sens ne le permette.

Je suppose que l'on ait cette matière :

Ora lacrymis rigat, palmasque tendit ad sidera.

La virgule placée après *rigat* ne permettant pas de passer outre, il faudra nécessairement mettre les trois premiers mots au commencement du vers, ainsi qu'il suit :

Oră rĭ | gāt lăcrў | mīs, tēn | ditque ad | sidera | palmas.

VERS HEXAMÈTRES A RETOURNER.

De senectute.

« Frūstrā ōbsīstis : sěněctus mōrōsă věnĭet,
Quæ răpĭet fōrmam pūlchram, vīvōsquě lěpōrēs.
Fōrtis Mīlŏ sæpě hōstēs cērtămĭně vīcěrat ;
Nēcquīcquam pālmam rětŭlit : hūnc sěněctus rūgōsă
Pērcŭlit trīstī lūmĭně cērnēntem īncāssum
Brāchĭă quōndam ōmnīnō æquālĭă Hēreŭlēīs.
Frūstrā pērfĭdă Lāis sē in spěcŭlō āspĭcĭēns,
Tēntat rěpărārě dāmnum sěněctæ mōrōsæ ;
Nīl dēlet rūgās ănīlēs queīs frōns sūlcātur.
Dĭēs vīncit cūnctă, lōngævă vīncit větūstās :
Vīrtūs sēmper fŭit sōlă, et mănēbit sōlă. »

gnés des mots qu'ils modifient, des prépositions séparées de leurs compléments, des conjonctions renvoyées à la fin du vers, quand elles devraient être au commencement, des adjectifs placés le plus souvent après leurs substantifs, et séparés d'eux par un grand intervalle ; il en résulte une grande incohérence dans les mots et dans les idées, et une confusion telle, que l'écolier lui-même ne peut s'y reconnaître, et que le maître ne saurait y voir qu'une suite d'absurdités et de bêtises.

Tempestas describitur.

Continuò murmur auditur per æquora commota
Ingens, signa conflictus futuri ventorum;
Horrendus rabiosi austri sibilus resonat :
Cælum tectum caligine spissa densatur.
Miscentur omnia ; terræ et undæ miscentur :
Terrificas fulmina, caligine rupta, noctis
Tenebras condensant, tonitrua sexcenta magno
Ruunt cum stridore horrida, vicissim reboantque ;
Et sedantur nunc, æquoris instar nunc crescunt.
Jam ventis tonitruque concussa labant furenti
Montis præruptà culmina, ipse mons dehiscit.
Fractis visceribus, stridore magno feruntur
Præcipites fluvii : animalia vacuis sylvis
Passim diffugiunt per apertos campos territa (1).

Hectoris exsequiæ.

« Quum jam almum diem retulit mortalibus læta
Aurora, audacem Hectorea cum fletibus tollunt,
Constituuntque ingentem pyram, summumque cadaver
Rogis imposuere, atque favillas injecere.
Postera quum roseos amictus retexit aurora,
Ad bustum Hectoris jacentis plebs circumfusa
Irruit : tum, innumera corona contemplante,
Pyram extinxere, carchesia nigro Baccho
Fundentes ; dein sodales alba, viri monumenta
Et socii legere (pius imber oculos irrigat) ;
Lectaque mœsti in aurato feretro posuere.
Et mox purpureis et mollibus peplis abdita
Misere in cavam foveam, densosque superne
Lapides straverunt, congestaque saxa in ordine.
Ibi speculator sedebat usque ab alto tumulo,

(1) Dubois, *Nouveau Cours*.

Ne priùs Pelasgi inimico Marte ingruerent.
Mox reduces celebrant convivia lauto luxu,
In Priami ædibus, fumosaque siccant pocula.
Talia funera ritu ferali curārunt (1). »

II

MANIÈRE DE RETOURNER LES VERS PENTAMÈTRES.

Le vers pentamètre, comme nous l'avons dit, se compose
de cinq pieds, qui se divisent en deux hémistiches de deux
pieds et demi chacun. Seulement il ne faut pas oublier que
les deux pieds du premier hémistiche peuvent être dactyles
ou spondées, et qu'ils doivent être suivis d'une césure ayant
la valeur d'un demi-pied. Le second hémistiche, au contraire,
se compose nécessairement de deux dactyles, plus une césure
(qui peut être brève ou longue) ; ce qui oblige, pour plus de
facilité, de commencer le vers par le second hémistiche.
Nous allons indiquer les moyens les plus faciles d'en venir
à bout.

1° S'il y a, dans la matière, un mot de deux syllabes, dont
la première soit brève et la seconde longue, ou douteuse, ou
même brève (ce qui est moins élégant), et qu'il puisse se
transposer sans difficulté, on commencera par placer ce mot à
la fin du vers, avec une séparation entre les deux syllabes :

$$. . . . . \; c\breve{a} \mid nit.$$
$$. . . . . \; l\breve{e} \mid gunt.$$

Il faut voir ensuite s'il n'y a pas un mot de trois syllabes,
dont la première et la dernière soient brèves, comme *clă-
mărĕ, lăbōrĕ, ădēssĕ, Apōllŏ, rĕpēntĕ.* Si ce mot s'y trouve,
on l'écrira immédiatement avant :

$$. . . . . \; A \mid p\bar{o}ll\breve{o} \; c\breve{a} \mid nit.$$
$$. . . . . \; r\breve{e} \mid p\bar{e}nt\breve{e} \; v\breve{i} \mid æ.$$
$$. . . . . \; \breve{a}d \mid \bar{e}ss\breve{e} \; D\breve{e} \mid os.$$

______

(1) M. Dubois, *Nouveau Cours.*

Après cela, on cherchera, pour achever le dactyle, un mot de deux syllabes, dont la première soit longue et l'autre brève :

> . . . . *dŏctŭs A | pŏllŏ că | nit.*
> . . . . *mĭllĕ rĕ | pēntĕ vĭ | æ.*
> . . . . *rēbăr ăd | ēssĕ Dĕ | os.*

Si l'on ne trouvait pas un mot de trois syllabes qui pût se joindre au dernier, il faudrait en choisir un de deux syllabes, dont la première fût longue et la seconde brève, comme :

> . . . . *bēllă că | nit.*
> . . . . *frāgă lĕ | gunt.*
> . . . . *fērrĕ nĕ | fas.*

Puis il faudrait en ajouter un autre qui eût la valeur d'un dactyle, afin de compléter le premier hémistiche :

> . . . . *trīstĭă | bēllă că | nit.*
> . . . . *mōllĭă | frāgă lĕ | gunt.*
> . . . . *tālĭă | fērrĕ nĕ | fas.*

Le second hémistiche ainsi achevé, il faudra composer le premier avec le reste de la matière :

> *Colle sub | umbro | so | mŏllia | fraga le | gunt.*

Nous avons dit que le vers pentamètre doit finir par un disyllabe ; on pourra néanmoins le finir quelquefois par un mot de quatre syllabes : *utitur | auxili | is;* ou bien par un monosyllabe précédé d'un autre monosyllabe, comme *ĕt vŏlŭīssĕ săt ēst,* Ov. ; ou même par le verbe *est* précédé d'une élision : *proxĭmă sæpĕ rŏsa ēst.*

REMARQUES. — 1° Les bons auteurs semblent éviter avec le plus grand soin les élisions dans la seconde moitié du vers pentamètre. S'ils les admettent quelquefois, c'est quand elles sont douces et agréables à entendre, comme les élisions de *que* et de *ve : Velleraque alba tegunt.* Ov.

2° On sait que le vers pentamètre ne s'emploie jamais seul ; il est toujours précédé d'un hexamètre, et leur réunion forme un distique.

3° Chaque distique doit renfermer un sens assez complet.

pour que l'on puisse, à la rigueur, se passer de ce qui suit. C'est pourquoi le vers pentamètre doit se terminer par un point ou un deux-points, ou au moins par un point et virgule. Il est rare qu'une simple virgule puisse suffire.

4° Le vers pentamètre a beaucoup de grâce, quand les mots sont choisis avec goût, et comme liés entre eux par une heureuse combinaison. Par exemple :

Alta puellares tardat arena pedes. Ov.

EXERCICES SUR LES DISTIQUES.

Ipsĕ mātūrō tēmpŏrĕ sĕram tĕnĕrās vītēs
Rūstĭcus, et grāndĭă pōmă mănū făcĭlī.
Nec tămen pŭdĕat īntĕrdum bĭdēntem tĕnŭīssĕ,
Aūt tārdōs stĭmŭlō bŏvēs īncrĕpŭīssĕ.

Autre matière.

Lēctō āffīxus jăcēbat īn mōrtĕ vīcīnā,
    Quō nōn sĕnēx dītĭor in tōtō ōrbĕ.
Mĕdĭcus fīdus ădēst, ōmnī mĕdĭcō præstāntĭor :
    Prōmptă mĕdēlă pōrrĭgĭtur trīstī mălō;
At trĭbus nūmmīs rĕdĭmēndă : dīscēdĭtĕ, dīxit :
    Tāntă mĕdēlă fŏret dētĕrĭor lēthō.
Ĭnĭmīcĕ Dis sĕnēx, aūrō Prŏsērpĭnă nōn căret,
    Ĕt Plŭtŏ īmmītis nēscit căpī mūnĕrĕ.

Autre matière.

Scrībis ut lăcrўmābĭlĕ tēmpus stŭdĭō ōblēctem,
    Nē sĭtū tūrpī pēctŏră nōstră pĕrĕānt.
Quod mŏnēs, ămīcĕ, dīffĭcĭllĕ ēst; quĭă cārmĭnă læ-
    Opus sūnt, et vŏlūnt hăbĕrĕ mēntis pācem. [tum
Fōrtūnă nōstră ăgĭtur per ādvērsās prŏcēllās,
    Nūllăquĕ sōrtĕ mĕā pŏtēst ēssĕ trīstĭŏr.
Ĕxĭgis ut in fūnĕrĕ nātōrum lūdat Prĭămus,
    Et ut Nĭŏbē ōrbă dūcat chŏrōs fēstōs.
Lūctĭbŭs, an stŭdĭō tĕnērī dēbĕrĕ vĭdĕor,
    Sōlus jūssus ăbīrĕ in Gĕtās ēxtrēmōs?

Quand les élèves connaîtront suffisamment la structure des vers, et seront habiles à les retourner, il faudra les amener peu à peu à la composition écrite, en introduisant dans la matière des difficultés qui croîtront par degrés, selon les progrès et la force relative du plus grand nombre. Telles seront les *substitutions* ou *équivalents*, les *synonymes*, les *épithètes*, les *périphrases*, le *développement du sujet*.

I

DES SUBSTITUTIONS OU ÉQUIVALENTS.

Les *substitutions*, dans la versification, sont des changements de mots, de genres, de nombres, de cas, de temps, de personnes, de modes, qui facilitent la facture du vers et contribuent aussi à son élégance.

1. Substitution des substantifs.

Les poëtes font un fréquent usage de la *métonymie*; ainsi ils prennent souvent l'effet pour la cause, le contenant pour le contenu, le signe pour la chose signifiée, le nom de la matière pour la chose qui en est faite, le terme abstrait pour le terme concret, et réciproquement.

Exemples :

Aut Ararim Parthus bibet, aut Germania Tigrim.

(*Parthus* au lieu de *Parthi*; c'est le singulier pour le pluriel. *Germania* pour *Germani*; c'est le terme abstrait pour le terme concret, *Ararim*, *Tigrim*; c'est le tout pour la partie.)

Regali conspectus in auro nuper et austro.

Ici les mots *auro* et *austro* désignent la matière pour la chose qui en est faite : l'or et la pourpre, pour des vêtements d'or et de pourpre.

Ante focum si frigus erit, si messis in umbra.

Ici *frigus* est mis pour *hyems*, *messis* pour *œstas*; c'est l'effet pour la cause.

Les poëtes font aussi un fréquent usage de la *synecdoche*; ainsi, ils emploient souvent la partie pour le tout, le genre pour l'espèce, le singulier pour le pluriel, et réciproquement, etc.

Exemples :

Tum pavidæ matres tectis ingentibus errant.

(*Tectis,* les toits, pour *œdibus,* les appartements.)

. . . . . . *quæ te tam læta tulerunt*
Sæcula?

(*Sæcula* pour *sæculum.*)

Uterumque armato milite complent.

(*Milite* pour *militibus.*)

Souvent aussi ils emploient un substantif au lieu d'un adjectif.

Exemple :

Indutosque jubet truncos hostilibus armis
Ipsos ferre duces, inimicaque nomina figi.

(*Hostilibus* pour *hostium,* et *inimica* pour *inimicorum.*)

Ils remplacent l'ablatif, soit par le génitif : *fessi rerum, fidens animi, ævi maturus, dives opum, læta laborum,* etc. ; soit par le datif : *ardet apex capiti; miseris causam lacrymis; solus tibi certet Amyntas,* etc; soit par l'accusatif : *os humerosque deo similis; exuvias indutus Achillis; fractus membra labore.*

(Voir, dans le *Traité d'élégance,* à la page 156, l'article concernant les hellénismes.)

2. *Substitution des adjectifs.*

Les poëtes latins mettent quelquefois un adjectif neutre avec un substantif masculin ou féminin. Ex. : *Triste lupus stabulis — funestum frugibus imber.*

Ils mettent aussi l'adjectif au pluriel neutre avec le substantif au génitif.

Exemples :

Obsedere alii telis angusta viarum.

(Pour *vias angustas.*)

Ferimur per opaca locorum.

(Pour *opaca loca.*)

Ils changent l'adjectif en un substantif.

Exemple :

Inclementia divum has avertit opes.

(Pour *inclementes divi.*)

Ils emploient fréquemment l'hypallage, et font accorder l'adjectif avec un autre nom que celui auquel il doit se rapporter.

Exemple :

Ibant obscuri sola sub nocte per umbram.

(Pour *ibant soli per umbram sub nocte obscurâ.*)

Ils appliquent à une chose une épithète qui ne convient qu'à une personne.

Exemple :

Heu fuge crudeles terras, fuge littus avarum.

Un rivage cruel, une terre avare, c'est-à-dire où règne un roi cruel et avare.

Ils changent fréquemment les adverbes en adjectifs.

Exemple :

Ferte citi ferrum, date tela, scandite muros.

(*Citi* pour *citò.*)

3. Substitution des verbes.

Dans un récit, les poëtes emploient souvent l'infinitif au lieu de l'indicatif.

Exemple :

Nos pavidi trepidare metu, crinemque flagrantem
Excutere, et sanctos restinguere fontibus ignes.

Ils mettent fréquemment l'infinitif au lieu du gérondif en *di* ou en *do*.

Exemple :

Sed si tantus amor casus cognoscere nostros.

Ils construisent aussi avec l'infinitif des verbes qui devraient être au supin ou au gérondif en *dum*.

Exemples :

*Omne quùm Proteus pecus egit altos
Visere montes.*

(*Visere* pour *visum* ou *ad visendum.*)

Impulerat ferro argolicas fœdare latebras. Virg.

Ils emploient le parfait de l'infinitif au lieu du présent.

Exemples :

Tum certare odiis, tùm res rapuisse licebit. Virg.
Si curat cor spectantis tetigisse querela. Hor.

Ils mettent souvent à l'imparfait, au parfait et au plus-que-parfait de l'indicatif des verbes qui devraient être au conditionnel en français.

Exemple :

*Nec veni, nisi fata locum sedemque dedissent.
Et si fata deûm, si mens non lœva fuisset,
Impulerat ferro argolicas fœdare latebras.*

Outre les substitutions de mots, il y a aussi dans les lettres et les syllabes des altérations qui sont d'un fréquent usage dans la poésie. Telles sont :

1° La *syncope* ou suppression d'une syllabe, soit dans les noms, comme *di* pour *dii*, *tuguri* (au génitif sing.) pour *tugurii, divûm, superûm, virûm,* etc., pour *divorum, superorum, virorum; periclum* pour *periculum, vincla* pour *vincula,* etc.; soit dans les verbes, comme *amârat* pour *amaverat, lenibant* pour *leniebant, implêssem* pour *implevissem,* etc.

2° La *synérèse* ou *crase,* qui réunit deux syllabes en une seule, comme *suāvis, suētus, suādes, cuī, deïn, deēst, anteïre,* etc.

3° La *tmèse,* qui coupe et sépare certains mots composés. Par exemple :

Jamque adeo super unus eram. . . . . . .

(Pour *unus supereram.*)

Quò me cumque rapit tempestas, hùc feror hospes. Hor.

(Pour *quòcumque.*)

    Et multo nebulæ circùm deà fudit amictu.

Les autres licences, qui sont moins fréquentes, s'apprendront suffisamment par l'usage.

II

DES SYNONYMES.

Quand un mot n'est point poétique, ou qu'il ne convient pas à la mesure du vers, on le remplace par un *synonyme,* c'est-à-dire par un autre mot qui exprime la même idée sous une forme plus poétique, et qui a la quantité voulue. Ainsi, au lieu de dire :

Indè vadit in portum,		*Hinc portum petit.*
Non habes vultum hu-		*Haud tibi vultus morta-*
[manum,	on dira :	*[lis.*
Non tibi dea mater,		*Non tibi diva parens.*
Ubi naves fuerunt in		*Ut pelagus tenuère ra-*
[mari,		*[tes.*

Les synonymes que l'on trouve dans le dictionnaire ne sont pas tous admissibles, soit parce qu'ils n'expriment point l'idée sous une image poétique, soit parce que le sens qui leur est propre s'éloigne trop de celui que l'on veut exprimer.

Si, au lieu de dire avec Virgile : *Hi summo in fluctu pendent,* on disait : *Hi summo in fluctu sistunt,* l'image disparaîtrait, ainsi que la beauté du vers.

Si, au lieu de dire :

    Invadunt urbem somno vinoque sepultam;

on disait : *Somno vinoque fruentem,* la pensée du poète serait travestie d'une manière ridicule.

Souvent un mot a plus de synonymes que le dictionnaire n'en indique. Il faut alors chercher dans son esprit ou dans ses souvenirs d'autres expressions qui rendent aussi bien et mieux, s'il est possible, l'idée du mot que l'on veut changer. — Supposons qu'il y ait dans la matière ces deux mots *fluctus dividere*, fendre les flots, il sera facile de voir que le verbe *dīvĭdĕrĕ* ne convient ni au sens, ni à la mesure. En cherchant dans le *gradus*, on trouvera *disjungere, distrahere, separare*, qui ne conviennent pas mieux. Mais on n'aura qu'à se rappeler les verbes qui se combinent bien avec *fluctus*, et l'on trouvera *secare, scindere, findere, sulcare, verrere*, etc., verbes qui expriment la même idée sous des images plus poétiques.

Pour trouver plus facilement des synonymes, il faut aussi se rappeler ce que nous avons dit au sujet des figures, que l'on peut mettre quelquefois la cause pour l'effet, le contenant pour le contenu, le signe pour la chose signifiée, le terme abstrait pour le terme concret, le genre pour l'espèce, la partie pour le tout, etc.; que l'on peut et que l'on doit même, en poésie, employer des expressions métaphoriques, etc.

III

DES ÉPITHÈTES.

Les *épithètes* (de ἐπιτίθημι, ajouter) sont des adjectifs que l'on ajoute aux substantifs pour leur donner plus de force, plus d'élévation et de noblesse ; quelque chose de plus gracieux, de plus délicat, de plus touchant ; quelque singularité piquante, une couleur plus riante et plus vive, des traits plus sensibles aux yeux de l'intelligence et de l'imagination.

Les épithètes qui ne présentent pas quelques uns de ces caractères, doivent être bannies de la poésie, comme des mots parasites qui ne font que ternir l'idée exprimée par les substantifs (1).

(1) L'adjectif proprement dit est un mot qui s'ajoute au nom pour en déterminer la signification, de telle sorte qu'on ne pourrait l'omettre sans que l'idée restât vague et incomplète. Tel est le mot *juste* dans cette phrase : L'homme *juste* est en paix avec lui-même et avec ses semblables.

L'épithète, au contraire, est un adjectif qui n'est point nécessaire au

Les épithètes se tirent principalement de la *nature des choses, des circonstances, du caractère.*

1° *Épithètes tirées de la nature des choses.*

Les épithètes tirées de la nature des choses, sont celles qui expriment quelques propriétés naturelles, comme la *matière*, la *forme*, la *couleur*, etc. Ainsi, l'eau est naturellement liquide, l'oiseau revêtu d'ailes, la neige blanche, le soleil radieux, etc. Si donc je dis : *unda liquida, avis pennata, nix candida, sol lucidus*, les mots *liquida, pennata, candida, lucidus*, seront des épithètes puisées dans la nature même des choses.

Ces sortes d'épithètes, n'énonçant que des généralités, ne sont le plus souvent, sous la plume de jeunes élèves, qu'un remplissage inutile, une sorte de pléonasme vicieux que l'on doit éviter.

Il y a donc un choix à faire, et ce choix exige beaucoup de discernement. On doit rechercher de préférence les épithètes qui font image et peignent la chose dont on parle, en mettant sous les yeux ses qualités les plus saillantes. Il faut, au contraire, éviter celles qui sont communes et triviales, celles qui n'éveillent dans l'esprit que des idées vulgaires, sans ajouter aucun intérêt à la pensée.

substantif, un adjectif sans lequel l'idée principale est suffisamment exprimée. Ainsi les mots *avidis, fallax*, sont de pures épithètes dans le vers suivant :

> *Sic avidis fallax indulget piscibus hamus.*

Ainsi l'hameçon *trompeur* offre ses appas aux poissons *avides*.

Les épithètes choisies avec goût, et employées avec discernement, sont un des plus riches ornements du discours. Les poètes les emploient fréquemment et plus librement que les orateurs. Les poètes grecs et latins surtout les multiplient, pour ainsi dire, avec profusion. Il suffit, en quelque sorte, qu'une épithète convienne à un mot pour qu'ils l'introduisent dans un vers. On en trouve dans Homère un grand nombre, qui sont presque inséparables de leurs substantifs. Virgile, qui avait constamment sous les yeux ce beau modèle, les prodigue aussi dans ses vers, mais avec plus de sobriété et de ménagement. C'est que la poésie perdait de sa naïveté primitive, à mesure qu'elle s'éloignait de la simplicité des mœurs antiques.

Si l'on disait, en parlant de la neige qui couvre les campagnes : *Candida nix operit campos*, l'épithète *candida* serait ici choisie avec goût, parce qu'il s'agit précisément de peindre la surface de la terre blanchie par une couche de neige.

Virgile, parlant des soins que l'on doit aux abeilles, et des plantes qu'il faut cultiver autour de leurs ruches, s'exprime ainsi :

> *Hæc circùm casiæ virides, et olentia latè*
> *Serpylla, et graviter spirantis copia thymbræ*
> *Floreat, irriguumque bibant violaria fontem.*

« Qu'autour d'elles fleurissent la verte lavande, le thym, le serpolet à la suave odeur, et que la violette y boive une onde pure. »

Ces vers plaisent surtout à cause des épithètes qu'ils renferment, et qui sont puisées dans la nature des choses dont il s'agit. En effet, ces mots *virides, olentia latè, spirantis graviter, irriguum*, peignent admirablement les divers objets dont parle Virgile, et répondent parfaitement au but qu'il s'est proposé. D'abord, ce sont des touffes de lavande au vert feuillage, chose si agréable aux abeilles ; puis du thym, du serpolet exhalant au loin leurs suaves odeurs, *olentia latè*, afin que les ruches en soient embaumées ; enfin, ce sont des violettes arrosées d'une onde pure, *irriguum* (de *irrigare, quasi rivum agere*), qui arrose, qui baigne en coulant.

2° *Epithètes tirées des circonstances.*

Les meilleures épithètes se tirent généralement des circonstances du sujet que l'on traite ; elles expriment alors non plus l'état habituel d'une chose, mais l'influence que cette chose exerce comme cause, comme moyen, ou comme effet. L'exemple suivant nous le fera comprendre.

Supposons cette matière : *Nix avibus infert mortem.* Un écolier, qui ne consulte que le *gradus*, ferait à peu près ainsi :

> *Mortem avium turbæ nix infert alba loquaci.*

Mais on voit, au premier coup d'œil, que les épithètes *alba* et *loquaci* ne valent rien ; elles sont tirées de la nature des choses ; il fallait, au contraire, les puiser dans les circonstances du sujet, et considérer pour cela les causes et les effets, tant au physique qu'au moral.

Pourquoi la neige fait-elle périr les oiseaux ? est-ce parce qu'elle est blanche ? Non, assurément ; c'est parce qu'elle est froide et glacée ; c'est parce que, en couvrant la surface de la terre, elle empêche ces petits habitants des airs d'y chercher leur nourriture. Telle est donc l'action physique de la neige, que je dois considérer, et qui me fournit les épithètes *frigida, gelida, glacialis,* ou *inops cibi, dapibus egens, victum negans,* etc. Mais quelle épithète donner à *avibus* ? L'adjectif *loquacibus* exprime bien l'état habituel des oiseaux ; mais c'est ici leur situation présente qu'il faut envisager. Ces petits êtres souffrants, sur le point de périr, ont-ils envie de gazouiller ? ne sont-ils pas silencieux ? leur bouche n'est-elle pas muette ? *Loquacibus* serait donc un vrai contre-sens. C'est *mutis, tacitis, silentibus,* qu'il faut choisir pour épithètes.

Outre le côté physique, on peut aussi considérer la chose au point de vue moral. Si donc je veux donner à *avibus* une autre épithète que *mutis,* je les envisage sous le rapport moral, et je me demande : Pourquoi ces oiseaux ne chantent-ils pas ? C'est parce qu'ils sont tristes, souffrants, transis de froid, et cette réflexion me fournit d'autres épithètes : *mœstis, afflictis, algentibus,* etc.

De même, pour donner à *nix* une autre épithète que *frigida,* je dis en moi-même : Ce qui cause la mort est odieux, funeste, pernicieux, etc. ; je choisirai donc l'un de ces mots : *noxia, inimica, funesta, exitiosa,* etc. Ce genre d'épithètes se rattachant à un ordre d'idées plus élevées et offrant par là même un plus grand intérêt, mérite aussi la préférence. Néanmoins le mélange des idées physiques et morales produit souvent le plus bel effet (1).

____

(1) Voir le *Guide des humanistes,* par l'abbé Thuet.

3° *Epithètes tirées du caractère.*

Le caractère de l'homme et les propriétés particulières des choses sont deux autres sources d'épithètes. Chaque personne, en effet, a son caractère propre, ses qualités et ses défauts, qui fournissent autant de qualificatifs au nom qui la désigne. Ainsi, Virgile a dit : *pius Æneas, fortis Achilles, duplex, dirus Ulysses, Mezentius contemptor deûm, aspera Juno.* Horace a dit : *Medea ferox, flebilis Ino, perfidus Ixion, Io vaga, tristis Orestes, impiger, iracundus, inexorabilis, acer Achilles.*

Chaque chose a aussi quelque propriété spéciale qui lui convient dans la plupart des circonstances, même dans celles qui ne paraissent avoir aucun rapport avec l'idée que l'on veut exprimer. Ainsi, ce qui caractérise le mieux ces plantes délicieuses que nous nommons le thym et le serpolet, ce sont les suaves odeurs qu'elles exhalent. C'est pourquoi ces épithètes, *fragrantes, suaviter olentes, spirantes graviter,* leur conviennent presque toujours.

REMARQUES. — 1° Les épithètes, comme nous l'avons déjà vu dans le *Traité d'élégance,* se placent généralement avant le nom qu'elles modifient, comme dans ce vers de Virgile :

Tityre, tu patulæ recubans sub tegmine fagi.

Il est néanmoins des circonstances où il vaut mieux les placer après leurs substantifs; c'est quand l'intérêt de la pensée ou l'harmonie du vers l'exigent ainsi. Quand Virgile a dit, en parlant des Troyens qui surnagent au milieu des flots :

Apparent rari nantes in gurgite vasto,

il a eu soin de placer l'épithète *vasto* à la fin du vers, afin que l'image fût plus sensible et offrît un contraste plus frappant avec l'autre épithète *rari,* qui est au commencement.

2° Un substantif ne doit avoir communément qu'une seule épithète, à moins qu'on ne veuille énumérer les qualités d'un objet en les accumulant, comme dans ce vers de Virgile :

Monstrum horrendum, informe, ingens, cui lumen ademp-
[*tum.*

ou qu'elles ne soient unies par une conjonction, comme dans cet autre vers :

At lætus Mnestheus successuque acrior ipso.

IV

DE LA PÉRIPHRASE.

La *périphrase* ou *circonlocution* consiste à exprimer en plusieurs mots ce qu'on aurait pu dire plus brièvement, et souvent même en un seul mot. Ainsi, au lieu de *aves*, les oiseaux, on dira *alituum* ou *aligerum genus*, ou *pennata cohors*; au lieu de *zephyrus*, on dira : *blandior aura favoni*; au lieu de *aquila*, l'aigle, on dira : *Jovis ales*, ou *minister fulminis ales*; au lieu de *arare*, labourer, on dira : *telluri infindere sulcos*; au lieu de *navigare*, on dira : *vela dare in altum, ruere spumas salis, secundis ventis credere navem.*

Souvent il arrive que l'on se sert de périphrases plus étendues pour donner plus de grâce, plus de couleur à la pensée. Ainsi, pour peindre l'aurore, Virgile dira :

Postera jamque dies primo surgebat Eoo,
Humentemque Aurora polo dimoverat umbram.

Pour peindre le déclin du jour, il dira :

Et jam summa procul villarum culmina fumant,
Majoresque cadunt altis de montibus umbræ.

La périphrase ne doit être employée que pour exprimer une idée par des traits plus distincts et plus sensibles, ou la présenter sous des couleurs plus vives et plus gracieuses.

V

DU DÉVELOPPEMENT.

Ce n'est pas assez de changer et d'ajouter des mots, il faut aussi étendre la matière en y ajoutant des idées nouvelles qui intéressent le lecteur, qui lui plaisent et excitent son admiration.

Soit à développer cette matière : *Philomela queritur amissos fetus*. Un jeune élève, dont les idées sont si restreintes et le sentiment si peu développé, se trouvera bien embarrassé ; et si, après de vains efforts, on lui met sous les yeux ces beaux vers de Virgile, quel ne sera pas son étonnement ?

> *Qualis populea mœrens Philomela sub umbra,*
> *Amissos queritur fetus, quos durus arator*
> *Observans nido implumes detraxit; at illa*
> *Flet noctem, ramoque sedens, miserabile carmen*
> *Integrat, et mœstis latè loca questibus implet.*

Dédale, relégué dans l'île de Crète avec son jeune fils Icare, fabrique des ailes à l'aide desquelles ils puissent l'un et l'autre s'échapper de leur prison.

MATIÈRE. *Icarus erat juxtà patrem suum, et nunc captabat plumas vento disturbatas, nunc mollibat ceram, lusuque suo patris labori obstabat..*

Voici comment Ovide a su amplifier ce récit et le rendre poétique :

> *. . . . . Puer Icarus unà*
> *Stabat, et, ignarus sua se tractare pericla,*
> *Ore renidenti, modò quas vaga moverat aura*
> *Captabat plumas ; flavam modò pollice ceram*
> *Mollibat, lusuque suo mirabile patris*
> *Impediebat opus. Ov., Met., VIII, 13.*

« Le jeune Icare était auprès de son père, et ne se doutant point que ce qu'il avait dans les mains devait lui causer la mort, le sourire sur les lèvres, tantôt il saisissait les plumes que le vent avait dispersées, tantôt il amollissait la cire avec son pouce, et, par ces jeux, il retardait l'ouvrage admirable de son père. »

Ignarus sua se tractare pericla, — *ore renidenti*, ces deux pensées, ajoutées à la matière, sont pleines de beauté. Icare ne sait pas combien ces plumes et cette cire qu'il a dans les mains doivent lui être funestes. Le poëte, par cette réflexion toute naturelle, intéresse en faveur de ce jeune captif. On souffre, en effet, en le voyant s'amuser et se jouer avec ces objets qui vont être si dangereux pour lui. Rien de si poétique que ce mot *pericla* pour *causas periculorum*.

Il faut admirer aussi la beauté naïve de cette seconde pensée, *ore renidenti*. En saisissant les plumes et en amollissant la cire, amusement qui lui plaisait beaucoup, il avait le sourire sur les lèvres, chose si naturelle à un enfant au milieu de ses jeux. Cette idée fait donc image dans le vers et en augmente la poésie.

Il faut remarquer aussi le choix et la beauté des autres expressions : le mot *stabat*, convenant si bien à un enfant qui est toujours sur pied, et qui devait, à plus forte raison, dans la circonstance présente, être debout à côté de son père; puis cette alternative d'amusements si bien exprimée par l'adverbe *modò* répété deux fois; la beauté de ce fréquentatif *captabat*, qui peint si bien l'empressement du jeune enfant à saisir les plumes que le vent avait emportées; puis aussi cette cire qu'on voit s'amollir sous la pression de ses petits doigts; enfin, le choix de cette épithète *mirabile*, convenant si bien à ce travail qui était une merveille.

Dédale attache ensuite les ailes fatales aux épaules de son fils. Il s'agit ici de peindre l'inquiétude de ce tendre père, qui redoute que cet instrument de salut ne devienne pour son enfant un instrument de mort.

Matière. *Inter opus monitusque flevit senex, manus ejus tremuerunt; osculavit filium.*

Voici comment Ovide a exprimé ces idées :

> *Inter opus monitusque genæ maduere seniles,*
> *Et patriæ tremuêre manus; dedit oscula nato*
> *Non iterum repetenda suo, etc.*

« Au milieu de son travail et de ses conseils, les joues du vieillard se mouillèrent de larmes, ses mains paternelles tremblèrent; il embrassa son fils, mais, hélas! c'était pour la dernière fois. »

Genæ maduere seniles, comme cette périphrase est bien choisie! combien elle donne de poésie à cette pensée, *flevit senex!* Quel intérêt l'adjectif *seniles* ajoute au mot *genæ:* des joues de vieillard! Mais ce qui frappe plus encore dans ces deux vers, ce sont ces expressions *patriæ manus.* Si Dédale tremble, c'est qu'il est père, et qu'il craint pour la vie de son fils (1).

Nous voyons dans Virgile cette même idée reproduite dans des vers plus beaux encore. Il s'agissait de ce même Dédale qui avait gravé ses aventures sur la porte du temple d'Apollon, mais qui n'avait pu, à cause de sa douleur, y graver la chute de son fils.

> *Bis conatus erat casus effingere in auro,*
> *Bis patriæ cecidêre manus.* Æn., VI, 30.

Qu'il y a de beauté dans ces mots *patriæ cecidêre manus!* Il semble voir les mains de ce tendre père qui s'élèvent pour commencer cette touchante peinture, et qui retombent aussitôt; et pourquoi? parce que ces mains sont mues par un cœur de père, et que la douleur les a rendues impuissantes.

SOURCES DE DÉVELOPPEMENT.

Les principales sources de développement sont : l'*énumération des parties,* la *description,* la *comparaison,* la *répétition.*

1° De l'énumération des parties.

L'*énumération* consiste à mettre sous les yeux les diverses parties d'un tout, les principales circonstances d'une action, certaines idées accessoires qui servent à développer l'idée principale.

Milton déplorant sa cécité : « Tout meurt, dit-il, et tout renaît; mais la lumière ne revient pas pour moi. »

Louis Racine a développé ainsi cette pensée :

> « Tout meurt et tout renaît : l'automne, tous les ans,
> « Fait place au triste hiver, que suit le doux printemps;
> « Les zéphyrs en tous lieux ramènent la verdure,

(1) Voir le *Guide des humanistes.*

« Aux arbres dépouillés ils rendent leur parure;

« Et, par l'ordre constant d'une agréable loi,

« Tout revient; mais le jour ne revient pas pour moi. »

Voici une pensée simple : *Omnibus moriendum est*. Horace a su l'étendre au moyen d'une périphrase :

Pallida Mors æquo pulsat pepe pauperum tabernas
Regumque turres. Hor., *Odes*, lib. I, IV.

Et ces vers d'Horace ont été amplifiés d'une manière admirable par un poète français :

« La Mort a des rigueurs à nulle autre pareilles;
        « On a beau la prier,
« La cruelle qu'elle est se bouche les oreilles,
        « Et nous laisse crier.
« Le pauvre, en sa cabane où le chaume le couvre,
        « Est sujet à ses lois,
« Et la garde qui veille aux barrières du Louvre,
        « N'en défend pas nos rois. »

Virgile, au second livre des *Géorgiques*, voulant développer cette idée : *O fortunatos nimium sua si bona norint agricolas!* fait une énumération magnifique des divers avantages de la vie champêtre. En lisant ces beaux vers, on ne peut s'empêcher d'admirer avec lui la grandeur et la variété des jouissances de la campagne.

2° *De la description.*

La *description* consiste à peindre sous les plus vives couleurs les attributs ou qualités principales d'une chose, à en reproduire les traits les plus saillants, les circonstances qui ajoutent le plus d'intérêt à l'objet que l'on décrit.

Homère et Virgile possèdent au plus haut degré le talent de la description poétique; il suffit, pour en juger, de lire quelques pages de leurs écrits. Nous ne citerons ici pour exemple que ce magnifique passage du second livre de l'*Enéide*, où le grand poète décrit l'incendie et le pillage de Troie. Les détails sont si bien choisis et tous les traits si bien exprimés, que le lecteur se sent réellement transporté au milieu de cette scène d'horreur. On doit surtout admirer la mort de Priam, qui est un véritable chef-d'œuvre. Toutes les circonstances en sont décrites de la manière la plus sensible et la plus propre à nous émouvoir : ce roi chargé d'années, qui revêt son armure quand on lui annonce que l'ennemi est maître de la ville ; la rencontre des membres de sa famille, qui vont se réfugier au pied d'un autel élevé au centre du palais, et contraignent l'auguste vieillard, malgré sa bouillante ardeur, à se réfugier avec eux dans cet asile sacré ; l'indignation de ce roi à la vue de Pyrrhus qui égorge l'un de ses fils ; le trait qu'il lui lance d'une main faible et tremblante ; la brutale fureur de Pyrrhus ; la manière dont il massacre ce vénérable vieillard : tous ces traits sont peints avec un talent inimitable. Nous n'en citerons que quelques vers :

« Forsitan et Priami fuerint quæ fata requiras ?
« Urbis ubi captæ casum, convulsaque vidit
« Limina tectorum, et medium in penetralibus hostem ;
« Arma diu senior desueta trementibus ævo
« Circumdat nequicquàm humeris, et inutile ferrum
« Cingitur, ac densos fertur moriturus in hostes.
« Ædibus in mediis, nudoque sub ætheris axe,
« Ingens ara fuit, juxtàque veterrima laurus,
« Incumbens aræ, atque umbrâ complexa penates.
« Hic Hecuba et natæ nequicquàm altaria circùm,
« Præcipites atrâ ceu tempestate columbæ,
« Condensæ, et divûm amplexæ simulacra tenebant.
« Ipsum autem sumptis Priamum juvenilibus armis
« Ut vidit : Quæ mens tam dira, miserrime conjux,
« Impulit his cingi telis ? aut quò ruis ? inquit.
« Non tali auxilio, nec defensoribus istis
« Tempus eget : non si meus afforet Hector.
« Hùc tandem concede ; hæc ara tuebitur omnes,
« Aut morière simul, etc. » Virg., *Æn.*, II, 506.

« Peut-être me demanderez-vous quelles furent les destinées de Priam. Dès qu'il voit la ville prise et saccagée, les portes de son palais forcées, et l'ennemi au milieu de ses appartements, le vieux monarque revêt en vain ses épaules tremblantes d'une armure depuis longtemps oubliée, et se ceint d'un fer inutile; puis, victime dévouée à la mort, il va se précipiter à travers les rangs serrés des ennemis.

« Au centre du palais, sous la voûte découverte du ciel, s'élevait un grand autel; un laurier antique inclinait sur lui son feuillage, et couvrait les pénates de son ombre hospitalière. Là, Hécube et ses filles, semblables à des colombes qu'une noire tempête a mises en fuite, étaient assises autour de l'autel, et tenaient embrassées les images de leurs dieux. Dès que la reine aperçoit Priam revêtu des armes de sa jeunesse : Quelle funeste pensée, ô malheureux époux! vous a poussé à ceindre cette armure? Où courez-vous ainsi? Ce n'est point un pareil secours ni un tel défenseur que réclame la circonstance présente. Non; Hector lui-même, fût-il ici, ne pourrait nous sauver. Venez donc auprès de nous; cet autel nous protégera tous, ou nous mourrons ensemble. »

(Nous laissons aux maîtres le soin de faire remarquer les principales beautés de ce passage, que la meilleure traduction ne saurait reproduire.)

3° *De la comparaison.*

La *comparaison* consiste à mettre en regard deux idées qui ont entre elles des rapports de similitude, et à rendre la première plus vive, plus touchante, plus lumineuse, en la rapprochant de la seconde qui est plus sensible, plus familière et plus facile à concevoir.

La poésie aime à se parer de comparaisons riches, nobles, touchantes, afin de plaire à l'imagination et au sentiment, et d'ajouter au sujet de nouvelles beautés. On en a vu un exemple dans le passage cité plus haut, où Virgile, avec une pensée pleine de délicatesse, compare à des colombes qu'une noire tempête a mises en fuite et précipitées en troupe sur une terre abritée, Hécube et ses filles qui, poursuivies par Pyrrhus, vont se réfugier au pied des autels.

« Hìc Hecuba et natæ nequicquàm altaria circùm,
« Præcipites atrâ ceu tempestate columbæ,
« Condensæ, et divùm amplexæ simulacra tenebant. »

Dans le neuvième livre de l'*Enéide*, Euryale, percé par le trait du cruel Volscens, tombe à terre, et ne tarde pas à rendre le dernier soupir. Virgile ne pouvait mieux faire que de comparer le jeune guerrier soit à une fleur brillante dont la racine a été tranchée par le soc de la charrue, soit à un pavot qui laisse pencher vers la terre sa tête chargée de pluie.

« Volvitur Euryalus letho, pulchrosque per artus
« It cruor, inque humeros cervix collapsa recumbit.
« Purpureus veluti quùm flos succisus aratro
« Languescit moriens ; lassove papavera collo
« Demisere caput, pluvia quùm fortè gravantur. » Virg.

« Il se roule dans les bras de la mort, un sang virginal inonde ses beaux membres, sa tête défaillante se penche sur ses épaules. Ainsi une fleur brillante, tranchée par le soc de la charrue, languit et meurt ; ainsi le pavot, épuisé de lassitude, courbe sa tête chargée de pluie. »

Un écrivain moderne a peint, sous une belle comparaison, le pouvoir odieux de ces tyrans d'Egypte qui n'étaient grands que parce qu'ils vivaient dans une profonde solitude.

« Le prince, dit-il, était pour tous ses sujets un objet d'admiration et de terreur. Semblable à la foudre qui, retirée dans la profondeur des nuages, semble éclater avec plus de grandeur et de majesté ; c'était du fond de son labyrinthe que le monarque dictait ses volontés. »

Les comparaisons doivent être claires et de nature à mieux faire concevoir l'objet auquel elles s'appliquent. Si cet objet est grand et noble, il faut que tous les rapports de similitude concourent à en soutenir la dignité ; si son caractère est la beauté, il faut qu'ils servent à l'embellir ; si l'objet est effrayant, qu'ils soient capables de redoubler la terreur.

4° *De la répétition.*

La *répétition* des mêmes mots a beaucoup de grâce en poésie, quand elle sert à peindre les passions, comme la joie, la douleur, la tendresse, la compassion, l'étonnement.

Les Troyens, apercevant enfin l'Italie, la saluent par des cris d'allégresse. C'est donc une joie vive qui les domine, et que Virgile a si bien exprimée par la répétition du mot *Italiam :*

> *Cum procul obscuros colles humilemque videmus*
> *Italiam : Italiam primus conclamat Achates ;*
> *Italiam læto socii clamore salutant.* Virg.

Orphée, retiré sur un rivage désert, chante nuit et jour la perte de sa chère Eurydice. C'est ici un sentiment de tristesse et de vive douleur. Voici comment Virgile a su le dépeindre :

> *Ipse cavâ solans ægrum testitudine amorem,*
> *Te, dulcis conjux, te solo in littore secum,*
> *Te veniente die, te decedente canebat.*

La répétition s'emploie particulièrement, quand on veut s'appesantir davantage sur un objet et le rendre plus sensible.

Exemples :

> . . . . *Bella, horrida bella,*
> *Et multo Tibrim spumantem sanguine cernam.* V.
> *Sic oculos, sic ille manus, sic ora ferebat.* V.

Quand il y a dans la matière deux petites propositions unies par la conjonction *et*, il est quelquefois plus élégant de supprimer cette conjonction et de répéter le nom.

Soit cette matière : *Vino forma perit, et corrumpitur ætas.* On dira bien :

> *Vino forma perit, vino corrumpitur ætas.*

Soit cette autre matière : *Dii patrii, servate domum et nepotem.* On dira :

> *Dii patrii, servate domum, servate nepotem.* V.

REMARQUE. — Au lieu d'ajouter des mots, l'élégance consiste quelquefois à en retrancher.

Soit cette matière : *Quæ didicimus in pueritiâ, ea dediscere nolumus, cum sumus senes.* On dira avec plus d'élégance :

Quod pueri didicére, senes dediscere nolunt. H. (1)

DE LA CADENCE DANS LES VERS.

La cadence (de *cadere*, tomber) est une chute ou un repos qui se fait sentir après les différents pieds, et surtout après les différents membres qui composent le vers ou la phrase poétique.

« Il y a dans les vers une cadence simple, commune, ordinaire, qui se soutient également partout, qui rend le vers doux et coulant, qui écarte avec soin tout ce qui pourrait blesser l'oreille par un son rude et choquant, et qui, par l'heureux mélange de différentes mesures, forme cette harmonie si agréable qui règne dans tout l'ensemble d'un poème.

« Outre cela, il y a aussi certaines cadences particulières, plus marquées, plus frappantes, qui se font sentir plus vivement. Ces sortes de cadences forment une grande beauté dans la versification, et y répandent beaucoup d'agrément, pourvu qu'elles soient employées avec discernement, et qu'elles ne se rencontrent pas trop souvent. » (ROLLIN.)

Telles sont :

1° Les cadences graves et nombreuses :

Luctantes ventos, tempestatesque sonoras
Imperio premit. Virg.
Namque ut conspectu in medio turbatus, inermis,
Constitit, atque oculis phrygia agmina circumspexit. V.

2° Les cadences monosyllabiques :

Insequitur cumulo prœruptus aquœ mons. Virg.
Sternitur, exanimisque tremens procumbit humi bos. V.

(1) L'abbé Thuet.

3° Les cadences suspendues :

> . . . . Tumidusque Noto præcordia regno
> Ibat; et ingenti, etc.
> Hi summo in fluctu pendent; his unda dehiscens
> Terram inter fluctus aperit.
> Nec jam se capit unda : volat vapor ater ad auras.

4° Les cadences coupées :

> Est in secessu longo locus : insula portum
> Efficit...
> Hæc ubi dicta, cavum conversa cuspide montem
> Impulit in latus.

5° Les cadences légères et rapides, quand on multiplie les syllabes brèves :

> Sic ait, et dicto citius tumida æquora placat.
> Intonuere poli, et crebris micat ignibus æther.
> Quădrŭpĕdāntĕ pŭtrēm sŏnĭtū quătĭt ūngŭlă cāmpŭm.

6° Les cadences douces, quand il n'y a point de lettres ni de syllabes dures à l'oreille :

> Qualem virgineo demessum pollice florem
> Seu mollis violæ, seu languentis hyacinthi. V.

7° Les cadences dures, quand on emploie des consonnes rudes, comme des *r*, des *s*, des *x*, des élisions produites par la rencontre de voyelles dont le choc blesse l'oreille.

> Martius ille æris rauci canor increpat, et vox
> Auditur fractos sonitus imitata tubarum.
> Tum ferri rigor, atque argutæ lamina serræ, etc.

Il faut éviter, comme contraire à la cadence :

1° De faire rimer une partie d'un vers avec une autre partie, ou la fin d'un vers avec le suivant.

2° De donner au troisième et au quatrième pied la même cadence qu'au cinquième et au sixième.

3° De finir le sens à la fin de chaque vers; ce serait une monotonie insupportable.

EXERCICES

sur les vers hexamètres et pentamètres.

MODÉRATION DANS LES DÉSIRS.

Distiques.

Alĭus cōngĕrat sĭbĭ dīvĭtĭās aŭrō fŭlvō,
    Et tĕnĕat mūltă jūgĕră sŏlī cūltī ;
Quem āssĭdŭus lăbŏr tērrĕat hōstĕ vīcīnō ;
    Cuī clāssĭcă Mārtĭă pūlsă fŭgēnt sōmnōs.
Paŭpērtās mĕă mē trādūcat vītæ ĭnērtī,
    Dum mĕus fŏcus lūcĕat īgnĕ ēxĭgŭō ;
Nec dēstĭtŭat spēs, sed sēmper ăcērvōs frūgum
    Præbĕat, et mūstă pīnguĭă lăcū plēnō.
Ipsĕ sĕram vītēs tĕnĕrās tēmpŏrĕ mātūrō
    Rūstĭcus, et pōmă grāndĭă mănū făcĭlī.
Nec tămen pŭdĕat īntērdum bĭdēntem tĕnŭīssĕ,
    Aŭt īncrĕpŭīssĕ stĭmŭlō tārdōs bŏvēs ;
Nōn ăgnāmvĕ pĭgĕat sĭnū, căpēllæquĕ fētum
    Dēsērtum mātrĕ ōblĭtā dŏmum rĕfērrĕ.
Egŏ hīc, mĕumquĕ pāstōrem quŏtānnīs lūstrārĕ,
    Et sŏlĕŏ plăcĭdam Pălem lāctĕ spārgĕrĕ.

PUISSANCE DU TEMPS.

Distiques.

Tēmpŏrĕ taūrus fit pătĭēns ărātrī rūrĭcŏlæ,
    Et præbet cōllă prĕmēndă jŭgō īncūrvō ;
Tēmpŏrĕ ĕquus ănĭmōsus pāret lēntīs hăbēnīs,
    Et āccĭpit dūrōs lŭpōs ŏrĕ plăcĭdō.
Tēmpŏrĕ īră lĕŏnum pænōrūm cōmpēscĭtur,
    Nec ănĭmō, quæ fŭit āntĕ, fĕrĭtās mănet.
Quæquĕ sŭī măgīstrī Indă mŏnĭtīs ōbtēmpĕrat
    Bēllŭă, tēmpŏrĕ vīctă sŭbit sērvĭtĭum.
Tēmpus făcit ut ūvă tŭmĕat răcēmīs ēxtēntīs,
    Vīxquĕ grānă căpĭānt mĕrum quod hăbent īntŭs.
Tēmpus et prōdūcit sēmen in ărĭstās cānās,

Et făcit nē pōmă sīnt săpōrĕ trīstī.
Hōc ĕtĭam mītĭgat paūlātim īrās sævas,
    Lūctūs hōc mĭnŭit, lĕvatquĕ cōrdă mæstă.
Pŏtēst ĭgĭtur cūnctă pĕdĕ tăcĭtō vĕtūstās lāpsă
    Prætērquam cūrās mĕās āttĕnŭārĕ.

UTILITÉ DE LA SCIENCE POUR L'AGE MUR.

Distiques.

Nec vĭŏlæ sēmper flōrēnt, nec līlĭă hĭāntĭă,
    Et āmīssīs rŏsīs rĭget spīnă rĕlīctă ;
Jamque, fōrmōsĕ, tĭbĭ vĕnĭēnt cānī căpĭllī ;
    Jam rūgæ vĕnĭēnt quæ cōrpŭs ărēnt tĭbĭ.
Anĭmum jam mōlīrĕ quī dūret, et fōrmæ ādstrŭĕ :
    Illĕ sōlus pērmănet ad ēxtrēmos rŏgōs.
Nec cŏlŭīssĕ pēctŭs per ārtēs īngĕnŭās lĕvis
    Cūră sit, et ēdĭdĭcīssĕ dŭās līnguās.
Ulīxēs nōn ĕrat fōrmōsus, sed fācŭndus ĕrat ;
    Et æquŏrĕās tămen ămōrĕ dĕās flēxit.
O quŏtĭēs Călȳpsō dŏlŭit īllum prŏpĕrārĕ,
    Nĕgāvitquĕ ăquās ēssĕ āptās rēmĭgĭō !
Hæc ĭtĕrūmquĕ ĭtĕrūmquĕ rŏgābat cāsūs Trōjæ :
    Illĕ sŏlēbat sæpĕ ĭdem ălĭter rĕfērrĕ.

AGRÉMENTS DE LA CAMPAGNE.

Vers hexamètres.

O quæ deliciæ, dum æstas læta renascitur,
Habitare nemus secretum et rupes profundas !
Quàm suave fontis occulti ripas accedere,
Et agitare latices gelidos viridi sub umbrâ !
Virent illìc prata ; hìc dehiscunt antra immensa.
Alia parte, lucos ingentes, et grata Camœnis
Vides antra, lacusque vivos, reductasque valles :
Dumque figis vestigia in arenâ flumineâ,
Cernis sylvas frondere sub amne illimi,
Effigiemque umbræ errantis, et virgulta motis
Arboribus intremere ; splendere lapides videntur,
Et conchæ niveæ vitreo sub gurgite apparent.

Innumeros quid dicam, lubrica examina, pisces,
Humida per æquora errare pinnis squamigeris ?
Lymphis colludunt Cycni, argentea proles,
Niveosque gelido margine pullos deducunt :
Facies quidem grata; altis sed me concentibus
Volucrum strepitus alliciunt, loquacesque moduli.

FUNÉRAILLES D'HECTOR.

Quùm jam almum diem retulit mortalibus læta
Aurora, audacem Hectora tollunt cum fletibus,
Pyramque ingentem constituunt, cadaverque summum
Rogis imposuère, atque favillas injecère.
Quùm postera aurora retexit amictus roseos,
Plebs circumfusa ad bustum Hectoris jacentis
Irruit : tum coronâ innumerâ contemplante,
Extinxère pyram carchesia nigro Baccho
Fundentes; dein sodales alba viri monumenta
Et socii legère (pius imber irrigat oculos);
Mœstique posuère lecta in feretro aurato.
At mox abdita peplis purpureis et mollibus
Misère in foveam caveam, supernèque densos
Lapides straverunt, saxaque congesta in ordine.
Ibi speculator sedebat usquè ab alto tumulo,
Ne Pelasgi ingruerent priùs inimico Marte.

SUR L'HARMONIE IMITATIVE.

per.
Dulce sonent carmina, cum zephyrus blandior
syn.
Per frondes tremulas spirat murmure grato.

Lenta incedant, cùm in pratis volvens saxula,
epith.
Undas placidus molitur rivulus.
chan.
At si tempestas, luctante vento, ingens
chan.
Surgat, et fluctus se frangant ad littus;

syn.
Tum ruet, ut torrens, fragore magno Musa.

Saxum attollens ægrè Ajax torqueat vi multa :
chan.
Versus ipse corruit graviter cùm pondere scopuli.
chan.
Vides ut per summum gramen Camilla in campo

Prompta volat, similis vento ? Ecce micat Camillæ
épith.
Comes Musa, et æquore ruit, instar fulguris.

LES FLEURS IMAGES DE LA VIE.

syn.
Vides ut caput sublimis in horto irriguo
syn.   *syn.*
Attollat flosculus, et superbiat ostro splendido ;
syn.
Ut cervice picta comas, ut gloriam frondis
syn.   *syn.*
Explicet, et amœnum odorem latè diffundat.
syn. *syn.*   *syn.*   *syn.*
Dum dico, ecce Boreas advolat pennis frigidis
syn.   *syn.*
Qui nuper luxurians flosculus nitebat ; ille
syn.   *syn.*
Nunc pronus et exsanguis torpescit frigore duro ;
syn.   *syn.*   *syn.*
Perit vetustas, comæ perierunt, colores perierunt.
syn.   *syn.*
Hùc, hùc lumina flecte, quisquis florenti in ætate
syn.   *syn.*
Promittis tibi tempora longa vitæ fulgentis.
syn.   *syn.*
Ille quidem flos vivus præbuit spectacula jucunda ;
syn. *syn.*
Tibi dat monita splendidiora moriens.
syn.
Te fata tua docet fatum miserum floris.
syn.   *syn.*   *syn.*   *syn.*
Te vigor atque vires, te species facit superbum ;
syn.   *syn.*   *syn.*   *syn.*
At en dum tibi cor turget vana superbia,
syn.   *syn.*   *syn.*
Libitina propinquat rapida gressu tacito,
syn.   *syn.*   *syn.*
Et parat vertere flores cupressis lugubribus (1).

(1) Dubois, *Matière de vers.*

BONHEUR DE LA VIE CHAMPÊTRE.

Distiques.

syn. *syn.* *syn.*
Beatus qui egit ævum propriis in campis !
syn. *syn.*
Ipsa domus infantem quem videt, ipsa longævum;
chan. *syn.*
Qui nisus baculo, in arenà quà repsit,
syn.
Numerat longos annos unius casæ (1)!
syn.
Fortuna non attraxit illum vario tumultu,
syn. *syn.*
Nec hospes mutabilis aquas incognitas bibit.
syn. *syn.*
Non mare metuit mercator, non miles classica ;
syn. *syn.*
Non tulit hic rauci lites fori.
syn.
Rerum indocilis; vicini oppidi nescius,
syn. *syn.*
Fruitur visu liberiore cœli.
syn. *chan.*
Alternis messibus, non consulibus, annum computat ;
syn. *chan.*
Autumnum fructibus, ver floribus notat sibi.
syn. *syn.* *syn.*
Qui recordatur magnam quercum germine exiguo,
syn. *syn.*
Et cernit nemus æquævum consenuisse (2).
syn. *syn.* *syn.*
Sed tamen robur indomitum, et brachiis firmis
syn. *syn.*
Ætas tertia videt avum validum.
syn. *épith.*
Erret, et scrutetur alius Iberos ;
syn.
Hic habet plus annorum, ille habet plus viæ. Claud.

(1) Qui voit dans sa vieillesse la maison qu'il a vue dans son enfance ; qui, s'appuyant sur un bâton dans les lieux où il a traîné ses premiers pas, ne compte sa longue existence que par celle d'une seule et même cabane. La fortune ne l'entraîne point dans le tumulte des hasards, etc.

(2) Il se souvient encore du faible germe qui est devenu un chêne immense; et les bois qu'il a vus naître, il les a vus vieillir avec lui. Et cependant ses forces résistent aux atteintes de l'âge, et la troisième génération contemple avec respect les membres encore robustes de son aïeul.

AUDACE DU PREMIER NAVIGATEUR.

Vers hexamètres.

syn. *syn. ép.* *syn.*
Temerarius qui primus nave tentans malefida
syn. *épith.*
Æquora, credere animam ventis
syn. syn. syn. syn.
Potuit, et maris tulit et cœli tumultus,
syn.
Ut viseret terras jacentes sub alio sole,
syn. *épith.*
Nempè ut extorqueret aurum terris.
épith. *syn. syn.*
Quis furor per tot pericula perituras
syn.
Opes quærere, malorum irritamenta!
syn. *syn.*
Non ego jam ausim incusare vestram dementiam,
syn. *syn.*
O venti : qui ausus vos despicere, irritos
syn.
Ut thesauros reperiret, solvit vos crimine injusto.

L'HIVER DE 1709.

épith.
En subitò Boreas advolat alis,
épith.
Cœlumque terrasque gelu constringit.
syn. *épith.*
Viri tremuêre, et ulmos ardentibus
syn. *syn.*
Focis volverunt, et labore omisso, se suâ
syn. *syn. épith.*
Domo quisque inclusit; vix flammâ rigentes
épith. *syn.*
Artus sub pellibus frigore protegens.
syn. syn. épith.
Ilex scissa fragore insonuit.
chan. *épith.*
Jugis dissiluerunt, et frigus saxa
chan. *épith.* *syn.*
Senserunt per nives; senserunt sub profundis

Fluvii gurgitibus Boream; et freni et moræ
syn. *épith.*
Rhodanus impatiens, stare ripis

chan.   *syn.*
Jussus, et jungere littus suum incognito ponte,
syn.   *syn. syn.*
Tulit pervius tergo rotas ferratas.
       épith.
Aer non æquior avibus alas
    épith.   *chan.*
Illigat; et columbæ, turba timida,
 chan.   *chan.*
Petiverunt hospitium gemitibus querulis, et cibi
      syn.
Famisque immemores, metu posito, nostris
 syn. *chan.*   *syn.*   *syn.*
Domibus accesserunt; virorum subit ipse domos,
  syn.   *syn.*
Oblita crudelitate, lupus; et sylvarum relictis

Hospitiis, fugiunt cervi passim per compita.

LE PÊCHEUR.

     syn.   *syn. épith.*
« Piscator, audi monita : jam tempestas
    syn.   *épith.*
Intonat, et mare fervet ventis.
  syn. épith.
Nautæ rates littore subducunt;
épith.   *syn. épith.*
Iram cœli, et furores
 syn.   *syn.*   *syn.*
Maris timent : nulla discrimina te morantur.
     épith. *épith.*
Saltem si navibus oras,
   épith.   *syn.*
Aut terram peteres sub alio cœlo,
 syn.   *syn.*   *syn.* *syn.*
Divitias quæsiturus, non te rursùs retardarem,
   épith. *épith.*
Nec sensus audacia moveret.
 syn.   *syn.*   *syn.*
Non navem, piscator possides; tibi tantùm cymba;
    syn. *épith.* *syn.*
Nec dubitas caput ligno credere.
 épith. *syn.*   *épith.*
Fulgura fulgent per cœlum;
      épith.   *syn.*
Mora sit, dùm ab undis redivivus sol,
 épith.   *syn.*
Nebulas pellat, et referat lucem.
      syn. *syn. épith.*
Ego te per manes natales, et parentem,

syn.   *syn.*
Per filios, per quidquid in hoc mundo tibi carius est,
syn.   *syn.*   *épith.*
Oro et obsecro, hanc mentem exue.
        syn.   *syn.*   *syn.*
Ecce nox cadit agris; domum revise,
        syn.   *syn.*   *épith.*
Ut reficias membra somni munere.
            syn.   *syn.*   *syn.*
Cras lucebit dies sine nebula; cras pandes vela.
    syn.   *syn.*   *syn.*
Heu! despicis consilium, et timorem,
syn. chan.   *épith.*   *syn.*
Et canendo laxas cymbæ vincula.
            syn.   *syn.*   *syn.*
Quid cantas, miser? vel in ipsâ morte canis.
            épith. *syn. syn.*
Sæpè ventos, et maris furores
            syn.   *syn.*   *syn.*
Ego solus contempsi; procella vexet mare;
                                        syn.
Sunt mihi, sunt vela antennis suspensa.
                syn.   *syn.*
Ergo vale. Jam carbasa luminibus fugiunt; cor
            syn. syn. syn.
Habet nescio quid formidinis, et sortem
            chan.   *syn.*   *épith.*
Prospicit. In rupium culmine, mare
            syn.   *syn.*   *épith.*
Undè latè apparet stat mecum conjux (1). »

CHAPITRE V.

Autres sortes de vers.

Outre les vers hexamètres et pentamètres, la poésie latine
en comprenait beaucoup d'autres dont la mesure avait été
empruntée aux poëtes grecs. Nous ne mentionnerons ici que
ceux dont l'usage est le plus fréquent dans les auteurs
classiques.

(1) *Matière de vers*, par Dubois.

I

VERS IAMBIQUE.

Le vers *iambique* est ainsi nommé à cause de l'*iambe* qui y domine. Dans le principe, les pieds de ce vers étaient tous des iambes. Plus tard il s'est associé le grave spondée, mais sans lui céder la deuxième, la quatrième, ni la sixième place; car les pieds des nombres pairs doivent être des *iambes;* ceux des nombres impairs peuvent être des *iambes* ou des *spondées* (1).

Il y a trois sortes de vers iambiques : ceux de quatre pieds, appelés *dimètres*, parce que les Grecs les mesuraient de deux à deux pieds; ceux de six pieds, nommés *trimètres*, et ceux de huit pieds, nommés *tétramètres*.

1° *Iambique de quatre pieds.*

Vīrtūs | bĕā | tōs ēf | fĭcĭt.

Ce vers a été employé dans la plupart des hymnes de l'Eglise : *Jēsū | rĕdēmp | tŏr ōm | nĭum. — Aūdī | bĕnĭg | nĕ Cōn | dĭtor. — Vĕnī | Crĕā | tōr Spī | rĭtus*, etc. Il s'écrit en strophes de quatre vers.

Chez les poètes, ce vers est uni à des iambiques de six pieds, ou à des hexamètres.

2° *Iambiques de six pieds.* Ce sont les plus beaux, ceux qui ont été employés de préférence dans le dialogue par les poëtes tragiques et comiques; ils ont plus de grâce, quand ils

(1) Comme une syllabe longue équivaut à deux brèves, les poëtes moins anciens ont employé quelquefois le *tribraque* (trois brèves) au lieu de l'iambe, excepté au dernier pied ; et, comme un dactyle ou un anapeste équivalent à deux longues, ils ont aussi fait usage de ces pieds au lieu du spondée. Les comiques sont allés plus loin : se contentant de finir le vers par un *iambe*, ils ont employé partout ailleurs les pieds que l'on peut mettre aux nombres impairs, savoir le *tribraque*, le *spondée*, le *dactyle* et l'*anapeste*. Les vers de Phèdre sont de ce genre; il n'y a que le dernier pied qui soit un *iambe*.

finissent par un mot de deux syllabes, ou de trois syllabes commençant par une voyelle et formant une élision avec le mot précédent. Ils ont ordinairement une césure après le troisième pied, et cette césure peut être brève ou longue, puisque le troisième pied peut être un iambe.

*Quīcūm | quĕ rēg | nō fī | dĭt, ēt | māgnā | pŏtēns
Dominatur aulā, nec leves metuit deos.* Sen.

Ce vers est employé plus fréquemment sans mélange d'autres vers ; c'est celui de plusieurs hymnes de l'Eglise. Telle est celle de saint Pierre et de saint Paul, au rite parisien :

Tāndēm | lăbō | rūm glō | rĭŏ | sī prīn | cĭpes.

3° *Iambiques de huit pieds.* Ces vers ne se trouvent que chez les poëtes comiques et dans les fables de Phèdre.

*Sūspī | cĭŏ | si ād cōn | tŭmē | lĭam ōm | nĭa āc | cĭpĭūnt
| măgĭs.*

De ces trois sortes de vers iambiques ont été formés d'autres vers irréguliers. Tels sont :

1° Le *dimètre imparfait,* auquel il manque une syllabe soit au commencement, soit à la fin.

*Trū | dĭtūr | dĭēs | dĭē.
Quōnām | crŭēn | tă Mǣ | nās,
Prǣcēps | ămō | rĕ sǣ | vo,
Rapitur?* etc. Sen.

2° Le *dimètre hypermètre* ou *redondant,* composé de quatre pieds, plus une syllabe.

Lēvēs | quĕ sūb | nōctēm | sŭsūr | rī. Hor.

Ce vers ne s'emploie pas seul, il fait partie de la strophe alcaïque.

3° Le *trimètre imparfait,* comprenant cinq pieds et demi. Il alterne toujours avec un autre.

*Solvitur acris hiems grata vice veris et favoni,
Trāhūnt | quĕ sīc | cās mā | chĭnǣ | cărī | nās.* Hor.

4° Le *tétramètre imparfait*. Il y en a de deux sortes : les uns auxquels il manque une syllabe au commencement, et les autres, à la fin.

Pān | gĕ, līn | guă, glō | rĭŏ | sī præ | lĭŭm | cĕrtā | mĭnīs.
Quĭd īm | mĕrēn | tĭbūs | nŏcēs? | quĭd īn | vĭdēs | ămī |
                                                        īcīs?

5° Le *scazon* (de σκάζων, qui boite (1)) est un vers iambique de six pieds. Le deuxième, le quatrième et surtout le cinquième doivent être des iambes ; le sixième est un spondée.

O quīd | sŏlū | tīs ēst | bĕā | tĭūs | cūrīs?

II

VERS ALCAÏQUE.

Le vers *alcaïque*, dont Alcée fut l'inventeur, se compose de quatre pieds, plus une syllabe qui forme césure. Le premier pied est un iambe ou un spondée, le second un iambe suivi de la césure qui est ordinairement longue ; le troisième et le quatrième sont dactyles.

Vĭdēs | ŭt āl | tā | stēt nĭvĕ | cāndĭdŭm
Sōrāc | tĕ; nēc | jām | sūstĭnĕ | ānt ŏnŭs
Sylvæ laborantes, etc. Hor.

La strophe *alcaïque*, qu'Horace affectionnait, se compose de quatre vers ; seulement le troisième vers a deux trochées à la fin, au lieu de deux dactyles, et le quatrième comprend deux dactyles et deux trochées.

Vides ut alta stet nive candidum
Soracte; nec jam sustineant onus
Sȳlvæ | lăbō | rān | tēs, gĕ | lūquĕ
Flūmĭnă | cōnstĭtĕ | rīnt ă | cūto. Hor.

(1) Parce que, ayant commencé par des spondées aux lieux impairs, et par des iambes aux lieux pairs, il change la cadence du vers, prenant un iambe au cinquième pied, et un spondée au sixième,

III

VERS ASCLÉPIADE, GLYCONIQUE ET PHÉRÉCRATIQUE.

Le vers *asclépiade*, inventé, dit-on, par un certain Asclépias, ne diffère du vers *alcaïque* qu'en ce que le premier pied est toujours un spondée, et le second un dactyle au lieu d'un iambe.

Mœcē | nās, ătă | vīs | ēdītĕ | rēgĭbŭs
O ēt | prœsĭdĭ | um et | dūlcē dĕ | cūs mĕŭm !

Le vers *glyconique* comprend un spondée, ou plus rarement un trochée et deux dactyles.

Sĭc tē | dīvă pŏ | tēns Cȳpri. Hor.

Le vers *phérécratique* se compose de trois pieds : un spondée, un dactyle et un spondée, ou un dactyle entre deux spondées ; c'est la seconde partie d'un vers hexamètre.

Crăs dō | nābĕrĭs | hœdō.

Ces trois sortes de vers se combinent ensemble de trois manières :

1° Trois *asclépiades* et un *glyconique*.

Jam veris comites, quœ mare temperant,
Impellunt animœ lintea Thraciœ ;
Jam nec prata rigent, nec fluvii strepunt
Hibernâ nive turgidi.

2° Deux *asclépiades*, un *phérécratique* et un *glyconique*.

Dianam tenerœ dicite virgines ;
Intonsum, pueri, dicite Cynthium,
Latonamque supremo
Dilectam penitùs Jovi. Hor.

3° Un *glyconique* et un *asclépiade*.

Audax omnia perpeti
Gens humana ruit per vetitum nefas. Hor.

IV

VERS SAPHIQUE ET ADONIQUE.

Le vers *saphique*, inventé par Sapho, est composé de cinq pieds : un trochée, un spondée ou un trochée, un dactyle et deux trochées.

Intĕ | gēr vī | tæ scĕlĕ | rīsquĕ | pūrŭs.

Le vers *adonique* renferme un dactyle et un spondée.

Fūscĕ phă | rētrā.

La strophe *saphique*, qu'Horace aimait de préférence, comprend trois vers *saphiques* et un vers *adonique*.

> *Integer vitæ scelerisque purus*
> *Non eget Mauri jaculis, neque arcu,*
> *Nec venenatis gravidâ sagittis,*
> *Fusce, pharetrâ.*

V

VERS PHALÉCIEN.

Le vers *phalécien*, inventé par Phalique, est composé de cinq pieds : un spondée, un dactyle et trois trochées.

Nī tē | plūs ŏcŭ | līs mĕ | īs ă | mārĕm.

Au lieu d'un spondée, il y a quelquefois un trochée et même un iambe au premier pied.

Ce vers, qui convient à la poésie légère, était d'un fréquent usage chez les Latins.

VI

VERS TROCHAÏQUES.

Les vers *trochaïques* sont ceux dans lesquels domine le trochée. Les plus usités sont :

1° Le *dimètre catalectique*, qui renferme trois pieds et demi.

Nōn ĕ | bŭr nĕque | aūrĕ | um
Mea renidet in domo lacunar. Hor.

Ce vers, auquel Horace s'est astreint, admet, chez d'autres poëtes, le spondée ou le dactyle au second pied.

2° Le *tétramètre*, qui renferme sept pieds et demi ; il admet aussi le tribraque (trois brèves) aux lieux impairs, et aux lieux pairs le tribraque, le spondée, le dactyle et l'anapeste. Il a toujours une division après le quatrième pied.

Tōrpŏr | īnsĭ | dīt pĕr | ārtūs; || frĭgĭ | dūs sān | guĭs cŏ
| ĭt. Sen.

A ces vers se rattachent :

1° L'*aristophanien*, composé d'un dactyle et de deux trochées. Il ne s'emploie jamais seul.

Lȳdĭă, | dĭc, pĕr | ōmnes
Te deos, oro, etc. Hor.

2° Le *saphique*, composé de cinq pieds : un trochée, un spondée, un dactyle et deux trochées ; ou, si l'on veut, trois trochées et deux iambes suivis d'une syllabe brève ou longue. (Voir plus haut vers saphiques et adoniques.)

3° Le *grand alcaïque*, comprenant six pieds, plus une césure longue au milieu. Le premier pied est un trochée, le second un spondée, le troisième un dactyle, puis la césure. L'*aristophanien* forme les trois derniers pieds.

Ce vers se place après le précédent :

Lydia, dic, per omnes
Tē dĕ | ōs ō | rō, Sȳbă | rīn | cūr prŏpĕ | rēs ă | mūndo
Perdere, etc. Hor.

4° Le *petit alcaïque*, formé de deux dactyles et de deux trochées.

Pōst ĕquĭ | tēm sĕdĕt | ātră | cūră.

5° Le *grand archiloquien*, composé de sept pieds : les quatre premiers pieds de l'hexamètre, puis trois trochées.

Sōlvĭtŭr | ācrĭs hĭ | ēms grā | tā vĭcĕ | vērĭs | ēt fă | vōni.

22

VII

VERS DÉRIVÉS DE L'HEXAMÈTRE.

Au vers hexamètre se rattachent six petits vers, dont trois forment le commencement, et trois autres la fin de ce vers. Ce sont :

1° Le *petit archiloquien*, comprenant deux dactyles et une césure. (C'est le commencement du vers hexamètre, ou le second hémistiche du vers pentamètre.)

Pūlvĭs ĕt | ūmbră sŭ | mŭs. Hor.

2° Le vers *tétramètre catalectique*, comprenant trois dac-tyles et une césure. (On peut y rapporter certains demi-vers de Virgile.)

Mūnĕră | lætĭtĭ | āmquĕ Dĕ | ī.

3° Le vers *alcmanien*, comprenant les quatre premiers pieds du vers hexamètre. Le dernier est toujours un dactyle.

Ancēps | fōrmă bŏ | nūm mōr | tālĭbŭs. Sen.

4° Le *phalisque*, comprenant les quatre derniers pieds de l'hexamètre.

O fŏr | tēs pē | jŏrăquĕ | pāssī. Hor.

5° Le *phérécratien*, comprenant les trois derniers pieds de l'hexamètre. Le premier est toujours un spondée.

Quāmvĭs | pōntĭcă | pīnus. H.
Crās dō | nābĕrĭs | hædō. H.

6° L'*adonique*, formant les deux derniers pieds de l'hexa-mètre.

Gaūdĭă | pēlle.

CHAPITRE VI.

De l'emploi et du mélange des différentes sortes de vers.

I

VERS EMPLOYÉS SEULS DANS UN POËME.

Les vers qui s'emploient ordinairement seuls dans un poëme sont les *hexamètres*, les *iambiques trimètres*, les *scazons*, les vers *trochaïques*, les *asclépiades*, les *phaléciens*.

Le vers *hexamètre* est en usage dans l'églogue, l'épître, la satire, le poëme didactique et le poëme épique.

L'*iambe trimètre* figure dans l'apologue, dans l'ode et la poésie dramatique.

Le *scazon* convient à l'épigramme ; le vers *trochaïque*, à la poésie dramatique ; l'*asclépiade*, à l'ode ; le *phalécien*, aux sujets légers et à l'épigramme.

Deux ou plusieurs vers unis ensemble pour exprimer une pensée s'appellent *stances* ou *strophes*.

Les *stances* sont ordinairement de deux ou de quatre vers. Celles de trois vers sont d'un usage peu fréquent.

II

STANCES DE DEUX VERS.

Les stances de deux vers sont très-nombreuses ; nous ne mentionnerons que les plus ordinaires.

1° L'*élégiaque* (du mot grec ἔλεγος, pleurs, parce qu'on s'en servait aux funérailles), qui se compose de l'*hexamètre* et du *pentamètre*.

> *Flebilis indignos, Elegia, solve capillos :*
> *Heu nimis ex vero nunc tibi nomen erit.* Ov.

2° *L'hexamètre et le petit archiloquien.*

> *Diffugere nives : redeunt jam gramina campis,*
>   *Arboribusque comæ.* Hor.

3° *L'hexamètre et le phalisque,* qui en contient les quatre derniers pieds.

> *Dant alios furiæ torvo spectacula Marti :*
>   *Exitio est avidis mare nautis.* Hor.

4° *L'hexamètre* et le *dimètre iambique.*

> *Nox erat, et cœlo fulgebat luna sereno*
>   *Inter minora sidera.* Hor.

5° *L'hexamètre* et le *trimètre iambique pur.*

> *Altera jam teritur bellis civilibus ætas,*
>   *Suis et ipsa Roma viribus ruit.* Hor.

6° *Les iambiques trimètres et dimètres.*

> *Ut gaudet insitiva decerpens pyra,*
>   *Certantem et uvam purpuræ!* Hor.

7° *Le dimètre iambique et le trimètre imparfaits.*

> *Truditur dies die,*
> *Novæque pergunt interire lunæ.* Hor.

8° Le *glyconien* et l'*asclépiade.*

> *O quisquis volet impias*
> *Cædes, et rabiem tollere civicam.* Hor.

9° Le *grand archiloquien,* de sept pieds, et le *trimètre iambique imparfait,* de cinq pieds et demi.

> *Solvitur acris hiems grata vice veris et favoni,*
>   *Trahuntque siccas machinæ carinas.* Hor.

10° Le *trochaïque dimètre catalectique,* de trois pieds et demi, et l'*iambique trimètre catalectique,* de cinq pieds et demi.

> *Non ebur, neque aureum*
> *Meâ renidet in domo lacunar.* Hor.

III

STANCES DE TROIS VERS.

Il n'y en a qu'une sorte dans Horace : un *trimètre*, un *archiloquien* et un *dimètre*.

> *Petti, nihil me, sicut anteà, juvat*
> *Scribere versiculos,*
> *Amore perculsum gravi.* Hor.

IV

STANCES DE QUATRE VERS ET DE DEUX ESPÈCES DE VERS.

Il y en a de deux sortes dans Horace :

1° Trois *petits asclépiades* et un *glyconien.*

> *Lucem redde tuæ, dux bone, patriæ;*
> *Instar veris enim vultus ibi tuus*
> *Affulsit populo; gratior it dies,*
> *Et soles melius nitent.*

2° Trois *saphiques* et un *adonique.*

> *Auream quisquis mediocritatem*
> *Diligit, tutus caret obsoleti*
> *Sordibus tecti; caret invidendâ*
> *Sobrius aulâ.*

V

STANCES DE QUATRE VERS ET DE TROIS ESPÈCES DE VERS.

Il n'y en a aussi que de deux sortes dans Horace.

La première se compose de deux *asclépiades*, d'un *phérécratique* et d'un *glyconien.*

O navis, referent in mare te novi
Fluctus. O quid agis? fortiter occupa
Portum : nonne vides ut
Nudum remigio latus?

La deuxième, qui est la plus belle et la plus fréquente parmi les odes d'Horace (il y en a trente-sept de ce genre), comprend deux *alcaïques*, un *iambique dimètre redondant* (de quatre pieds et une syllabe) et un *petit alcaïque* (deux dactyles et deux trochées). Voir strophe alcaïque, page 334.

Vides ut altâ stet nive candidum
Soracte ; nec jam sustineant onus
Sylvæ laborantes, geluque
Flumina constiterint acuto.

REMARQUE. — En français, le sens de la phrase finit toujours après chaque strophe. Mais les Latins n'ont guère observé cette règle que dans les vers élégiaques, où le distique finit ordinairement par un ou deux points.

FIN.

Lyon. — Imprimerie de Félix Girard, rue St-Dominique, 13.

TABLE DES MATIÈRES.

PREMIÈRE PARTIE.
DE L'ÉLÉGANCE LATINE.

SECONDE PARTIE.

DE LA VERSIFICATION LATINE.

CHAPITRE PREMIER.

Différentes sortes de vers.

CHAPITRE II.

Règles générales de la quantité.

CHAPITRE III.

Règles particulières de la quantité.

CHAPITRE IV.

De la composition des vers.

CHAPITRE V.

Autres espèces de vers.

CHAPITRE VI.

De l'emploi et du mélange des différentes sortes de vers.

FIN DE LA TABLE.